乡村振兴战略研究丛书

Research on Green Development of Agriculture in the Beijing Tianjin Hebei Region

京津冀
农业绿色发展研究

赵 姜 龚 晶◎著

中国经济出版社
CHINA ECONOMIC PUBLISHING HOUSE
北 京

图书在版编目（CIP）数据

京津冀农业绿色发展研究 / 赵姜，龚晶著. -- 北京 ：中国经济出版社，2024. 7. -- ISBN 978-7-5136-7832-2

Ⅰ. F327.2

中国国家版本馆 CIP 数据核字第 2024S8V067 号

责任编辑　叶亲忠
责任印制　马小宾
封面设计　华子图文

出版发行　中国经济出版社
印 刷 者　北京鑫益晖印刷有限公司
经 销 者　各地新华书店
开　　本　710mm×1000mm　1/16
印　　张　14.75
字　　数　230 千字
版　　次　2024 年 7 月第 1 版
印　　次　2024 年 7 月第 1 次
定　　价　88.00 元
广告经营许可证　京西工商广字第 8179 号

中国经济出版社 **网址** http://epc.sinopec.com/epc/ **社址** 北京市东城区安定门外大街 58 号 **邮编** 100011
本版图书如存在印装质量问题，请与本社销售中心联系调换（联系电话：010-57512564）

前　言
PREFACE

2024年是京津冀协同发展上升为国家战略10周年。10年来，习近平总书记亲自谋划、亲自部署、亲自推动京津冀协同发展，指明前进方向、提供根本遵循，推动这一国家战略不断向纵深推进。京津冀山水相连、地域相接，同处一个生态系统，是生态和经济共同体。良好的生态环境，是京津冀协同发展的重要基础，是实现京津冀区域经济可持续发展的重要支撑，也是提升人民群众生态环境获得感、幸福感的具体体现。

随着京津冀地区工业化、城镇化进程加快，区域城市人口急速增长，用地快速扩张和经济急剧发展，引发了资源紧缺、环境污染、生化退化等一系列生态环境问题，使得社会经济发展和资源环境约束之间的矛盾日益突出，已成为制约区域可持续发展的瓶颈。京津冀农业绿色发展成为推动京津冀高质量发展的重要部署之一，也是当前国务院推进决策部署的主要工作之一，是践行"绿水青山就是金山银山"发展理念的重要行动，是加快农业农村现代化和乡村振兴战略的实践内容，其对保障国家粮食安全、资源可持续、环境保护、增进人民福祉和造福子孙后代具有重大意义。

京津冀作为国家重大战略发展区域，农业生产需要保障超过1亿人口的食物需求，还面临资源约束日益趋紧、农产品多样化需求刚性增长、国际市场竞争更加激烈的新形势，并在维系生态系统服务稳定及生物多样性等方面发挥着不可替代的作用。推动京津冀农业绿色发展，是我国生态文明建设的重要组成部分，也是满足人民美好生活期盼的迫切要求和全面推进乡村振兴的必然选择。

基于此，本书在加快农业全面绿色转型和推进乡村全面振兴的背景下，围绕京津冀农业绿色发展总体情况、农业绿色生产效率测算、农业绿色空间协同效应、绿色发展路径及协同机制等核心内容开展了较为系统全面的研究和探索。全书由9章内容构成，分别简述如下：

第1章着重提出研究所要分析的问题，明确研究目标和意义，梳理国内外相关研究进展，简要介绍主要研究方法和研究的内容安排。

第2章从可持续发展理论、绿色发展理论、外部性理论、产业生态学理论、区域协同理论、绿色全要素生产率理论等方面构建本书的研究理论基础。

第3章回顾京津冀协同发展的历史沿革，总结京津冀农业协同发展的成效，明确推进京津冀农业绿色发展的战略意义，梳理近年来京津冀农业绿色发展的政策体系。

第4章从京津冀区域概况、区域资源与环境概况、农业生产及农业绿色发展情况等方面对京津冀农业绿色发展总体情况进行了详细分析，明晰当前京津冀农业绿色发展面临的新形势。

第5章采用实证分析方法，基于SBM-DEA模型，从静态效率和动态效率两个方面对京津冀农业绿色生产效率进行评价，为农业绿色发展提供数据基础。在此基础上，研究了产业发展环境、政策环境、对外开放程度、机械化水平等因素对京津冀农业绿色全要素生产率的影响。

第6章借助库兹涅茨曲线，从碳排放、化肥施用水平、农药使用水平三个角度，分析其与经济发展水平的关系，运用Moran's *I* 指数分别对京津冀地区农业绿色全要素生产率的全局与局域空间自相关性进行检验。

第7章从微观农户视角，结合实地问卷调查数据，分析影响农户有机肥替代化肥技术采纳意愿的影响因素，构建促进农户有机肥施用的激励机制。

第8章选取北京市顺义区、天津市武清区、河北省黄骅市三个典型地区推进农业绿色发展的实践经验和重要举措。

第9章在梳理发达国家的农业绿色发展经验和共性做法的基础上，借鉴国内外跨区域生态环境协同治理实践经验，提出推动京津冀农业绿色发展的相关对策建议。

本书得到了北京市农林科学院创新能力建设专项、现代农业产业技术体系北京市产业经济与政策创新团队等项目的支持，河北经贸大学经济学院孙玉竹博士提供了数据资料搜集、模型构建等方面的帮助，对本书内容的完成、完善起到了重要作用，在此一并向对本书顺利出版给予指导和帮助的专家学者、单位、出版社表示诚挚的谢意，希望本书能够为相关政府部门决策提供一定的理论借鉴和实践参考。

京津冀农业绿色发展是一个宏大课题，由于作者学识有限，加上部分数据资料收集困难，尤其是京津冀各地区资源统计数据存在一些口径和指标上的差异，书中难免存在不足之处，敬请社会各界专家批评指正，提出宝贵的意见和建议。

作 者

2023 年 3 月

目 录

CONTENTS

1 绪论

1.1 研究背景和问题的提出

党的十八大以来，以习近平同志为核心的党中央把建设美丽中国摆在了前所未有的高度，把生态文明建设纳入中国特色社会主义“五位一体”总体布局的重要内容，把坚持人与自然和谐共生纳入新时代坚持和发展中国特色社会主义基本方略。2015 年 10 月，党的十八届五中全会把绿色发展纳入五大新发展理念（创新、协调、绿色、开放、共享），明确提出坚持绿色发展，必须坚持节约资源和保护环境的基本国策，坚持可持续发展，坚定走生产发展、生活富裕、生态良好的文明发展道路，加快建设资源节约型、生态友好型社会，形成人与自然和谐发展现代化建设新格局，推进美丽中国建设，为全球生态安全作出新贡献。2017 年 10 月，习近平总书记在党的十九大报告中进一步强调生态文明建设的任务主要是推进绿色发展，明确了生态文明建设的发展方向，提出要加快建立绿色生产和消费的法律制度和政策导向，建立健全绿色低碳循环发展的经济体系。构建市场导向的绿色技术创新体系，发展绿色金融，壮大节能环保产业、清洁生产产业。推进能源生产和消费革命，构建清洁低碳、安全高效的能源体系。推进资源全面节约和循环利用，实施国家节水行动，降低能耗、物耗，实现生产系统和生活系统循环链接。倡导简约适度、绿色低碳的生活方式，反对奢侈浪费和不合理消费。绿色发展理念逐渐渗透到生产、生活和生态文明建设的方方面面。

农业是国民经济的基础，“绿色”是当前引领农业发展的主旋律之一，农业绿色发展逐渐成为资源与环境双重约束下驱动我国农业高质量发展和全面推进乡村振兴战略的关键引擎。党和国家高度重视农业的绿色可持续发展。2016 年的中央一号文件明确提出夯实现代农业基础、提高农业质量和效益，从农业生态资源保护、环境突出问题治理、食品安全方面推动农业绿色发展。2017年9月，中共中央办公厅、国务院办公厅印发了党中央出台的第一个关于农业绿色发展的文件《关于创新体制机制推进农业绿色发展的意见》，强调要把农业绿色发展摆在生态文明建设全局的突出位置，全面建立以绿色生态为导向的制度体系，基本形成与资源环境承载力相匹配、与生产生活生态相协调的农业发展格局，努力实现耕地数量不减少、耕地质量不降低、地下水不超采，化肥、农药使用零增长，秸秆、畜禽粪污、农膜全利用，实现农业可持续发展、农民生活更加富裕、乡村更加美丽宜居。随后，农业农村部先后印发了《农业绿色发展技术导则（2018—2030年）》《国家农业可持续发展试验示范区（农业绿色发展先行区）管理办法（试行）》，并于2017年4月启动实施了畜禽粪污资源化利用行动、果菜茶有机肥替代化肥行动、东北地区秸秆处理行动、农膜回收行动和以长江为重点的水生生物保护行动等农业绿色发展五大行动。这些重要文件和行动纲要不仅为农业绿色发展提供了顶层设计和发展规划，而且为区域践行落地指明了方向。根据《中国农业绿色发展报告2022》，2021年我国农业绿色发展指数达到77.53，农业资源保护利用水平、农业产地环境保护与治理成效、农业绿色产品供给能力均有显著提升。

与传统的可持续发展理念相比，农业绿色发展强调农业经济需要以改善民生为目标科学地发展，同时也强调农业经济和社会发展不能以牺牲环境质量和生态资源为代价，倡导通过科技创新主动解决资源、生态环境等的瓶颈问题，创新绿色的投入品、技术和模式，产生更多的生产产品、生活福祉和生态价值，最终不仅在区域尺度上实现农业稳步发展和生态环境系统逐步改善，而且达到全球共同实现绿色发展的目标。加快推进农业绿色发展，是贯彻落实习近平生态文明思想的具体体现，也是满足人民对美好生活的迫切要求，更是推进乡村振兴的必然选择，是我国未来农业的发展方向。

推进京津冀协同发展是以习近平同志为核心的党中央作出的重大战略部署。2015年6月，《京津冀协同发展规划纲要》印发。随后，全国首个跨省级行政区的《“十三五”时期京津冀国民经济和社会发展规划》印发实施。该规划涵盖了京津冀土地、城乡、水利、卫生等12个专项规划，随后相继出台了京津冀城际铁路网规划、北京新机场临空经济区规划、设立河北雄安新区等规划政策。农业作为国民经济的基础和社会稳定的基石，必须服从于、服务于这一战略。在推进京津冀协同发展的大背景下，同步推进农业协同发展，加快农业供给侧结构性改革，形成特色鲜明、优势互补、市场一体、城乡协同的发展新格局，对于夯实区域协同发展基础、确保国家区域发展战略的顺利实施具有重大意义。京津冀协同发展上升为国家战略以来，三地不断创新机制体制、突破技术瓶颈、优化产业布局，在推进农业领域的科技合作方面取得较为显著的进展。《京津冀现代农业协同发展规划（2016—2020年）》强调，要加快构建三地融合的科技创新体系与机制，搭建平台、交流人才、协同研发、园区带动、共享成果。2014 年 5 月，北京市农林科学院、天津市农业科学院与河北省农林科学院签署了《京津冀协同发展农业科技合作协议》。2015 年，京津冀三地农业部门签署《推进现代农业协同发展框架协议》。2016 年，农业农村部等八部委出台了《京津冀现代农业协同发展规划（2016—2020 年）》，根据规划指导思想，三地制定农产品加工业、畜牧业、休闲农业、渔业、旅游业等规划。2017 年，三地发布了《京津冀农业科技创新联盟发展规划纲要（2017—2020）》，并在生态环境、土肥水、畜禽养殖废弃物等方面达成合作协议。同年，农业农村部与天津市签署合作框架协议，重点围绕“四区两平台”的建设，全面落实《京津冀现代农业协同发展规划》。2018 年，北京市政府与农业农村部共同签署了《共建北京农产品绿色优质安全示范区合作协议》；河北省也提出“一环四区一带”的全省现代农业发展总体布局，打造京津冀优质农产品供应大基地、农业科技成果转化大平台、农产品加工和物流业转移承接大园区、农业生态恢复和环境改善大屏障。

当前，京津冀乃至全国农产品供求结构失衡、要素配置不合理、资源环境压力大、农民收入持续增长乏力等问题仍很突出，迫切需要优化农业产业体系、生产体系、经营体系，提高土地产出率、资源利用率、劳动生产率，促进农业农村发展由过度依赖资源消耗、主要满足量的需求，向追求绿色生态可持续、更加注重满足质的需求转变。中央的战略部署及京津冀农业调结构、转方式的迫切需求都为三地推进农业绿色发展提出了更高要求。虽然京津冀针对农业绿色发展已经开展了一定的科技合作工作，但是，围绕京津冀农业绿色发展的几个关键问题仍没有很好地得到解答，如京津冀农业绿色发展处于什么水平？京津冀三地农业绿色发展相互之间是否存在关系？影响京津冀农业绿色发展的主要因素是什么？结合上述关键政策问题，在京津冀农业科技合作日益深化的大背景下，为进一步加强三地在农业绿色发展方面的协同攻关与成果转化，为推进农业供给侧结构性改革提供科技支撑，有必要围绕京津冀三地农业绿色发展的技术效率开展实证研究。

1.2 研究目标

本书拟测算京津冀农业绿色发展的生产效率，进行不同历史时期和不同区域间的比较研究，分析京津冀三地农业绿色发展的空间效应，找出影响农业绿色发展技术效率的关键因素，在此基础上提出促进农业绿色发展的对策与建议，为加快京津冀地区农业结构调整和发展方式转变提供参考。

1.3 研究方法和技术路线

1.3.1 研究方法

（1）文献搜集

本书所需文献资料形式包括国内外的研究论文、研究报告、工作汇报、统计资料、政策文件、规划、实施方案、网站介绍、新闻报道等，不同的资料来源不同，且服务于不同的用途。

（2）实地调研

在京津冀三地范围内开展调研考察，主要包括机构访谈、实地考察两种形式。机构访谈主要针对各地区的科技和农业管理部门进行，以了解不同地区农业绿色发展现状和需求；实地考察主要针对已实施的农业绿色发展科技项目进行，以了解不同地区农业绿色发展所取得的成绩及存在的主要问题。

（3）专家座谈

召开专家座谈会，主要邀请京津冀三地农业和科技领域的权威专家参加，研判三地农业绿色发展存在的问题，探讨三地农业绿色发展和协同发展的制约因素，提出推动三地农业绿色发展的对策措施。

（4）计量分析法

在实证研究方面，基于 SBM-DEA 模型，测算京津冀农业绿色生产的静态效率和动态效率，并基于多元回归模型分析不同因素对农业绿色全要素生产率的影响。借助库兹涅茨曲线，研究京津冀经济发展水平与碳排放、化肥施用水平、农药使用水平之间的关系，采用空间计量分析方法对京津冀地区农业绿色生产率的全局与局域空间自相关性进行检验。构建二元 Logistic 模型对京郊菜农有机肥替代化肥技术采纳意愿进行分析。

1.3.2 技术路线

第一，广泛搜集国内外相关文献，以文献研究和理论分析为基础，对相关的概念进行界定，明确并构建研究的基本框架。

第二，开展实地调查，并借助调查资料、统计数据、研究报告、科研论文等文献资料，概括京津冀农业绿色发展历史沿革、政策体系、取得的成效、面临的形势等，全面梳理近年来京津冀农业绿色发展的总体概况，构建研究的现实基础和事实依据。

第三，搜集京津冀三地农业绿色发展的时间序列数据，建立实证研究计量模型，对考虑资源环境因素的京津冀农业绿色生产效率进行评价，并开展空间效应等方面的研究。

第四，基于微观视角，以有机肥替代化肥这一绿色生产技术为代表，以京郊菜农为典型调查对象，分析农户绿色生产技术采纳意愿的影响因素，提出促进有机肥替代化肥技术推广的对策建议。

第五，梳理京津冀三地农业绿色发展的典型案例，借鉴国内外农业绿色发展和生态环境协同治理的实践经验，提出推进京津冀农业绿色发展的政策建议，为相关部门提供决策参考。

1.4 相关研究进展

1.4.1 有关经济增长与环境关系的相关研究

对经济增长与环境关系理论的探讨始于 20 世纪 60 年代末，环境污染引起的“八大公害”事件以及《寂静的春天》一书指出的农药对资源环境的长期危害，使人们开始意识到环境问题。20 世纪 70 年代的能源危机促使不少经济学家开始反思经济增长中的能源使用问题，不可再生资源的开采和利用一时成为经济学家们研究的热门话题。其中，罗马俱乐部发表的《经济增长的极限》首次明确地提出了对经济增长的有力质疑。Meadows 等（1972）通过构建全世界的增长模型，同时模拟了包括人口、粮食、能源和环境污染在内的未来世界的经济增长，并断言人类物质增长的极限即将到来。Dasgupta 和 Heal（1974）运用新古典经济增长理论，在 Hotelling 基础上对可耗竭资源的最优开采路径进行了分析，得出了相对乐观的结论。1987 年，世界环境与发展委员会发表了题为《我们共同的未来》的报告，正式提出了“可持续发展”的概念，即“是既满足当代人的需求又不危及后代人满足其需求的发展”。1992 年，在巴西里约热内卢召开的联合国环境与发展大会正式将可持续发展的思想推向国际，使其成为世界各国广泛接受的社会发展重要战略。在各界不断地呼吁之下，大量的关于环境与经济增长的研究涌现出来。

这些研究对导致环境污染与经济发展的内在机制进行了广泛的探讨，一是在新古典增长模型中加入环境约束，集中讨论经济增长路径在新的约束条件下会发生怎样的动态变化，主要包括“绿色 Solow 模型”和基于 Diamond（1965）的世代交叠模型（OLG 模型）。加入环境约束的新古典增长模型为环境污染、经济增长以及可持续发展之间的关系的分析提供了一个一般的理论支撑框架。二是将环境作为生产要素的理论模型。Lopez（1994）在生产函数中将污染作为生产要素之一，经济增长依赖于“污染增进型”技术进步，低水平污染和固定的资本量可以达到一个持续增长的产出水平。三是运用内生增长模型的框架来考虑可持续发展的问题。主要包括 Romer（1986，1990）的知识外溢模型，Barro（1990）和 Robelo（1991）的“AK”模型，以及 Lucas（1988）的人力资本外部性模型。

在实证研究方面，大多围绕环境库兹涅茨曲线（EKC）开展。国外对环境库兹涅茨曲线的研究多是大尺度的，研究区域有全球层面（Miyama，2014），OECD 国家（Shafiei et al.，2014）、欧盟国家（Andreoni，2012），美国（Congregado et al.，2016）、英国（Sephton et al.，2016）等发达国家以及中国（Shaw et al.，2010）、印度（Tiwari，2011）、巴西（Fischer-Kowalski et al.，2001）等转型期快速发展的发展中国家等；而国内研究的空间尺度较小，主要集中在省、城市层面以及人地矛盾较为凸显的东部沿海地区，对全球层面、国家层面以及小城市层面的研究较少（姚峰等，2015；王西琴等，2010）。国内外主要采用人均GDP、人均GNP与环境质量指标进行相关性分析。国内受国情影响，主要采用工业“三废”作为环境质量指标，而国外采取的环境质量指标范围较广，除工业“三废”外，还包括生态足迹、物种灭绝等生态指标，能源消耗总量等能源指标，以及产出指数（TI）、人文发展指数（HDI）等复合指标（Kahuthu et al.，2006；Cavigliaharris et al.，2009；Jha et al.，2001）。

1.4.2 有关农业绿色发展内涵的相关研究

国外关于“农业绿色发展”相关理论的探索和研究相对较早，但并未出现“农业绿色发展”这一明确的提法，而是多从“生态农业”“有机农业”“环境农业”“农业可持续发展”“绿色发展”等角度展开分析（畅倩，2022）。1970年，美国土壤学家W. Albreche最早提出了“生态农业”的概念。1974年，美国的Rodale研究所成立，以“有机农业”为主要研究对象，拓展了“生态农业”的主要形式。1981年，英国农学家M. Kiley-Worthington明确指出“生态上自我维持，经济上可持续，环境、伦理和审美方面可接受的小型农业是绿色农业”。1989年，英国环境经济学家Pearce在《绿色经济蓝图》中指出，绿色发展是自然环境和人类自身能够承受、不因人类盲目追求经济增长而导致生态危机与社会分裂，不因自然资源耗竭使经济不可持续的发展模式。2002年，联合国开发计划署在《2002年中国人类发展报告：让绿色发展成为一种选择》中，首次提出了“绿色发展”一词。2010年，在南非召开的绿色经济峰会明确指出了“绿色发展是可持续发展的一个途径，是从根本上解决经济增长、社会保障和自然生态系统之间相互依存问题的必然选择”。现阶段，以生态农业、有机农业、绿色农业为代表的可持续农业已成为世界各国农业发展的重要方向和共同选择。

国内关于“农业绿色发展”的研究起步较晚，但在理论认知和制度设计层面处于领先地位（刘云达，2020），而且拥有良好的政策基础，特别是党的十八大以来，党中央、国务院对农业绿色发展的关注程度不断提升（巩前文等，2020）。2016 年的中央一号文件《关于落实发展新理念加快农业现代化实现全面小康目标的若干意见》首次正式提出了“农业绿色发展”这一专有名词，并明确规定要“加强资源保护和生态修复，推动农业绿色发展”，标志着农业绿色发展上升到了战略高度。2017 年 9 月，中共中央办公厅、国务院办公厅出台第一个关于农业绿色发展的文件《关于创新体制机制推进农业绿色发展的意见》，提出“尊重农业发展规律，加强改革创新、激励约束、政府监管，转变农业发展方式，优化空间布局，节约利用资源，保护环境，改善生态服务功能，建立人与自然和谐共生的农业发展新格局，加快形成绿色生产方式和生活方式”，并明确指出了农业绿色发展在中国生态文明建设全局中的突出位置。2019 年，农业农村部办公厅印发的《2019 年农业农村绿色发展工作要点》进一步将“推进农业绿色生产、加强农业污染防治、保护节约利用农业资源等”作为农业绿色发展的工作要点。此外，国家更是先后在党的十九大、十九届五中全会以及连续多年的中央一号文件中对推进农业绿色发展进行了决策部署，并出台了一系列条例和规定来推动农业绿色发展目标的实现，涉及农业面源污染治理、农业资源保护利用和高效利用，以及农产品质量安全等各个方面。

关于农业绿色发展的概念还没有统一的描述。郭迷（2011）认为农业绿色发展是建立在综合协调资源、环境、政府管理以及人民生活水平基础之上的发展模式，是科学发展观指导思想在农业领域的具体应用。尹成杰（2016）认为关键是要形成一个有利于农业发展的新格局，即资源利用高效、生态系统稳定、产地环境良好、产品质量安全。魏琦等（2018）认为农业绿色发展的核心要义是统筹协调农业发展的经济效益、社会效益、环境效益和生态效益，即实现资源节约、环境友好、生态保育、质量高效，突出强调农业产地环境、生产过程和农产品均要实现绿色化。王宗仁（2018）认为农业绿色发展就是以尊重自然为前提，以统筹经济、社会、生态效益为目标，以利用各种现代化技术为依托，积极从事可持续发展的科学合理的开发种养过程。崔海霞等（2018）认为农业的绿色发展是以尊重自然为前提，以现代化技术为手段，兼顾经济、社会、生态效益目标，是一种涉及农业结构和生产方式调整的农业发展模式。农业农村部原部长韩长赋则从更加注重资源节约、环境友好、生态保育、产品质量 4 个方面分析了农业绿色发展的内涵。于法稳

(2018) 指出农业绿色发展的核心及关键是水土资源的保护，特别是水土资源质量的保护，这是保障农产品质量安全的根本。金书秦等（2023）认为农业绿色发展应包括3个关键要素：一是农业经济增长与环境负面效应脱钩；二是农业中的绿色投入与农业经济收益挂钩；三是农业中的绿色要素与经济增长良性互动，成为农业发展的内生因素，是农业经济持续增长的机会、动力和源泉。

总体而言，农业绿色发展是一个综合概念，是全面、协调、可持续发展的概念，笔者认为新时代我国农业绿色发展的内涵至少包括以下几个方面：

首先，农业绿色发展的本质是一种发展理念，是实现农业可持续发展的根本路径。农业绿色发展不等于某个具体的发展模式，强调的是如何正确处理农业发展和生态环境保护的关系，不仅要转变农业发展方式，更重要的是转变价值导向、思想观念、消费习惯等。同强调结果导向的农业可持续发展不同，农业绿色发展更注重过程的绿色化，是探索实现农业可持续发展的根本路径。其次，农业绿色发展内涵丰富，是农业生产生态生活的全过程、全方位绿色化。农业绿色发展不单单指农业生产生活方式的绿色化、生态化，还包括农业资源保护、农业生态系统修复等内容。再次，农业绿色发展以经济、社会、生态环境的可持续发展为目标。人与自然是生命共同体，人类必须尊重自然、顺应自然、保护自然。农业绿色发展不是对资源和生态环境的竭泽而渔，而是要在发展中保护、在保护中发展，强调经济、社会发展和生态环境的协调统一，是建立在农业资源环境承载力约束条件下的发展方式。最后，农业绿色发展的实现以绿色发展制度建设和机制创新为保障。农业绿色发展除绿色生产生活方式构建外，还是机制创新与制度体系建设完善的过程，通过不断完善绿色发展相关制度体系，建立健全责任追究与奖惩制度，有利于推进绿色发展观建立，进一步增强农业绿色发展的内生动力，营造推进农业绿色发展的良好氛围。

1.4.3 有关农业绿色发展评价的相关研究

农业绿色发展水平是农业高质量发展效益的重要维度，从发展成效来看，现有文献认为近年来我国农业绿色发展水平稳步提升，在生态环境保护、农业面源污染等方面已取得一定成绩，农业农村碳排放持续减少，但诸多地区仍存在要素投入冗余和效率损失大等问题，农业绿色发展水平仍有一定提升空间（徐邵文等，2023）。科学评价农业绿色发展水平是农业绿色发展体系中的核心内容，也是研究热点。目前国内外针对农业绿色发展评价的研究主要有两种方式：一是构建指标体系，二是构建计量模型测算农业绿色发展效率。

在指标体系构建方面，联合国粮食及农业组织（FAO）构建了针对全球农业可持续发展的评价指标体系。美国国家环境保护署选取了作物生产力、土地生产力、灌溉水量水质、农业化学品使用和土地利用5个指标对农业环境进行评价；欧盟选择人均占有耕地面积、土地利用变化、农业能源、化肥及农药使用5个指标进行农业发展状况监测。英国农林渔业管理部门从农业耕作管理、农业投入、农业资源使用、保护农业土地等维度分析农业变化情况。Rada（2016）评价了印度绿色革命后的农业绩效，指出农业部门的绿色增长率的增长从北部“粮食带”向传统产量区域的高价值农业扩散，已经摆脱了农业革命。Kanter等（2018）构建了包括农作物生产技术、社会环境、经济水平、农产品多样性以及营养需求5个维度在内的农业可持续发展评价框架。朱玲等（2017）构建了基于农业经济发展水平、化学品投入强度、能源利用效率、资源有效利用水平、农业废弃物利用水平5个维度及18个二级指标的低碳农业经济评价指标体系，并通过对江苏省的实证分析，得出降低化肥、农药及农膜等化学投入品的强度，可使低碳农业的发展水平有效提升。魏琦等（2018）构建了包含资源节约、环境友好、生态保育和质量高效4个维度14个指标的中国农业绿色发展指数，并对近年来全国及各省份的农业绿色发展水平进行了初步评估。靖培星等（2018）从资源利用、产地环境、生态系统、绿色供给4个方面构建了包含18个二级指标在内的农业绿色发展水平评价指标体系。周莉（2019）基于乡村振兴视角，构建了包括农业效能、生态节约、城乡融合3个层面的农业绿色发展评价指标体系，并综合评价了西藏自治区的农业绿色发展水平。赵会杰等（2019）从资源节约、环境友好、产出高效、生活保障4个角度出发，构建了包括11个指标在内的粮食主产区农业绿色发展水平评价指标体系，并探讨了全国13个粮食主产省份的农业绿色发展真实水平。孙炜琳等（2019）构建了包括4个一级指标、19个二级指标的农业绿色发展定量评价体系与由6个一级指标、15个二级指标构成的农业绿色发展定性评价指标体系，提出了归一化法和标准化系数法等评价方法。

巩前文等（2020）构建了包括低碳生产、经济增收以及安全供给3个维度10个三级指标在内的农业绿色发展指数，并对2005—2018年中国农业绿色发展指数以及2018年省域农业绿色发展指数进行测度分析。尽管评价体系的构建研究较多，但也有部分学者认为，既有研究在构建指标体系时，多回避或模糊了农业绿色发展内涵的界定，可能导致指标体系在构建的过程中主观随意性较大（巩前文等，2020）。

在农业绿色发展要求下，考虑资源环境因素的农业绿色发展效率亦引起国内外学术界的广泛关注，研究内容主要集中于效率的测算方法（Chung et al.，1997；潘丹等，2013）、变化规律（李谷成等，2011；杨俊等，2011）、空间差异（冯小龙等，2015）、收敛特征（韩海彬等，2013）和影响因素（梁俊等，2015；Fare et al.，2001）等。在农业绿色生产效率测算指标选取方面，一种是将环境污染因素作为非期望产出变量（Nanere et al.，2007），另一种是将环境因素作为投入要素变量（Reinhard et al.，1999）。测算方法主要包括3种：第一种是增长会计法（GA），第二种是随机前沿分析法（SFA），第三种是数据包络法（DEA）。基于此，诸多学者测算了不同时期的中国省际农业绿色生产效率并进行了区域比较：李兆亮等（2017）综合运用随机前沿生产函数、泰尔指数等方法对我国省际间及中、东、西、东北四大区域农业绿色生产效率的区域差异及其影响因素进行了研究；郭海红等（2018）基于EBM函数和ML指数从静态和动态视角测算了我国省际及区域的农业绿色全要素生产率及增长指数，并构建了马尔科夫链分析区域差异的长期演化趋势；吴传清等（2018）结合SBM模型和GML指数测度了1997—2015年长江经济带农业绿色全要素生产率，采用全面FGLS估计方法对其影响因素进行实证分析；吕娜等（2019）将农业污染排放纳入Malmquist指数框架，对农业绿色全要素生产率加以测量并进行区域比较；肖琴等（2020）基于资源环境约束角度，运用DDF模型测算了2004—2018年中国30个省（自治区、直辖市）的农业绿色生产效率，结果表明，中国农业绿色生产效率整体呈上升趋势，但各要素集约利用潜力、非期望产出减排潜力逐年下降，期望产出扩张潜力也逐年下降；李欠男等（2022）基于绿色全要素生产率视角，采用SBM-Global-Super模型对中国2000—2017年地级市农业绿色发展水平进行了测度，同样发现，中国农业绿色发展水平表现出波动上升趋势，并存在明显的地区差异且地区差异也呈逐步上升态势。

1.4.4 有关农业绿色发展影响因素的相关研究

探讨农业绿色发展的影响因素也是学术热点和社会关切点，国内外各领域的学者基于不同研究视角和理论基础展开了大量研究。Amaruzaman 等（2017）梳理了造成印度尼西亚农业绿色发展差距的因素，部分专家认为通过激励措施可以缩小差距，部分专家认为培养农户的生产能力并提供资金、技术和知识是提升农业绿色发展的重要因素，还有部分专家认为将环境价值纳入国内生产总值以及从环境税中提取的资源有利于提升农业绿色化水平。Kansanga 等（2019）分析了农业机械化对加纳北部农业种植规模和模式的影响，发现机械化的使用对粮食安全的文化层面，社会生活的组织以及气候变化的适应性具有不利的影响。管延芳（2017）探析了土地流转信托在推进农业绿色发展中的优势及存在的问题，发现土地流转信托是推进农业绿色发展的良好渠道，有助于促使中国的土地流转信托从起步阶段就步入一条绿色发展之路。洪炜杰等（2018）关于地权稳定性和农业长期投资关系的研究认为，地权稳定性的提高会促进农户进行农业长期投资，从而促进农业的可持续发展。龚贤等（2018）从农业绿色发展效能、发展竞争力和发展潜力 3 个维度分析了西部地区农业绿色发展能力，并发现自然禀赋、农业生产基础设施、机械化水平、财政支持以及科技支撑对推动农业绿色发展产生较大的影响。高杨等（2018）研究发现农业技术进步是农业绿色增长的主要动力，农业绿色发展程度按照中、东、西部顺序依次递减。肖锐（2017）实证分析了财政支农对农业绿色发展的影响。夏雯雯等（2019）发现土地经营规模有助于促进农场应用测土配方施肥技术，从而可能促进农业绿色发展，并据此提出了促进土地向家庭农场等适度规模经营主体流转的政策建议。詹孟于（2021）认为新型农业经营主体基本覆盖了中国农业生产的上、中、下游组织形式，参与和衔接了农业产业链的不同环节，将在中国绿色农业发展和推动乡村振兴中发挥巨大的作用。毕雅琦（2022）指出，新型农业经营主体是推动农业绿色发展的重要力量，其发展绿色农业会受到发展方式、技术水平、主体认识水平、生产销售环境等多方面因素的影响。农民专业合作社也被认为是促进农业绿色发展的良好媒介：黄季焜等（2010）和 Moustieretal（2010）认为，农民专业合作社具有制度优势，能够将分散的小规模农户和不同要素禀赋的农户联合起来，引导农户安全生产行为，从而有助于实现农业绿色发展。郑丽琳等（2021）指出，农民合作社有助于推广使用生物防治病虫害技术、生物有机肥等新型绿色农业技术，从而能够有效助推农业绿色发展。

聚焦农业绿色全要素生产率，学者们一般根据研究对象特点、经济状况、生产率相关理论以及前人研究理论确定农业绿色全要素生产率的影响因素，主要侧重制度因素、政策因素、自然因素、气候因素、劳动力因素、地理因素等，涉及农村经济发展水平、产业结构、对外开放程度、城乡收入差距、财政支农政策等。Nanere 等（2007）发现水土流失对澳大利亚农业绿色全要素生产率有较大的负面影响。潘丹（2012）把地理因素纳入农业绿色生产率的影响因素中，选取地理因素、农村经济发展水平、农业产业结构、农业灌溉设施投资、农村制度、城乡收入差距、工业发展程度、对外开放水平、产业集聚、农村人力资本以及资源环境治理政策等几个方面采用空间面板计量模型进行回归，得出地理因素对中国农业绿色生产率具有显著的影响、区域间农业绿色生产率具有显著的空间正相关关系的结论。李谷成（2014）对1978—2008 年中国农业绿色生产率采用横截面固定效应模型分析制度因素包括家庭联产承包责任制、农产品价格体制改革、农村工业化变量、农业公共投资变量、农业税费改革、农业开放度变量等对农业绿色生产率的影响，认为不同时期各制度变量作用不尽相同。梁俊等（2015）研究认为，技术进步是中国农业绿色全要素生产率增长的主要源泉，工业化、城市化的推进和农业贸易条件则阻碍了农业绿色全要素生产率增速的提高。李兆亮等（2017）探讨了我国农业绿色生产效率现状及其形成机理，发现农业科研投资和农作物受灾面积分别对东北和西部地区农业绿色生产率的影响最大。吴传清等（2018）以长江经济带为样本，测算其农业绿色全要素生产率并分析其影响因素，指出机械化水平、人力资本存量、财政支出水平是关键的影响因素。尚杰等（2020）认为农业经济发展水平和生态资本投资对农业绿色全要素生产率有显著的促进作用，农业产业结构、城市化发展水平和农业财政支持政策在不同程度上制约了农业绿色全要素生产率的增长。周法法等（2022）研究发现农业保险发展水平对农业绿色全要素生产率具有显著提升作用，且主要体现在东部地区和非粮食主产区。王亚飞等（2022）认为农旅产业的协作整合能够明显促进农业绿色全要素生产率的增长，并将其划分为农村技术进步指数和技术效率指标，指出其都能够有效地推动农村发展。蒋团标等（2024）指出数字经济对农业绿色全要素生产率有促进作用，而且提升效果在不同区域呈现显著的异质性。

1.4.5 研究述评

综观现有文献，农业绿色发展问题已经成为环境经济学中最活跃的研究领域，众多学者基于不同的研究视角和研究对象，对农业绿色发展进行了大量的研究，为相关领域的进一步深入奠定了基础。近 10 年来，经济飞速发展带来的能源过度消耗、资源利用效率低，以及环境质量持续下降等问题日益凸显，农业环境、农业化肥投入等问题引起了学术界的广泛关注，农业绿色发展已经成为世界各国农业发展的重要方向和共同选择。实现农业绿色发展是国内外学者共同关注的课题，农业绿色发展也受到越来越多的重视，研究体系也越发完善，为本书研究提供了很好的理论和实践参考。

现阶段，广泛使用评价指标体系和农业绿色全要素生产率这两种方法来评价农业绿色发展水平，由于传统的 SFA、DEA 等方法并未将环境污染问题考虑在内，测算结果不尽合理，因此近年来越来越多的学者开始将农业污染作为一种非期望产出纳入农业生产过程，考虑环境问题约束下的绿色农业全要素生产率测算问题。总体来看，一是研究方法较为成熟，已有研究多以将农业污染物视为非合意产出为视角，建立不同的生产函数模型进行测算，争议的焦点主要在于投入变量和产出变量的选择方面；二是国内研究多基于全国层面或省级层面，绝大部分研究都是测算不同年份的全国农业绿色全要素生产率，并进行纵向对比，专门针对某个区域的研究还比较少；三对经济地理因素考虑得较少，受多方面因素的影响，不同地区之间特别是相邻地区之间，农业绿色全要素生产率可能会相互影响，在一定程度上呈现出空间效应或协同效应。因此，本书综合吸收前人研究的经验和不足，从农业技术经济视角，对京津冀农业绿色发展进行系统研究。

2 相关理论基础

2.1 可持续发展理论

西方可持续发展观以生态环境遭遇到的困境为诞生前提，较之西方发达资本主义国家先前所主张的一味追求工业发展、经济发展的发展观，更加具有历史的合理性。它旨在缓解全球生态危机，其理论构想不仅针对发达的西方资本主义国家本身，也针对包括发展中国家在内的其他所有国家。随着全球化的发展，可持续发展的概念已经成为共识。党的十八大以来，习近平总书记站在中华民族永续发展的高度，大力推动生态文明理论创新、实践创新、制度创新，创造性地提出一系列富有中国特色、体现时代精神、引领人类文明发展进步的新理念新思想新战略，形成了习近平生态文明思想。党的二十大报告指出，必须牢固树立和践行“绿水青山就是金山银山”的理念，站在人与自然和谐共生的高度谋划发展。党的二十大报告深刻阐释了新时代坚持和发展中国特色社会主义的一系列重大理论和实践问题，描绘了全面建设社会主义现代化国家、全面推进中华民族伟大复兴的宏伟蓝图，为新时代新征程党和国家事业发展、实现第二个百年奋斗目标指明了前进方向、确立了行动指南。

可持续发展以环境保护的名义鼓励经济增长而不是取消经济增长，不仅重视经济增长的数量，而且追求经济发展的质量。可持续发展需要改变以“高投入、高消耗、高污染”为特征的传统生产方式和销售模式，实现清洁生产和文明消费，以提高经济活动效率，节约资源，减少浪费。在生态可持续发展领域，可持续发展要求经济建设和社会发展与自然承载能力相协调，确保以可持续的方式利用自然资源和环境成本，强调发展是有限制的，没有限制就没有发展。整体来看，绿色发展是可持续发展观的延续，属于强可持续发展，强调经济、社会与自然系统的共生性及发展目标的多元化，绿色发展作为实现经济、社会和环境可持续发展的重要突破，正逐渐成为全球可持续发展目标和人类发展的共识。农业生态系统的持续发展同样强调在农业资源环境承载力与农业经济发展之间找到一个平衡点，在满足当代人们日益增长的绿色优质农产品需求下，不对后代人绿色优质农产品需求能力造成威胁的情况下发展农业经济。

区域尺度的可持续发展研究是地理学更能发挥优势的领域，不同的地域，其人口、资源、环境和发展的内涵也不同。我国各区域之间的发展极不平衡，不同区域的发展阶段有别，其空间差异也很显著。区域是可持续发展战略实施的重要载体，京津冀地区作为继长三角、珠三角之后的第三个区域经济体，应成为我国生态保护和可持续发展的领先区和示范区。

2.2 绿色发展理论

绿色发展理论是在可持续发展理论的基础上发展出现的，是各种绿色生态理念的集合。可持续发展理念提出后，随着认识的不断深化，人们逐渐意识到需要一种新的文明形态来解决全球性生态环境问题，这种新的文明形态就是生态文明，也就是绿色文明。绿色是生命的表征，是大自然的底色，代表了美好生活的希望。绿色发展是对破解传统发展过程中面临的经济发展和生态保护的矛盾，满足人类对绿色美好生活殷切期盼的回应。现阶段，绿色发展已经成为重要趋势和世界各国普遍认同并遵循的发展理念，世界银行和国务院发展研究中心将绿色发展定义为“一种经济增长与资源消耗、碳排放、环境损害脱钩的发展方式”。

马克思早在19世纪中叶就指出，在人类社会发展的任何一个水平上，社会物质生产过程不仅包括人的生产活动，而且包括自然界本身的生产力。外界自然条件为人类提供了“两类自然富源”，即“生活资料的自然富源”和“劳动资料的自然富源”，即离开了自然资源及其具有的自然价值，人类社会的一切财富都将成为无源之水、无本之木。我国古代以农立国，具有5000多年的悠久历史和灿烂文化，创造了源远流长的农耕文化，凝结着“三才思想”、自然资源循环利用等生态智慧，其中包含丰富的天人合一、尊重自然、和谐共生的绿色价值观。习近平总书记在党的十八届五中全会上提出创新、协调、绿色、开放、共享的新发展理念，并明确指出：“坚持绿色发展，必须坚持节约资源和保护环境的基本国策，坚持可持续发展，坚定走生产发展、生活富裕、生态良好的文明发展道路，加快建设资源节约型、环境友好型社会，形成人与自然和谐发展现代化建设新格局。”习近平总书记对绿色发展的阐释，明确了绿色发展理念的概念和内涵，成为我国现代化建设的指导思想。

绿色发展理论在农业领域发挥了尤为重要的指导和推广作用，处理好农业发展与生态环境保护的关系是农业绿色发展的基本要求。从生态经济学角度来看，农业发展归根到底是经济发展问题，环境与农业经济增长本就是一个从非均衡到均衡的过程，两者互相协调直到融洽发展。农业绿色发展并不是放慢农业发展速度来保护农业生态环境，而是积极地保护农业生态环境，实现更高层次的保护。良好的农业生态环境就是农业生产力，农业生态环境既需要保护又需要改善，农业生态环境一旦遭到破坏，在依靠农业生态系统自净能力无法恢复的情况下，就要通过人工干预进行科学恢复和重建。保护农业生态环境和改善农业生态环境齐头并进，才能保护与发展农业生产力。

2.3 外部性理论

经济学家对外部性的定义主要分为两类，一是从外部性的产生主体角度来定义，Samuelson 和 Nordhaus 指出“外部性是指那些生产或消费对其他团体强征了不可补偿的成本或给与了无需补偿的收益的情形”；二是从外部性的接受主体角度来定义，Randall 认为外部性是“当一个行动的某些效益或成本不在决策者的考虑范围内的时候所产生的一些低效率现象，也就是某些效益被给予，或某些成本被强加给没有参加这一决策的人”。这两类定义本质上是一致的，即外部性是某个经济主体对另一个经济主体产生的一种外部影响，而这种外部影响又不能通过市场价格进行买卖，商品生产过程存在私人成本与社会成本不一致的问题。

外部性理论的研究主要经历了 3 个阶段：第一阶段，Marshall 于 1910 年提出除了土地、劳动和资本这三种生产要素外，还有第四种要素，为了说明第四种要素的变化如何导致产量的变化，他使用了“内部经济”和“外部经济”两个概念，是一个经济主体对另一个经济主体产生的不能通过市场价格进行买卖的一种外部影响。这是外部性概念的雏形，为正确分析外部性问题以及发展公共经济领域的新理论奠定了基础。第二阶段，Pigou 从福利经济学的角度，用现代经济学的方法丰富和发展了外部性理论，将外部性分为正外部性（或称外部经济）和负外部性（或称外部不经济），正外部性是指一些人的生产或消费使另一些人受益而又无法收费的现象；负外部性是指一些人的行为影响了其他人，使之支付了额外的成本费用，但后者又无法获得相应补偿的现象。私人成本和私人收益是某种经济活动给活动者自身带来的损失和好处，社会成本和社会收益是某种经济活动给整个社会带来的损失和好处。当一种经济活动的边际社会效益大于边际私人效益时，这种活动就产生了正外部性或称利益外溢，其中的差额即外部边际收益；当一种经济活动的边际社会成本大于边际私人成本时，其差额就是外部边际成本，这种活动给外部环境带来了负效应的影响，也称作成本外溢。当经济活动出现外部经济或者是外部不经济时，均说明资源没有得到有效配置，失误的资源配置会导致市场失灵问题。如何将外部成本内部化非常重要，Pigou 指出国家可以采用征税的方式解决（即庇古税），庇古税是对引起污染的经济主体收税，是一种将外部成本内部化的解决方法。因此，污染者不仅考虑它们的常规生产成本，还要考虑它们的活动带来的其他形式的社会成本，对具有负外部性的物品征税或罚款，使私人成本达到社会成本，减少其产生外部性的经济活动；对有正外部性的物品补贴或奖励，使私人收益达到社会收益水平，增加其产生外部性的活动。庇古税被广泛应用在经济活动中，世界各国普遍采用的排污收费制度依据的就是“谁污染，谁治理”原则，是庇古理论在环境保护领域的具体应用。第三阶段，Coase 为了解决外部效应的内部化问题，在对庇古税的批判和扬弃中，将外部性引入制度分析之中，阐述了交易成本理论在解决外部性问题时的运用，确立了以产权界定来消除环境外部性的思想。科斯定理（Coase Theorem）提出，如果存在产权分离，可以采用私下谈判的方式来解决外部性问题，但前提条件是交易成本比较低而且参与的人数不是很多；另外，还可以采用企业合并、规定排放标准和行政准入等方式，直接管制并限制排放的污染量，强制采用某种技术来减少排放量，使社会实现有效生产。

根据外部性理论，农业生产经营活动的产出不仅包括产量、利润等期望产出，还包括对环境产生影响的非期望产出。非期望产出中既包含对主体和自然有利的内容，也包含对主体和自然有害的内容。一般而言，在农业的非期望产出中更多的是对人类和社会发展不利的内容，基本对应外部性理论中的负外部性内容。这些内容也导致我国农业发展条件和生产环境呈现恶化趋势。以农业化学品投入为例，在农业生产中，农户往往从自身利润最大化角度出发，不考虑生产活动给环境带来的危害，农户在农业生产过程中投入农业化学品以提高农产品产量，从而实现农业生产收入最大化，但农用化学投入品的不合理使用和过度使用会造成农业非点源污染，不被农作物吸收的部分直接进入环境，给水体、土壤、大气和人体健康带来负面影响，对生态环境产生较大的负面影响，此时边际社会成本高于边际私人成本，其中的差额即农业化学品投入过量给社会带来的危害。而期望产出不仅包含农产品的产量并销售而得到的农业经营收入等私人收益，也包括农业生产带来的生态环境价值、社会稳定价值和社会保障价值等，如农业景观、碳吸收等。绿色农业作为一种有利于环境保护、农产品数量与质量安全的现代农业发展形态与模式，通过采用绿色农业技术，形成现代化的绿色农业产业体系，其目的是实现农业可持续发展和推进农业现代化水平不断提高，确保整个国民经济的健康可持续发展，满足城乡居民生活水平日益上升的需要。随着社会经济发展与居民消费偏好的升级，以及现代农业科学技术管理手段的进步，农业绿色发展这一过程与其他经济生产活动一样必将受到外部性的影响。

2.4 产业生态学理论

随着全球经济的发展，加速推动全球化进程，促进了各个行业之间的相互联系和协作，同时环境问题日益严重，需要探求一种新的发展模式。在此背景下，产业生态理论在全球范围内得到了广泛的关注和研究。产业生态理论源自生态学领域，旨在研究产业内各个组成部分的相互作用、相互依存和相互影响，以及如何通过这些相互作用实现经济发展和可持续发展。产业生态理论作为一种全新的理论体系，自 20 世纪 80 年代初开始受到学界的广泛关注，其核心思想是将生态学的观念应用于产业领域，以生态系统的思想为基础，研究产业内各个组成部分之间的相互关系，进而探索如何实现经济发展和可持续发展。

产业生态学的基本内容涉及 4 个方面：在研究对象上，主要研究产业系统与自然系统之间的关系；在研究思想上，大多采用系统思维，即利用系统方法研究产业有机体与其周围环境的关系；在研究方向上，面向可持续发展能力的研究是一种实现经济、文化、技术与环境持续演化的途径，对产业生态的研究最终是为了增强经济系统对生态环境的适应性，进而实现人类社会的可持续发展；在研究方法上，注重多学科交叉创新方法的综合运用。产业生态学研究理念具有以下 3 个特征：一是强调整体观，考虑产品或工艺的整个生命周期的环境影响，而不是只考虑局部或某个阶段的影响；二是提倡未来观，着眼于人类与生态系统的长远利益，追求经济效益、社会效益和生态效益的统一；三是倡导全球观，不仅要考虑人类产业活动对局地、地区的环境影响，更要考虑对人类和地球生命支持系统的重大影响。产业生态学既是一种分析产业系统与自然系统、社会系统以及经济系统相互关系的系统工具，又是一种发展战略与决策支持手段，也可以在一定程度上视为可持续发展思想的方法论载体，已成为宏观层面（国家）、中观层面（行业）和微观层面（企业）决策和发展的重要理论依据。

我国历来讲求人与自然和谐共生，中华传统文化蕴含着丰富的农耕文化内涵，农业绿色发展理念深嵌在农业发展思想当中。生态功能是农业固有的功能，农业生产所依赖的土地、水、气候和生物多样性等自然资源，不仅是农业发展的条件，更是人类社会生存和发展最重要的物质基础。“绿色农业”作为一种适合于中国国情和农情的生态农业，即“运用农业生态学原理和方法，把现代科技成果与传统农业技术的精华相结合，建立起来的具有生态合理性、功能良性循环的一种农业体系”。中国生态农业不仅是对农业资源利用方式的变革，达到合理保护和高效开发农业资源的高度统一，以大农业的观念保护、开发和利用自然资源，而且是农业环境保护与修复的通道。中国生态农业把农业生产的若干环节“接口”起来，上一个环节的“废物”成为下一个环节的“资源”，由此形成一个自净的生产体系。这样的自净生产体系能充分利用农业生态系统内部的资源，减少外源物能投入，使生产环境走向健康，从而保证生产出安全的食物，保障对全国人民安全食品的有效供给和美好生活的追求。随着我国生态文明建设的顶层设计和制度体系建设不断完善，农业的生态功能不仅越来越体现出其基础和保障性作用，更成为推进农业现代化和乡村全面振兴的新动力。2020 年，新发展理念下“双碳”目标的提出，要求我国农业进一步向低碳、高质量发展迈进，农业的生态功能将逐步占主导地位并成为发展的新动能。

2.5 区域协同理论

20 世纪 70 年代，德国物理学家哈肯（Hermann Haken）首次提出协同理论（Synergetics），即“两者或两者以上寻找互相融通、彼此关联、互相渗透的关系，寻找多方主体之间的平衡方案，使多方主体从无序到有序，达到系统统筹最优”。随后，协同理论打破学科壁垒，在工程学、自然科学、政治学、社会学、经济学、管理学等领域得到广泛应用，并向多学科、跨学科领域方向发展，已经成为系统科学的重要分支理论。协同理论强调在一个整体系统即同一个“协同平台”上，各子系统通过“协作同步”不断地“整合”“协调”“优化”，通过实现系统内子系统之间的协同作用实现组织目标。协同理论主要有以下几个特征：一是多主体性。协同理论强调同一组织（系统）内部实现同一工作目标需要多主体共同参与。二是能动性。协同理论强调协同本身是各主体为同一目标而进行的相互运动过程。三是协调性。协同理论强调主体间在相互信任与契约的基础上协调互动。四是责任性。协同理论强调在多主体协作过程中如何做到责任、风险、受益的共同关系。五是有序性。协同理论强调多主体从各自旧结构到新结构的转变，这个转变的过程，即各主体间从无序到有序的过程。

区域协同是国家和地方调控区域发展的新理念，是区域各城市从分散到集聚、从封闭到开放、从一元到多元，走向共同发展、互惠共赢的新阶段。从综合因素角度出发，区域协同发展涵盖经济、政治、人文、社会、生态等诸多因素，其内涵具体包括：一是让区域内的个体充分发挥自身的优势，取长补短，协调发展；二是使区域内各生产要素能够实现跨区域自由流通，进而优化资源配置；三是区域内的居民在教育、医疗、公共服务等社会保障体系中可以存在差距，但应保证差距在合理范围内；四是使区域内的各子系统在市场经济方面实现跨区域发展，进而实现互利共赢；五是通过统筹规划协调好区域内的各子系统人口、生态、环境三者之间的关系，对自然生态资源进行合理开发与利用，从而形成良性互动发展新模式。

由于环境问题的外部性、环境治理的公共性，因此区域协同要强调环境治理的多主体、多手段、多部门、多领域的共同参与和协调配合，根据复杂跨域问题需要，建立起多层级、多区域、多主体、多模式类型的互动网络。区域产业发展协同是指在特定的区域内，各地方政府在国家有关部门的指导下，基于当前的产业发展水平和产业分工体系，以区域共同体为目标制定产业发展规划，加强产业联系，促进分工合作，引导产业横向转移和纵向转型，实现以科技创新驱动产业升级、以价值链整合产业布局、以整体效应规范产业有序发展的良性格局。在区域产业协同发展的过程中，产业系统内的个体是否会参与到协同发展活动中，以及会在多大程度上进行资源的投入，取决于利益博弈和利益分配的结果，当协同发展带来的收益大于协同成本时，协同活动就能够得以推进，反之，则会受到阻碍。区域产业的协同发展必然会涉及跨行政区的产业转移、结构调整以及资源的大规模流动，这在一定程度上会打破原有的利益平衡，引发部分群体对利益分配的不满。区域内的各行政区需要充分发挥政府对产业发展的引导作用，通过制定相关政策提出利益补偿方案，合理构建新的利益分配体系，为协同发展注入新动力。在发展过程中建立利益保障机制，实现个体利益与集体利益、短期利益与长期利益的辩证统一，才能推动区域产业达到健康可持续的协同发展状态。

习近平总书记指出，实现京津冀协同发展，是探索生态文明建设有效路径、促进人口经济资源环境相协调的需要。实现京津冀绿色协同发展，必须坚持共同富裕和共享发展，建立应有的利益共享机制，以此来促进和推动京津冀生态环境建设一体化。

2.6 绿色全要素生产率理论

绿色全要素生产率的理论和方法来自经济增长理论，绿色全要素的增长已然成为衡量经济是否健康发展的重要标志。生产率的相关研究最早可追溯至早期前古典经济思想的分工学说，然后沿着单要素生产率理论、全要素生产率理论、绿色全要素生产率理论的发展历程不断完善。

面对第一次工业革命时期英国等欧洲国家经济的快速发展，在重商主义学说和重农学派关于生产率的基本思想基础上，亚当·斯密（Adam Smith）首次宣称，任何一个生产部门的劳动都是国民财富的源泉，并认为劳动分工将通过提高劳动生产率促进经济增长，即劳动生产率是一国财富的直接决定因素之一。同时，他提出劳动创造价值，并成为以亚当·斯密为代表的英国古典经济学理论体系中的最核心内容。伴随资本主义生产从工厂手工业向机器大工业转变，劳动价值论的主流地位开始被客观效用价值论（也被称为生产成本价值论或要素价值论）取代。萨伊（Say）系统地提出了生产成本价值论，认为价值即效用，由劳动、资本、自然（土地）三要素共同创造，土地、资本与劳动一样具有生产性，并把劳动与产出比值定为劳动生产率，资本与产出比值定为资本生产率。这被认为是单要素生产率理论的发端，以此为基石产生的边际生产率理论给多要素生产率奠定了良好的基础。

第二次世界大战后，随着经济发展产生一系列新变化，要素投入日趋多元化，全要素生产率概念被正式提出。戴维斯首次对全要素生产率进行界定，认为其是所有产品与资本、劳动、原材料、能源等所费资源的变化。索洛统一了生产函数，认为从产出增长率中扣除生产要素投入增长率的部分全部归于技术进步的结果。从某种意义上说，索洛将技术进步等同于全要素生产率，并将其作为外生变量，而“不可知的部分”被称为索洛余量。为此，2018 年版《新帕尔格雷夫经济学大辞典》在全要素生产率词条上明确指出，全要素生产率是产出中投入要素不能解释的部分。这一概念描述虽简单明了，但索洛余量影响因素众多，使得全要素生产率理论在实践应用中有较大误差，希克斯技术中性以及生产者均衡等假定条件在实际中并不存在，所以按照索洛的算法得出的全要素生产率远没有其实际内涵丰富，如规模效率、资源配置效率等，要素分解无法真实反映要素的增长贡献。

绿色全要素生产率是在全要素生产率的基础上，将环境资本视为一种重要的自然资本纳入考量，认为物质、人力和自然资本是经济增长的源泉（Weitzman，1976）。传统的全要素生产率的考虑要素不包括环境资源的约束，在结果上扭曲了对社会福利变化和经济绩效的评价，从而误导政策建议（Hailu et al.，2000），学者们逐渐开始将环境因素纳入全要素生产率的分析框架中，由此衍生出绿色全要素生产率，用于衡量资源环境约束下的全要素生产率，着重强调绿色高效可持续发展。绿色全要素生产率既考虑了全要素生产率的效率问题，也将环境因素纳入考量体现环境的约束问题，能够更好地协调好“资源—环境—经济”三者之间的关系，实现经济发展的绿色高效可持续。

新时代环境问题在全世界备受关注，日益严重的农业面源污染问题凸显出农业绿色生产的紧迫性，现阶段相关学者对农业生产率的研究重心已实现从追求数量向追求质效、从全要素生产率向绿色全要素生产率转型，把农业生产过程中的环境污染问题纳入全要素生产率的核算框架中。农业绿色全要素生产率作为衔接经济产出、生态产出与环境代价的桥梁，受到广泛重视。

2.7 本章小结

京津冀协同发展是一项重大国家战略，农业绿色发展是该区域协同发展中的重要课题。2014 年以来，京津冀一直坚持绿色发展导向，从农业生态、污染治理、循环利用等方面出台了多项政策，农业绿色发展取得了较好的成效。然而，京津冀协同发展过程中仍存在生态与经济兼顾问题、发展短板问题以及区域经济与环境协调性差等问题。京津冀农业绿色协同发展是一项复杂的系统工程，包含生态、经济、环境和资源系统方方面面的科学问题。本章主要梳理了京津冀农业绿色协同发展涉及的可持续发展理论、绿色发展理论、外部性理论、产业生态学理论、区域协同理论和绿色全要素生产率理论等，为后续京津冀农业绿色全要素生产率分析框架建立、测算方法改进、空间计量模型构建等相关研究奠定了理论基础。

其中，可持续发展理论、绿色发展理论和产业生态学理论解释了农业绿色发展特征及其成因，坚持以经济发展和生态协调为指导，以实现经济效益、社会效益、生态效益统一为目的的生产方式，逐步成为实现当今经济绿色发展的共识。农业绿色发展是建立在综合协调资源、环境、经济、政府管理以及人民生活水平基础之上，积极协调与优化经济社会系统与自然生态系统的关系，更加注重资源节约、环境友好、生态保育、产品质量，通过依靠科技创新和劳动者素质提升，促进农业生产从传统不可持续的方向向绿色可持续发展的高级形态转变的过程，是一种产出高效、产品安全、资源节约、环境友好的农业发展模式；外部性理论、绿色全要素生产率理论为农业绿色全要素生产率测算及其特征分析提供了理论依据，对深入研究绿色全要素生产率影响因素的实证研究具有一定启示作用；区域协同理论为研究京津冀以及理解分析京津冀绿色全要素生产率及其特征和提升策略等提供了理论支撑与启示。

3 京津冀农业绿色发展背景

3.1 京津冀协同发展历史回顾

京津冀地区是我国的“首都经济圈”，包括北京市、天津市和河北省的保定、廊坊、唐山、石家庄、邯郸、秦皇岛、张家口、承德、沧州、邢台、衡水11个地级市以及定州和辛集2个省直管市。其中北京市、天津市、保定市、廊坊市为中部核心功能区，京津保地区率先联动。京津冀是我国北方经济规模最大、最具活力的地区，人口和生产总值均超过全国的8%。新中国成立至今，京津冀之间无论是行政区域划分，还是产业和市场领域均有着千丝万缕的关系，早在历史发展过程中成为不可分割的统一体，国家和社会层面也对三地进行了许多支持和关注。

3.1.1 第一阶段：新中国成立后到改革开放初期（1949—1978年）

新中国成立后，京津冀地区的行政区划进行过较大幅度的调整，对区域发展产生了深远的影响。新中国的首都设在北京市，为了满足首都发展建设的需要，从1950年起到1958年止，北京市的行政区域不断扩展。1958年3月国务院批准将河北省的通县、顺义、大兴、良乡、房山5个县和通州市划归北京市管辖。10月，又将河北省的怀柔、密云、平谷、延庆4个县划归北京市。至此，北京市基本形成现在的市域范围。天津市是北方的商业和工业中心。在1968年重新成为直辖市之前，天津市是河北省的省会城市。后受政治局势的影响，天津直辖，河北省选择了石家庄市作为省会。从新中国成立到改革开放的28年中，在高度计划经济管理体制下，行政分割的态势主导了京津冀的经济发展与区域合作。新中国成立初期，由于人、财、物严重不足，城市建设与发展主要是围绕工业建设有重点、有步骤地进行。在1958—1967

年天津市作为河北省省会期间，从带动全省工业发展的目标出发，将一批钢铁、制药、纺织、胶片等行业的工厂迁出，为河北省打下了一定的工业基础，也一定程度上造成了天津市与河北省的产业同构。20 世纪 70 年代，北京从建立自成体系的工业体系出发，投资建设了燕山石化等大型化工企业，扩建了石景山钢铁厂等大型项目，北京市与天津市及河北省产业逐步趋于雷同，最严重时产业结构的相似系数超过 90%。

3.1.2 第二阶段：改革开放后的竞争与合作（1979—2004 年）

改革开放初期，为顺应经济发展的需要，京津冀地区开始探寻从竞争走向合作的途径。由于经济体制改革和市场经济体制的确立，省、市、县等地方行政区成为经济发展的主体，各地区之间的关系更多地表现为区域竞争的关系。这种区域经济的竞争促进了地方经济的发展，也使地方保护主义逐渐抬头。从区域经济发展的目标出发，克服区域竞争带来的弊端，走区域合作的道路就成为必然选择。

以 1979 年国务院提出“扬长避短、发挥优势、保护竞争、促进联合”十六字方针为标志，我国各经济区开始摒弃追求独立工业体系与国民经济体系的传统思维与战略，开始寻求地区之间的协作。1980 年，国务院颁布了《关于推动经济联合的暂行规定》，首次赋予企业可以在国家计划外自主选择合作伙伴组织生产的权利，企业开始享有经营自主权。1981 年，在呼和浩特市召开了华北地区经济技术协作会议，并成立了我国第一个区域经济合作组织——华北经济技术协作区（由京、津、冀、晋、蒙组成），通过高层会商，以物资交流作为主要的协作内容，进行地区间的物资调剂，并鼓励企业之间开展横向经济联合。例如，北京市与河北环京地市合作建立了肉蛋菜等生活资料供应基地和纯碱、生铁等生产资料基地。1982 年，《北京市城市建设总体规划方案》中首次正式提出了“首都圈”的概念。1988 年，北京市与河北环京地区的保定、廊坊、唐山、秦皇岛、张家口、承德 6 城市组建了环京经济协作区，定位为在北京市、河北省政府指导下，以中心城市为依托的开放式、网络型的区域组织，建立了市长、专员联席会议制度，设立了日常工作机构。该协作区以推进行业联合为突破口，以商品交易为主要内容，相继创办了农副产品交易市场、工业品批发交易市场，组建了信息网络、科技网络、供销社联合会等行业协作组织，建立起地区企业间的广泛联系，从当时京津冀处于区域合作的第一阶段，即商品合作阶段来说，确实卓有成效地推进了区域经济合作。2002 年，北京与天津港口开始直通，实现了港口功能一体化。2004 年，由中关村海淀科技园与天津经济技术开发区共同倡议“京津塘高科技新干线”，并设立京津塘科技新干线论坛组织，京津冀区域开发合作的步伐明显加快。2004 年 2 月，国家发展改革委召集京津冀三地发改部门在廊坊召开京津冀区域经济发展战略研讨会，达成“廊坊共识”。随着天津滨海新区开发开放纳入国家战略，科技部和三地政府开始关注和推进京津冀科技合作。

3.1.3 第三阶段：京津冀都市圈的提出（2005—2013 年）

2005 年，天津滨海新区开发开放开始加速，天津市在推进与环渤海地区各省市的区域合作中，出台了若干具体的政策。2008 年，我国第一条城际高铁——京津城际高铁贯通，民间出现了京津一体化的呼声，京津民间在经济、技术、人才上的交流与合作不断增加。2009 年，北京市为打破资源环境的制约，提出要发挥科技创新和综合服务优势，通过加强与河北、天津的区域经济联系，加快交通、能源、水资源、生态保护、旅游等方面的发展。同年，京津冀交通部门签订了《京津冀交通一体化合作备忘录》。2010 年，科技部批准河北省建设“环京津高新技术产业带”，京津冀的规划部门共同签订了《关于建立京津冀两市一省城乡规划协调机制框架协议》，另外，京津冀旅游部门共同参与编制的《环渤海区域旅游发展总体规划》《京杭大运河国家旅游线路总体规划》《泛金海湖京津冀金三角旅游规划》等一系列规划，都对京津冀的区域合作起到了推动作用。2010 年 10 月，河北省政府《关于加快河北省环首都经济圈产业发展的实施意见》正式出台。2011 年 3 月，国家“十二五”规划纲要发布，提出“打造首都经济圈”。

在社会主义市场经济体制建立过程中，民间对京津冀协同发展，包括京津冀科技合作的呼声不断高涨，但受制于财政分灶吃饭体制，这个阶段区域协同仍然以产业、企业合作为主，协同创新仍然处于京津冀三地政府的科技合作交流、组织推动相关研究及省级以下各级政府的自发探索状态，中央和国务院并无实质性的政策措施推动。同时，由于中关村园区和滨海新区被纳入国家战略，为发挥和实现各自功能定位和互动发展，京津科技合作率先推进。由于人口红利和改革开放的红利叠加，各地区经历了 20 多年的共同发展景气期，资源环境问题对发展的制约还不够突出，使得各地不必关注跨区域协同发展与协同创新问题，虽然这一阶段经历的时间长，但是京津冀协同发展与协同创新实质性进展有限。

3.1.4 第四阶段：协同发展新阶段（2014—2018 年）

党的十八大召开以来，以习近平同志为核心的党中央高度重视和强力推进京津冀一体化的发展。2014 年 2 月 26 日，习近平总书记在北京考察并发表重要讲话，提出京津冀协同发展战略。同年，国务院成立京津冀协同发展领导小组，为京津冀协同发展提供了组织上的保障。2015 年 4 月底，中共中央政治局审议通过《京津冀协同发展规划纲要》，明确了京津冀整体和京津冀三地各自的发展定位，明确了布局思路和空间骨架，明确了以有序疏解北京非首都功能为京津冀协同发展战略的核心，以交通、生态环保、产业为率先突破的重点领域，提出促进基本公共服务均等化是推动京津冀协同发展不可或缺的重要内容，顶层设计初步完成。2016 年 3 月通过的《国家“十三五”规划纲要》指出，要以区域发展总体战略为基础，以“一带一路”建设、京津冀协同发展、长江经济带发展为引领构建我国区域发展新格局。同年，通州北京城市副中心的建设开始启动。2016 年 6 月，国务院批复关于京津冀系统推进全面创新改革试验方案，要求围绕促进京津冀协同发展，充分发挥北京全国科技创新中心的辐射带动作用，进一步促进京津冀三地创新链、产业链、资金链、政策链深度融合，建立健全区域创新体系，推动形成京津冀协同创新共同体，打造中国经济发展新的支撑带。2017 年 4 月 1 日，中共中央、国务院决定设立雄安新区。这是以习近平同志为核心的党中央深入推进京津冀协同发展作出的一项重大决策部署，是继深圳经济特区和上海浦东新区之后又一个具有全国意义的新区。2017 年 10 月 18 日，习近平总书记在党的十九大报告中指出，以疏解北京非首都功能为“牛鼻子”推动京津冀协同发展，高起点规划、高标准建设雄安新区。2018 年 4 月，中共中央、国务院批复了《河北雄安新区规划纲要》。

在党中央直接领导和推动下，京津冀协同发展成为国家发展重大战略，并明确了建设协同创新共同体的发展方向。中央政府、三地政府以及各种创新主体对推进京津冀协同创新的积极性、主动性空前高涨，改变了京津冀协同创新长期停留在研究层面、概念层面、民间层面、地方层面的不利局面，改变了长期呼声高、难以取得实质性成果的局面，也改变了地方政府各自为政、只求种好自己一亩三分地的局面。

3.1.5 第五阶段：攻坚克难不断爬坡提升阶段（2019 年至今）

2019 年 1 月 16—18 日，习近平总书记在京津冀考察，主持召开京津冀协同发展座谈会并发表重要讲话。习近平总书记充分肯定京津冀协同发展战略实施以来取得的显著成效。他强调，京津冀协同发展是一个系统工程，不可能一蹴而就，要做好长期作战的思想准备。过去的 5 年，京津冀协同发展总体上处于谋思路、打基础、寻突破的阶段，当前和今后一个时期进入到滚石上山、爬坡过坎、攻坚克难的关键阶段，需要下更大的气力推进工作。习近平总书记对推动京津冀协同发展提出了 6 个方面的具体要求：第一，紧紧抓住“牛鼻子”不放松，积极稳妥有序疏解北京非首都功能；第二，保持历史耐心和战略定力，高质量高标准推动雄安新区规划建设；第三，以北京市级机关搬迁为契机，高质量推动北京城市副中心规划建设；第四，向改革创新要动力，发挥引领高质量发展的重要动力源作用；第五，坚持“绿水青山就是金山银山”的理念，强化生态环境联建联防联治；第六，坚持以人民为中心，促进基本公共服务共建共享。

2023 年 5 月，习近平总书记在深入推进京津冀协同发展座谈会上发表重要讲话。他强调，要坚定信心，保持定力，增强抓机遇、应挑战、化危机、育先机的能力，统筹发展和安全，以更加奋发有为的精神状态推进各项工作，推动京津冀协同发展不断迈上新台阶，努力使京津冀成为中国式现代化建设的先行区、示范区。在党中央集中统一领导下，中央调动资源的能力更加强大，以雄安新区为中心、聚集国内外高端资源的能力将进一步提高，达成预期目标的确定性更大，京津冀协同创新共同体建设有望迎来更快更大进展。同时，京津冀创新主体强强联合，在共同建设国际科技创新中心、达成实质意义的区域协同创新共同体方面探索新的实践路径。

3.2 京津冀农业协同发展取得的成效

10年来，京津冀三地立足各自农情特点和功能定位，分别发挥农业产业、资源和科技、人才、市场等优势，重点在产业、科技、生态等方面加强合作，促进优势互补、互利共赢、协同发展，取得了丰硕成果。京津冀三地农业农村部门以持续促进产业共赢、科技协作、生态协同、乡村共建为重点，共同走出一条农业农村发展和生态环境保护、农民共同富裕的区域协同推进之路。

3.2.1 强化组织领导，协同发展合力不断增强

一是建立健全工作机制。三地农业农村部门组建京津冀协同发展农业农村专题工作组，明确日常沟通和联席会议等协调机制，签订《京津冀农业农村协同发展框架协议（2023—2027年）》。北京市委农工委、市农业农村局牵头成立包括市农林科学院、北京农业职业学院在内的推进京津冀农业农村协同发展工作领导小组，强化职责分工，制定年度工作任务清单，层层压实责任。

二是强化政策创设实施。紧紧抓住疏解非首都功能的“牛鼻子”，明确首都农业功能定位和产业结构调整方向，印发了《关于调结构转方式发展高效节水农业的意见》《北京市落实〈京津冀现代农业协同发展规划（2016—2020年）〉实施方案》《北京市“十四五”时期乡村振兴战略实施规划》等重要文件，研究落实首都功能定位和农业农村协同发展举措。

三是三地农业农村部门领导多次进行互访座谈，研究解决农业农村协同发展中存在的行政壁垒，落实推进产业、科技、生态、产销合作、人才交流等方面的合作事项。

3.2.2 强化产业协作，优势互补效应快速显现

一是疏解非首都功能有序推进。自2014年开始，北京市调整农业产业结构，疏解北京养殖、兽药、饲料等畜牧企业30余家，引导企业和项目转移至河北、天津进行产业布局。例如，首农食品集团2014年便启动婴幼儿乳粉重

大项目搬迁，并在河北定州、承德、张家口等地建设奶牛绿色养殖、有机奶源生产基地和生猪育种、养殖、屠宰加工基地，仅承德大红门生猪屠宰加工基地就为当地提供就业岗位700余个，带动上游养殖户5400余家、下游物流100余家，每年为当地GDP贡献超20亿元。据不完全统计，北京涉农企业在承德市投资千万元以上农业项目119个，投资总额超过220亿元。通过引导北京涉农企业向津冀布局，带动产业发展、群众就业和脱贫增收，有效助力打赢脱贫攻坚战和推进乡村振兴。

二是共建优质农产品生产基地。2011—2018年，北京市累计投入资金1.58亿元，支持北京农业企业在津冀等地区建设174个蔬菜、畜禽外埠基地，年供蔬菜28万吨、生牛乳17万吨、生猪17万头。2022年，北京市启动了环京周边蔬菜生产基地建设工作，计划到2025年建设基地210个，目前已建成基地130个、总面积近10万亩，年供京蔬菜23.6万吨，落实生产经营主体奖补资金3650万元。

三是深化农产品产销合作。三地结合粮菜肉蛋奶果等农产品的生产优势和北京作为重要农产品主销区的市场优势，持续深化产销合作、供需对接。共同组织举办京津冀蔬菜产业发展大会、品牌农产品产销对接会、京津冀中药材产业发展大会和河北"净菜进京""津农精品"系列推介活动百余场，畅通津冀优质农产品进京渠道，保障首都农产品市场供应。目前北京市场上约40%的蔬菜和鸡蛋、60%的牛肉、80%的羊肉来自河北；天津水产品供应量占北京消费量的60%以上，丰富首都市民"菜篮子"、鼓起津冀群众"钱袋子"的效果明显。

四是深化休闲农业协同。京津冀三地10个区县签订协议，共同推进建设门头沟永定河—河北怀来、平谷金海湖—天津蓟州区等5条跨区域经济发展带。三地休闲农业协会联合发布长城沿线、太行老区、运河湿地等5条"京津冀休闲农业精品带"，切实推动了三地区域经济、休闲农业和乡村旅游发展。

3.2.3 强化科技协同，农业科技水平持续提升

一是构建农业科研协同创新机制。2014年，京津冀三地农科院签订了《京津冀协同发展农业科技合作协议》。2016年，北京市农林科学院牵头成立

了京津冀农业科技创新联盟，联合开展科技创新攻关与成果转化。目前已获得创新成果359项，包括新产品65件、新品种131个、新技术163项；建设京津冀联合实验室、区域科技创新团队等区域创新平台20余个；开展科技合作项目130余个，项目经费超4.5亿元；建立科技合作示范基地，引进果蔬新品种1700余个和多项国内领先新技术，构建起“京津研发、河北中试、就地转化、率先推广”协同创新机制。京津冀9所农林高校成立了协同创新联盟，实施科技创新联合攻关行动。围绕现代种业、生物技术、智慧农业、食品安全等农业高精尖产业发展的“卡脖子”问题，加强农业农村领域的原始创新、基础研究、联合攻关。

二是加强技术交流和成果转化。三地农业科研机构、技术推广部门及创新团队紧密合作，通过开展品种联合审定、技术观摩、交流培训、擂台赛等数百场活动，推动新技术、新品种、新产品的试验、示范和推广工作，培训技术人员、农业生产者9.6万人次，有效促进了区域农业产业发展。北京市农林科学院在沧州、唐山、武清示范推广杂交小麦品种60万亩，实现节水3000万吨，增产4500万千克；北京市农林科学院和石家庄市农林科学院合作攻关的设施蔬菜生态环境智能调控技术，在石家庄、廊坊等7个地市累计推广20.8万亩，新增经济效益2.44亿元。

3.2.4 强化生态协作，共筑区域绿色安全屏障

一是开展农业生态环境协作。三地落实大气联防联控责任，推进农村地区煤改清洁能源。目前北京平原地区已基本实现无煤化，全市93%的村庄、96%的农户实现清洁取暖。共同推进密云水库、官厅水库等水源地保护，抓好农业面源污染防治、化肥农药减量、秸秆综合利用，同步对污水、垃圾、厕所、河道等进行治理，实现流域水土资源可持续利用、生态环境可持续发展。

二是加强动植物疫病联防联控。实行京津冀植物疫情防控轮流值守工作机制，通过信息共享、联防联控、联合开发阻截管理系统，监测防控能力大幅提高，同一种病虫害发生程度明显减轻。建立动物疫情联合预警机制，开展疫情防控联合应急演练，以落实常态化防控措施为核心，合力打赢非洲猪瘟等重大动物疫病区域防控攻坚战。

三是加强农业执法监管协同。协同推进农业标准化生产、质量安全追溯应用、检测监测信息共享互认，开展联合整治行动，严厉打击农产品质量安全违法犯罪行为。加强农业综合执法协同联动，建立了联席会议、信息共享、执法联动、协同办案等合作机制，有效守护了区域农业农村安全。

3.3 京津冀农业绿色发展战略意义

农业区域协作是京津冀协同发展的重要内容，对推进京津冀农业一体化进程、实现区域农业可持续发展意义重大。2016 年 3 月，原农业部等八部门联合印发《京津冀现代农业协同发展规划（2016—2020 年）》，要求推进京津冀现代农业协同发展，必须牢固树立创新、协调、绿色、开放、共享的新发展理念，以统筹生产保供给、互动协作保安全、联防联控保生态、提质增效促增收为主攻方向，推动生产要素合理流动与资源高效利用。推动京津冀农业走生态优先、绿色发展之路，是未来农业可持续发展的方向。

3.3.1 落实习近平生态文明思想和绿色发展理念的需要

党的十八大以来，以习近平同志为核心的党中央站在人类文明兴衰和中华民族永续发展的高度，大力推动生态文明理论创新、实践创新、制度创新，生态文明建设成就举世瞩目，成为新时代党和国家事业取得历史性成就、发生历史性变革的显著标志。2023 年 7 月，在全国生态环境保护大会上，习近平总书记强调，“坚持以人民为中心，牢固树立和践行绿水青山就是金山银山的理念，把建设美丽中国摆在强国建设、民族复兴的突出位置，推动城乡人居环境明显改善、美丽中国建设取得显著成效，以高品质生态环境支撑高质量发展，加快推进人与自然和谐共生的现代化”。习近平生态文明思想是我党不懈探索生态文明建设的重大理论和实践创新成果，是新时代生态文明建设的根本遵循和行动指南。

党的十八届五中全会正式提出绿色发展理念，确立其五大理念之一的地位。农村是生态文明建设的重要领域，农业是生态文明建设的重要载体，农业实现绿色发展是习近平生态文明思想和新发展理念在农业领域的具体体现。

习近平总书记指出，“推进农业绿色发展是农业发展观的一场深刻革命”。2021年，《“十四五”全国农业绿色发展规划》出台，是我国首部农业绿色发展专项规划，具有里程碑式的意义，标志着我国农业绿色转型进入新阶段，“绿色”成为农业发展的主流方向。农业是整个社会经济的基础，是最接近“绿色”的产业，农业绿色发展是整个经济社会绿色发展的一部分，为落实绿色发展新理念提供了基本支撑。

京津冀推进农业绿色发展转型，是尊重自然规律、顺应时代潮流、推动我国绿色发展和可持续发展的重要部署，也将为我国农业可持续发展贡献区域方案，有利于促进农业生产与生态环境协调发展，实现人与自然的和谐共生，符合时代的要求和人民的期望。京津冀同属华北平原暖温带大陆性气候旱作耕作区，相似的农业自然条件是京津冀一体化及农业可持续发展的共同依托。京津冀农业要走高效、资源节约、环境友好的农业现代化道路，必须坚持绿色发展理念。

3.3.2 破解资源“瓶颈”约束、保护生态环境的有效路径

良好的生态环境，是京津冀协同发展的重要基础，是实现京津冀区域经济可持续发展的重要支撑，也是提升京津冀三地民生福祉的最直接体现。在国家生态文明发展战略背景下，京津冀区域越来越严重的环境问题引起中央的高度关注，区域大气污染、水资源严重短缺、生态功能整体退化等问题越发凸显，严重制约了京津冀区域经济社会的可持续健康发展。国家发展改革委、生态环境部发布的《京津冀协同发展生态环境保护规划》指出，京津冀地区是全国水资源最短缺，大气污染、水污染最严重，资源环境与发展矛盾最尖锐的地区，这些问题是京津冀协同发展面临的最大挑战。如果解决不好，不仅有负广大人民群众对碧水蓝天的殷切期待，更从深层次上制约着京津冀成为继长三角、珠三角之后我国经济的第三个增长极。京津冀地理接壤，共处同一个生态单元，在生态环境问题上，三地是“同呼吸、共命运”，面对资源、环境、人口等压力，促进生态协同发展是京津冀区域一体化发展的必然选择。

京津冀的生态环境问题是发展带来的，与发展密不可分，诸多环境问题的根子，就在于发展方式较为粗放落后，过于依赖资源能源消耗，忽视了资

源环境容量的限制。只有加快转方式、调结构，走上绿色、低碳、循环的发展道路，环境恶化趋势才能从根本上得以扭转。农业作为基础性产业，是第二产业和第三产业发展的基础，若农业不能实现可持续发展，势必会影响经济的发展乃至人类社会的生存。粗放的乡村经济增长方式、地方经济利益的驱动以及对生态环境价值的忽视，乡村的发展在很大程度上是靠牺牲生态与资源环境为代价取得的。全国第一次污染源普查数据显示，在农业源的主要排放中，化学需氧量为1324.09万吨，占全国化学需氧排放的43.71%；种植业地膜残留量为12.1万吨，回收率仅有80.3%；总氮和总磷排放分别达到270.46万吨和28.47万吨，分别占全国氮、磷排放总量的57.2%和64.7%。就氮和磷排放的增长趋势而言，农业生产造成的污染大有取代工业污染而成为头号污染源的趋势。

近年来，京津冀农业绿色发展取得了显著成绩。但从总体上看，以资源消耗为主的粗放型农业经营方式没有得到根本改变，农业面源污染和生态恶化趋势没有得到有效遏制。一是资源约束趋紧，人多地少水少是京津冀资源面临的主要问题，农业资源“先天不足”，发展方式还比较粗放，虽然农业生产经营方式有所改善，但是农业资源利用强度仍然偏高。二是产地环境污染问题仍旧存在，工业“三废”和城市生活等外源污染向农业农村扩散的趋势仍未得到有效遏制：化肥农药利用率较低，畜禽粪污、农作物秸秆、农膜资源化利用率有待进步提高，农业面源污染依然较重。三是生态系统较为脆弱，虽然农业生态系统建设不断加强，但农田、草原、渔业等生态系统仍较脆弱，生物多样性保护压力依然较大。因此，实现农业绿色发展，转变农业发展方式，提升农产品品质，是从根本上缓解京津冀地区资源环境压力、治理乡村生态环境的唯一路径。

3.3.3 实现乡村全面振兴和共同富裕的现实需要

2017年，党的十九大报告立足于新时代、新特点、新问题，明确提出乡村振兴战略，其二十字总要求蕴含的丰富内容，以及“农业强、农村美、农民富”的目标任务等方面与农业绿色发展有高度契合性。2018年，《乡村振兴战略规划（2018—2022年）》为乡村振兴战略中实现农业绿色发展标记了3个关键节点，并制定了明确的时间表和路线图：2022年，全面推进农业绿色发展，人居环境显著改善，美丽乡村扎实推进；2035 年，生态环境根本好转，美丽乡村基本实现；2050 年，乡村全面振兴，实现“强美富”。乡村振兴战略的提出，将农业绿色发展推向了一个新的高度，不仅有力地推动了农业生产的转型，同时也考虑到乡村生活方式的变化，农业绿色经济发展既为乡村振兴战略管理提供了重要指导，还为实施乡村振兴战略提供了关键技术措施。2023 年的中央一号文件指出，必须让乡村良好生态成为乡村振兴的支撑点，让“绿水青山”成为农业农村发展的优势和骄傲，要有效推动我国农业绿色发展。农业绿色发展立足于当前农业发展现实需求，着眼于未来农业高质量发展，旨在构建人与自然和谐共生的格局，使农业成为提供物质产品的生产部门和提供生态产品的服务部门。“十四五”时期是全面推进乡村振兴的关键时期，也是绿色发展驱动的农业高质量发展时期，农业绿色发展成为乡村振兴的重要引领和新引擎，是乡村振兴中充分尊重自然规律和现代化规律的关键所在。

共同富裕作为中国式现代化的基本特征之一，也是乡村振兴的主要目的和根本方向。习近平总书记指出：“全面建设社会主义现代化国家，扎实推进共同富裕，最艰巨最繁重的任务仍然在农村，必须逐步缩小城乡差距。”农业农村现代化是中国式现代化的弱项和瓶颈，是实现共同富裕最艰巨的任务。要实现农民收入超常规增长，必须进一步稳定家庭经营收入。为此，一是要实现农业绿色发展，把优质、绿色、生态、安全的农产品生产摆在突出位置，要培育农产品品牌，实现优质优价；二是要结合农业绿色发展，大力推广节水节药节肥节电节油技术，降低农业生产资料、人工、流通等成本；三是要引导发展适度规模经营，通过扩大生产经营规模来增加农民收入。在稳定农业生产传统业态的同时，需培育农业发展新业态，拓宽农业增收新渠道，发掘农业多功能价值，包括培育休闲农业、乡村旅游、创意农业、农村电子商务等新产业、新业态，而这些新业态的发展必须以农业绿色发展为前提。

习近平总书记强调：“推进京津冀协同发展，最终要体现到增进人民福祉、促进共同富裕上。”共同富裕不仅体现在物质层面，而且体现在生态层面，共同富裕必然要求经济与生态协调发展。在全面建设社会主义现代化国家新征程上，面对错综复杂的形势和严峻的风险挑战，京津冀农业要坚定不移走生态优先、绿色发展之路，不断推动高质量发展取得新突破、共同富裕取得更为明显的实质性进展。

3.3.4 满足新时期广大人民群众生态需求的根本保证

党的十九大报告指出："中国特色社会主义进入新时代，中国社会主要矛盾已经转化为人民日益增长的美好生活需要和不平衡不充分的发展之间的矛盾。"并将"防范化解重大风险、精准脱贫、污染防治"并列为全面建成小康社会的"三大攻坚战"，就是为了实现高质量发展，更是为了满足人民日益增长的美好生活需要。随着社会经济的发展，人民消费水平和生活水平在不断提升，乡村旅游也成为新时代消费者追崇的旅游模式，感受田园风光、体验田园生活、享受田园美食成为消费者陶冶情操、释放工作压力的重要途径。与此同时，对农产品质量的要求越来越高，对安全优质农产品的需求日益迫切，已由"吃得饱"转变为"吃得好"，出现了消费者对绿色农产品需求大和绿色农产品供给不足之间的矛盾。

走农业绿色发展道路，不仅能够改善农民的生活环境和生活质量，满足农民对优美生活的需要，使广大农民群体在优美的环境中感受幸福生活，而且可以促进休闲农业与乡村旅游产业发展，依托乡村的自然风光、人文景观和传统文化等资源，为城市居民提供农田观光、采摘体验、农家乐等服务，满足城市人口对绿色环境和健康生活方式的需求。另外，推动农业绿色发展，可以为消费者提供健康、绿色、安全的农产品，让人们吃得安心、用得放心，从而提升人们的幸福感、获得感和安全感。习近平总书记指出，民以食为天，加强食品安全工作，关系中国 13 亿人身体健康和生命安全。由此可见，实现农业绿色发展，保障农产品质量安全，是全面建成小康社会的迫切需要，更是破解新时代中国社会主要矛盾的重要举措。

京津冀地区是我国乡村旅游发展的高密度区之一，旅游资源丰富，客源市场充足，交通便利且半径尺度适宜，京津两地客源外溢让河北省打出了"这么近，那么美，周末到河北"的旅游品牌，并取得了超乎预期的市场表现，资本、技术、创意和人才等要素流动也在同步加速。目前京津冀区域乡村旅游发展环境整体呈趋好性发展态势，但农业生产现代化和农业生态环境现代化程度有待进一步提高，乡村旅游与生态环境、农村经济与生态环境的不协调仍为制约该地区乡村旅游发展的主要因素，实现农业绿色发展刻不容缓。

北京、天津是农产品消费型城市，对农产品在数量和质量上都具有相当大的消费潜力，河北省是一个农业大省，肩负着京津农产品供应稳定和安全的重任。京津冀只有农业绿色协同发展，才能给区域农产品质量安全保驾护航，提供重要动力和源泉。

3.3.5　打造“绿色发展示范区”和“美丽中国先行区”的使命召唤

习近平总书记在全国生态环境保护大会上强调，“牢固树立和践行绿水青山就是金山银山的理念，把建设美丽中国摆在强国建设、民族复兴的突出位置”“以高品质生态环境支撑高质量发展”，这为京津冀地区在推动绿色发展上实现更大进展提供了遵循、指明了方向。

京津冀地区特色农产品资源丰富，是我国重要的生态屏障和主要的粮食产区，具有极为重要的战略地位。从区域视角出发，研究农业绿色发展，有利于激发农业绿色发展内生动力，加强区域之间农业绿色发展合作，实现优势互补，对于全面推进农业绿色发展具有典型的示范效应，也为促进京津冀区域农业绿色低碳发展，实现国家粮食安全提供了理论及实践依据。实施京津冀农业绿色发展，必须要科学把握发展和保护之间的关系，将保护和修复京津冀生态环境摆在首要重要位置，不能盲目追求以牺牲环境为代价的经济增长方式，综合考虑区域资源禀赋，在条件允许的情况下，率先形成资源节约型生产方式，坚持以改革促进创新为指导，推动京津冀成为农业绿色发展示范区。推动京津冀区域农业绿色发展，扛起建设美丽中国先行区的职责使命，对于展现我国生态文明和美丽中国建设成效，实现建成美丽中国愿景，具有重大现实意义和深远历史意义。

3.3.6　加快实现京津冀协同发展的迫切需求

魏琦（2019）关于京津冀农业绿色发展水平的相关研究指出，京津冀农业绿色发展在资源节约、环境友好、生态保护、质量高效方面均存在明显的差异，协调社会发展和绿色产业发展脱节，绿色健康发展失衡情况较为严重。北京农业绿色发展水平总体较高，但是各指标之间相差较大，在质量高效方面具有明显优势，但在环境友好和生态保育方面具有极大的进步空间。天津市和北京市情况相似，虽然总体水平较高，但也存在差异较大的情况，天津市的优势在资源节约方面，生态保育和质量高效情况一般，在环境友好方面有较大不足。河北省的发展优势是资源高效，在环境友好和质量高效方面较弱，具有进步空间。京津冀区域在资源节约、环境友好、生态保育、质量高效方面发展水平存在明显差异，京津冀农业绿色发展水平有待进一步协同。

京津冀地理位置毗邻，生态环境紧密相连，要立足京津冀资源禀赋、产业特色、环境关联、经济差异，既补齐各自的短板，又锻造共同的长板，将发展落差的势能转变为协同发展的动能，加快优化农业产业布局，不断提升京津冀现代农业发展的总体水平。实现农业绿色高质量发展，科技创新是关键，因此要着力活跃农业科技创新成果转化，推进农业科技资源对接对流。通过三地农业协作，构建开放、畅通、共享的科技资源平台，促进各种创新要素在京津冀区域内优化配置，打通区域内农业科技创新资源快速流动的便捷通道，打破年龄、区域限制，加快科研领军人才合理流动，着力增强科技对现代农业的支撑能力。推进京津冀现代农业协同发展，有利于形成特色鲜明、优势互补、市场一体、城乡协同的区域发展新格局，对确保京津冀协同发展战略顺利实现意义重大。

3.4 京津冀农业绿色发展政策体系

京津冀协同发展战略已上升为国家战略，而绿色发展是贯穿整个战略的主旋律。从 2014 年起，国家及京津冀各地相关部门相继出台了多个支持农业绿色发展的相关政策，具体如下。

3.4.1 《京津冀现代农业协同发展规划（2016—2020 年）》

经京津冀协同发展领导小组办公室同意，农业部、国家发展改革委、工业和信息化部、财政部、交通运输部、商务部、人民银行、银监会八部门联合印发《京津冀现代农业协同发展规划（2016—2020 年）》（以下简称《协同发展规划》）。

《协同发展规划》立足京津冀资源禀赋、环境承载能力和农业发展基础，按照核心带动、梯次推进、融合发展的思路，将京津冀三地农业发展划分为

“两区”，即都市现代农业区和高产高效生态农业区。其中，都市现代农业区是京津冀现代农业发展的核心区，包括京津和河北省环京津的27个县市。该区域以发展都市现代农业为主攻方向，突出服务、生态、优质、科技、增收、传承六大功能，着力推进五项重点任务：以“调粮增菜、扩果控畜”为重点，优化农业产业结构，强化京津“菜篮子”产品供给保障能力；大力发展生态循环农业，着力打造环京津生态保育圈；积极发展主食加工业和农产品物流业，建设布局合理、快速便捷的加工物流网络；以种业、信息化为重点，打造农业科技创新高地；稳步发展休闲农业、传承农耕文明，满足居民健康生活需求。着力打造服务城市、宜居生态、优质高效、科技创新、富裕农民、传承农耕文明的农业，实现农业田园景观化、产业园区化、功能多元化、发展绿色化、环境生态化，发挥率先突破、引领带动作用。

高产高效生态农业区是京津冀现代农业发展的战略腹地，包括河北省146个县（市、区）。该区域以承接都市现代农业区产业转移、强化支撑保障、促进转型发展为主攻方向，突出优质高效、加工物流、生态涵养三大功能，着力推进五项重点任务：以山前平原区为主建设粮食等重要农产品生产基地，提高京津冀都市群“米袋子”“菜篮子”产品供给能力；以黑龙港地下水超采区为主发展高效节水型农业；以冀北坝上和接坝地区为主建设高原特色农牧业；以太行山、燕山为主建设山区生态农业，为建设京津冀都市群生态安全绿色屏障提供有力支撑；以环渤海地区为主打造沿海水产经济带，保护近海水域渔业资源和生态环境。着力打造服务都市的产品供给大基地、农业科技创新成果转化大平台、农产品加工物流业转移承接大园区、生态修复和环境改善大屏障。

3.4.2 《关于调结构转方式发展高效节水农业的意见》

2014年9月，北京市委、市政府印发《关于调结构转方式发展高效节水农业的意见》（以下简称《意见》），农业生产向绿色化、科技化、高效化方向发展。

《意见》强调了京津冀农业一体化的主旨，要节水，大调整，鼓励涉农京企出京入冀，这是北京市在京津冀协同发展背景下出台的首个涉农文件。其指导思想是：深入贯彻落实党的十八大、十八届三中全会和习近平总书记系列重要讲话特别是考察北京工作时的重要讲话精神，坚持农业的基础地位，紧紧围绕北京都市型现代农业生产、生活、生态、示范四大功能，以节水富民、提质增效为目标，正确处理好政府与市场、城市与农村、结构调整与农民增收的关系，创新体制机制，加快推进农业节水，调整农业结构，转变农业发展方式，着力构建与首都功能定位相一致、与二三产业发展相融合、与京津冀协同发展相衔接的农业产业结构，为建设国际一流的和谐宜居之都提供有力支撑和坚实保障。

《意见》确定的目标是：按照京津冀协同、农林水结合、城乡互动、种养业协调的思路，通过调整农业结构，转变农业发展方式，全面提升都市型现代农业的应急保障、生态休闲和科技示范水平。坚持四条基本原则，一是坚持量水发展。按照以水定城、以水定地、以水定人、以水定产的方针，大力推进农业种植结构调整，全面推广高标准节水技术，严格依法治水，实行取水许可，提高用水效率，为首都水安全作出应有贡献。二是坚持生态优先。在农业发展中更加重视农业的生态功能，大力发展休闲观光农业；更加重视农业减排循环技术应用，大力发展生态友好型现代农业；更加重视造林绿化，逐步形成山水林田湖自然景观和城乡环境相互融合、相得益彰的生态格局。三是坚持提质增效。围绕首都城市功能定位，合理有序统筹推进农业结构调整。压减高耗水的作物生产，调减达不到健康养殖标准的畜禽养殖，稳定蔬菜、渔业和林果生产，大力发展籽种农业。四是坚持农民增收。充分考虑产业调整疏解对农民收入的影响，坚持分业施策、综合施策，统筹研究制定转移就业、替代产业、扶持创业等多方面政策举措，确保农民就业增收。并提出了调整农业结构、推进农业节水、发展现代林业三大重点任务。

3.4.3　《关于推进现代都市型农业绿色发展的实施意见》

2019 年，天津市委办公厅、市政府办公厅印发《关于推进现代都市型农业绿色发展的实施意见》（以下简称《实施意见》）。

《实施意见》提出：全面建立以绿色生态为导向的制度体系，加快形成与资源环境承载力相匹配、与生产生活生态相协调的现代都市型农业绿色发展新格局。一是资源利用更加节约高效。到 2020 年，全市耕地保有量不少于 501 万亩，永久基本农田面积不少于 427 万亩，耕地质量平均比 2015 年提高

0.5个等级，农田灌溉水有效利用系数提高到0.72。农业劳动生产率达到9万元/人。到2030年，全市耕地质量水平、农业用水效率、农业劳动生产率、土地产出率进一步提高。二是产地环境更加清洁。到2019年，主要农作物化肥、农药使用量实现零增长，化肥、农药利用率达到40%以上；农膜回收率达到80%以上。到2020年，秸秆综合利用率达到98%，养殖废弃物综合利用率达到80%。到2030年，化肥、农药利用率进一步提升，农业废弃物全面实现资源化利用。三是生态系统更加稳定。到2020年，全市森林覆盖率达到12.1%，林木绿化率达到28%，湿地面积不低于443.4万亩，基本农田林网控制率达到95%。到2030年，田园、森林、湿地、水域生态系统进一步改善。四是绿色供给能力明显提升。到2020年，全市菜、肉、蛋、奶、果、水产品等主要农产品综合生产能力基本稳定。农产品质量安全水平和品牌农产品占比明显提升。休闲农业和乡村旅游加快发展，总收入达到125亿元。到2030年，农产品供给更加优质安全，农业生态服务能力进一步提高。

《实施意见》还提出了以下重点任务：一是优化功能布局，增强绿色农业供给能力；二是保护生态资源，夯实农业绿色发展根基；三是推行清洁生产，强化农业面源污染防治；四是加强养护修复，维护生态系统健康稳定；五是强化体系支撑，培育绿色发展新动能；六是强化保障措施，凝聚绿色发展新合力。

3.4.4 《天津市农业绿色发展“十四五”规划》

2021年，天津市农业农村委、市发展改革委、市科技局、市规划资源局和市生态环境局制定了《天津市农业绿色发展“十四五”规划》（以下简称《规划》），旨在促进天津市农业全面绿色转型，全力构建人与自然和谐共生的农业发展新格局，着力打造绿色生态、美丽田园，为全面推进乡村振兴、加快农业农村现代化提供有力支撑。

《规划》明确了指导思想：以习近平新时代中国特色社会主义思想为指导，全面贯彻党的十九大和十九届二中、三中、四中、五中、六中全会精神，深入贯彻落实习近平总书记对天津工作提出的“三个着力”重要要求和一系列重要指示批示精神，认真贯彻落实党中央、国务院决策部署，按照市委、市政府部署要求，立足新发展阶段，贯彻新发展理念，构建新发展格局，牢固树立和践行“绿水青山就是金山银山”的理念，坚持节约资源和保护环境的基本国策，以高质量发展为主题，以推进农业供给侧结构性改革为主线，以资源环境承载力为基准，以构建绿色低碳循环发展的农业产业体系为重点，尊重农业发展规律，深化改革创新、激励约束和政府监管，把绿色发展导向贯穿农业生产全过程，推进农业资源利用集约化、投入品减量化、废弃物资源化、产业模式生态化，不断提升农业领域固碳减排能力，全力构建人与自然和谐共生的农业发展新格局，着力打造绿色生态、美丽田园，为全面推进乡村振兴、加快农业农村现代化提供有力支撑。确定了基本原则：一是坚持底线思维、保护为先，二是坚持政府引导、市场主导，三是坚持创新驱动、依法治理，四是坚持系统观念、统筹推进。

《规划》确立的目标是，到2025年，天津市农业绿色发展水平显著提升，农业资源利用更加节约高效，农业产地环境更加清洁，农业生态系统更加稳定，绿色农产品供给能力明显提高，农业质量和效益明显提升。农业资源保护和利用效率明显提升，耕地保护更加严格，守住粮食安全红线，农业资源环境管控更加强化。产地环境治理水平明显提升，化肥、农药施（使）用量持续减少，农业废弃物资源化利用水平明显提高，农业面源污染得到有效遏制。绿色优质农产品供给能力明显提升，全市粮食和蔬菜、肉类、禽蛋、牛奶、水产品等主要农产品供给保障更加有力，粮食综合生产能力保持在223万吨左右。绿色食品、有机产品、地理标志农产品生产规模、农产品质量安全水平和品牌农产品占比持续提升。绿色农业科技创新能力明显提升。支撑农业绿色发展的科技创新体系更加有力，科研创新平台建设和绿色适用技术推广应用实现新突破。减排固碳能力明显增强。主要农产品温室气体排放强度基本达到峰值，农业减排固碳和应对气候变化能力不断增强，农业用能效率有效提升。到2035年，农业绿色发展取得显著成效，绿色生产生活方式广泛形成，农业生产与资源环境承载力基本匹配、生产生活生态相协调的农业发展格局基本建立。

《规划》还明确了“十四五”时期天津市农业绿色发展的重点任务和保障措施：一是强化农业资源保护与节约利用，二是持续推进农业清洁生产，三是提高农产品质量安全水平，四是打造绿色低碳农业产业链，五是强化农业绿色发展科技支撑，六是健全农业绿色发展体制机制。

3.4.5 《关于加快推进农业绿色发展的实施意见》

为进一步创新体制机制推进农业绿色发展，河北省省委、省政府制定印发了《关于加快推进农业绿色发展的实施意见》，总体要求是：全面贯彻落实党的十九大精神，以习近平新时代中国特色社会主义思想为指导，牢固树立“绿水青山就是金山银山”的发展理念，以粮食安全、绿色供给、农民增收为基本任务，以空间优化、资源节约、环境友好、生态稳定为基本路径，以制度创新、政策创新、科技创新为基本动力，以农民主体、市场主导、政府依法监管为基本遵循，立足于打造京津冀生态环境支撑区，把绿色发展导向贯穿农业发展全过程，大力推动农业产业协调发展，积极探索农业绿色发展模式，创新农业绿色发展机制，推动形成农业资源节约和环境保护的空间布局、产业结构、生产生活方式，为新时代全面建设经济强省、美丽河北提供坚实支撑。

确立以下目标：一是基础设施全面加强。到2020年，全省耕地保有量不少于9080万亩，永久基本农田保护面积不少于7725万亩，耕地基础地力平均比2015年提高0.5个等级，农田灌溉水有效利用系数达到0.675。二是生态环境持续改善。到2020年，主要农作物化肥、农药亩均施（使）用量分别降低7%、6%，农作物秸秆综合利用率保持在95%以上，畜禽粪污综合利用率达到75%以上，农膜力争实现全面回收利用。三是生态系统更加稳定。到2020年，全省森林面积增加到9850万亩，湿地面积不低于1413万亩，基本农田林网空置率达到85%，草原综合植被覆盖度达到73%。四是绿色供给明显提升。到2020年，全省粮食综合生产能力稳定在670亿斤以上，农产品质量检测合格率98%以上，品牌农产品数量年均增长10%，主要“菜篮子”产品京津市场占有率提高5个百分点以上，休闲农业和乡村旅游加快发展。另外还提出了优化农业主体功能与空间布局、强化资源保护与节约利用、加强产地环境保护与治理、推动农业生态系统修复等重点任务。

3.4.6 《河北省农业供给侧结构性改革三年行动计划（2018—2020年）》

2017年，河北省政府印发《河北省农业供给侧结构性改革三年行动计划（2018—2020年）》（以下简称《行动计划》），提出将着力构建更高质量、更强竞争力、更有效益、更可持续的农产品供给体系，满足人民日益增长的绿色优质农产品需要。到2020年，基本形成科技高端、标准高端、品质高端、品牌高端的现代农业发展新格局。

《行动计划》指出要推动清洁生产，大力发展绿色农业。一是推进农业节水、节肥、节药。着力提高农业用水效率，巩固地下水超采综合治理成果，每年实施季节性休耕200万亩；推广小麦节水品种和节水技术，推行“定额管理”“超用加价”“终端水价”等水价管理模式，到2020年，实现节水小麦品种全覆盖，农田灌溉水有效利用系数达到0.675以上，种植业万元产值耗水量减少12%。着力推进化肥减量增效，实施肥料统测统配、统供统施，到2020年，亩均化肥施用量降低7%，主要农作物化肥利用率达到40%以上。着力推进农药减量控害，扩大绿色防控规模，到2020年，亩均农药使用量降低6%，主要农作物农药利用率达到40%以上。二是推进农业废弃物资源化利用。支持规模养殖场配套建设粪污处理设施，鼓励养殖密集区建设粪污集中处理中心，引导第三方粪污专业化治理，推进畜禽养殖废弃物资源化利用，到2020年，规模养殖场粪污处理设施配套率达到100%，资源化利用率达到75%以上。建立秸秆收储运体系，推进农作物秸秆全量化高效利用，综合利用率保持在96%以上。建立废旧地膜回收利用体系，到2020年农膜回收率达到80%以上。三是推进农业生态修复治理。实施耕地保护提升工程，加强中低产田改造，开展农用地治理修复试点，有效改善土壤环境。实施国土绿化工程，抓好燕山太行山、京津保生态过渡带、冬奥会张家口赛区核心区等重点地区植树造林。开展退耕还湿、湿地植被恢复、生态补水，修复湿地生态。建设草原自然保护区，恢复草原植被。加强重点区域水土流失综合治理和水生态修复治理。到2020年，耕地质量提升0.5个等级（别）以上，森林覆盖率达到35%，湿地保护率达到42%，草原综合植被覆盖度达到73%，治理水土流失面积1.1万平方千米。四是推进农业循环发展。坚持以种带养、以养促种、种养结合，推广“畜—沼—果菜”“粮—畜—肥—田”等生态循环模式。实施种养结合循环农业示范工程，推动废弃物就地消纳、能量循环、综合利用。创建农业可持续发展试验示范区，探索生态农业发展模式，拓展多种功能、发展新兴业态，推动种养加有机结合、一二三产业融合发展。到2020年，已建成10个国家级种养结合循环示范县。

3.4.7 《河北省农业农村生态环境保护“十四五”规划》

《河北省农业农村生态环境保护“十四五”规划》由河北省土壤污染防治工作领导小组办公室印发，提出到2025年，农业面源污染得到初步管控，农村环境基础设施建设稳步推进，乡村面貌发生显著变化，农业绿色发展取得阶段性进展，农业农村生态环境持续改善。并提出了以下重点任务：

全面深化农业面源污染防治。着力加强种植业污染防治，持续深化畜禽养殖污染防治，全面推进水产健康养殖，大力发展高效节水农业。到2025年，全省主要农作物化肥利用率达到43%以上，化肥施用量零增长；全省农药使用量减少，主要农作物农药利用率达到43%以上，绿色防控覆盖率达到60%以上，统防统治覆盖率达到50%以上；全省农膜回收率保持在90%以上，农药包装废弃物回收率达到85%，回收处理率达到100%；全省秸秆基本实现全面综合利用；全省规模养殖场氨排放总量削减5%；全省畜禽粪污综合利用率达到85%。

全面推进乡村生态治理行动。优先保障农村饮用水环境安全，加快推进农村生活污水治理，持续整治农村黑臭水体，大力实施农村生活垃圾治理，扎实推进农村厕所革命，深入开展村容村貌整治，大力开展美丽乡村建设行动。到2025年，完成乡镇级集中式饮用水水源保护区划定与勘界立标，全省乡镇级及以下集中式饮用水水源地监测实现全覆盖；全省新增1.1万个、累计2.3万个村庄生活污水得到有效治理，经济相对发达县、人口密集区及环境敏感区域的农村生活污水治理实现全覆盖，农村生活污水治理率达到45%；全省农村黑臭水体实现动态清零；实现农村生活垃圾治理收运处置体系全覆盖，稳定形成设施配套、投入保障、机制完善、运行高效、城乡统筹的农村生活垃圾治理体系；农村卫生厕所普及率达到90%，基本实现全覆盖；全省所有行政村公共照明基本普及达标，主街道、巷道和公共场所实现照明全覆盖，农村穿村路段硬化和村庄主街道硬化实现基本全覆盖，建设750个省级森林乡村；全省累计建设1万个以上美丽乡村，在美丽乡村基础上，在重点区域打造一批乡村生态振兴示范村。

全面加强农业农村产业支撑。加快推进农村产业结构调整，推进传统农业生态化改造，促进农业向绿色、有机、生态方向发展。充分发挥河北省生态资源、农产品等优势，着力引进观光生态农业、农产品深加工、乡村旅游等项目，打造“一村一业”特色产业，带动农村一二三产业绿色升级。大力发展循环农业，积极推进农业农村生产低碳转型，到2025年，达到绿色施肥施药与农产品有效供给平衡状态，农业活动甲烷和氧化亚氮温室气体排放得到有效控制。

全面提升生态环境监管能力。完善技术标准体系，加强生态环境监测，到2025年，实现全省农村环境质量监测点位区县级全覆盖，农田灌溉水质监测体系初步建立。强化基层执法监管，强化科技研发，创新监管方式，加强遥感卫星、红外、无人机等新技术新设备运用，强化大数据监管。

3.4.8 《京津冀土肥水协同发展五年规划（2016—2020年）》

2017年，京津冀土肥水协同发展创新联盟编制的《京津冀土肥水协同发展五年规划（2016—2020年）》（以下简称《土肥水规划》）正式发布，这是我国第一个跨省市土肥水发展规划，标志着三地农业部门将联手开展土肥水全面提质增效行动。《土肥水规划》明确了京津冀地区未来五年土肥水的发展目标，为全面提升京津冀农业产业水平、生态安全水平及农产品质量安全水平，促进现代农业健康可持续发展提供有力的土肥水科技支撑与引领。

《土肥水规划》指出，力争到2020年，京津冀三地耕地地力提高0.5个等级以上，有机肥资源化率提高10%以上，化肥利用率提高到40%以上，农田水利用效率提高10%以上。将共同推介一批土肥水高效利用示范园区、一批土肥水企业和一批土肥水技术产品，推动科技成果转化落地，培育一批产品质量过硬的肥料企业、一批特色果蔬产业和一批示范园。积极构建京津冀土肥水基础数据管理服务平台，提高土肥水核心业务信息化支撑能力，提升智能决策服务水平。通过本规划实施，提高京津冀三地土地产出率、资源利用率、资源承载率、科技贡献率和劳动生产率。

《土肥水规划》明确了四大任务十二项内容，从科技创新、产业支撑、生态建设、体系建设四大任务出发，结合京津冀地区土肥水发展实际，提出土肥大数据工程、“智慧土肥”工程、精准施肥管理工程、特色果蔬产业工程、肥料产业工程、耕地质量建设工程、面源污染防控工程、生态农业建设示范工程、人才体系建设、项目体系建设等十二项具体内容，开展联合攻关，整合资源技术，探索京津冀土肥水科技合作机制，重点解决京津冀土肥水发展中出现的热点和难点问题，全面推动实现京津冀三地农业绿色、高效、安全、生态、健康发展。

《土肥水规划》的发布基于京津冀三地资源禀赋及各有的特色和优势，更加注重统筹协调发展，充分体现了京津冀区域农业全面发展的总体要求，考虑了三地农业及土肥水事业不同现状，在京津冀农业合作框架下更加细化明确了土肥水工作目标、责任措施，具有较强的针对性和可操作性。

3.5 本章小结

区别于长三角和珠三角以市场为主导和自发成长的经济一体化进程，京津冀协同发展战略是首个由中央政府主导并推动的区域经济一体化战略。京津冀协同发展经历了新中国成立后到改革开放初期（1949—1978 年）、改革开放后的竞争与合作（1979—2004 年）、京津冀都市圈的提出（2005—2013 年）、协同发展新阶段（2014—2018 年）、攻坚克难不断爬坡提升阶段（2019 年至今）5 个时段。现阶段推动京津冀绿色发展意义重大，京津冀农业必须走生态优先、绿色发展之路，京津冀协同发展 10 年来，三地不断完善农业科技协同创新机制，持续推进创新资源开放共享，有力推进协同创新共同体建设，加快形成新质生产力，“京津研发、河北转化”持续换挡提速，为京津冀绿色农业协同发展再添新动能。

从 2014 年起，京津冀各地相关部门相继出台了多个支持农业绿色发展的相关政策文件，如北京市《关于调结构转方式发展高效节水农业的意见》、天津市《关于推进现代都市型农业绿色发展的实施意见》、河北省《关于加快推进农业绿色发展的实施意见》等，加强政策保障、资金支持和工作力量。推进农业绿色发展是农业发展观的深刻革命。“十三五”时期是我国农业绿色发展全面启动的关键时期，实现了农业发展理念和发展方式的巨大转变；“十四五”时期则是促进经济社会发展全面绿色转型、建设人与自然和谐共生现代化的关键时期，是农业绿色发展的接续奋斗期和快速提升期。习近平总书记强调，脱贫攻坚取得胜利后，要全面推进乡村振兴，这是“三农”工作重心的历史性转移。全面推进乡村振兴，农业绿色发展既是目标要求，也是实现手段。京津冀协同发展，要抓住乡村振兴战略的重大机遇，着眼于农业绿色发展战略任务，聚焦乡村振兴中农业绿色发展的困境和难题，既要全面部署、整体推进，又要循序渐进、因地制宜，调动一切积极因素，打好农业绿色发展的“组合拳”，加强顶层设计，优化升级体制机制，健全技术创新体系，逐步形成质量兴农、效益兴农、绿色兴农新格局。

4 京津冀农业绿色发展概况

京津冀地区山同脉、水同源，同处一个生态系统，是生态和经济共同体。由于人口、资源、环境以及经济发展之间的矛盾，京津冀区域水资源短缺、资源环境承载超限、雾霾频发，一度成为全国生态环境问题最尖锐的区域。良好的生态环境，是京津冀协同发展的重要基础，是实现京津冀区域经济可持续发展的重要支撑，也是民生福祉的鲜明体现。

4.1 京津冀区域概况

4.1.1 自然环境概况

（1）地形地貌

京津冀地区位于中国华北平原北部，北靠燕山山脉，南面华北平原，西倚太行山，东临渤海湾，地形主要由山地和平原构成，西北和北面地形较高，南面和东面地形较为平坦，处于内蒙古高原、太行山山脉向华北平原的过渡地带，呈现西北高东南低的总体趋势。地形差异显著，地貌类型复杂多样，高原、山地、丘陵、平原、盆地、湖泊等地貌类型齐全，主要地貌单元可以分为坝上草原、燕山山区、冀西北山间盆地、太行山山区、滦河海河下游冲积平原等。

（2）水系

京津冀三地境内水系主要包括滦河水系和海河水系，其中京津全部位于海河流域，河北省境内大部分为海河流域，少部分位于滦河流域。海河是我国华北地区主要的大河之一，由北运河、永定河、大清河、子牙河、南运河 5 条河流组成，5 条河流自北、西、南三面汇流至天津后东流到大沽口再流入渤海，其干流自金钢桥以下长73千米，河道狭窄多弯。海河流域东临渤海，南界黄河，西起太行山，北倚内蒙古高原南缘，地跨京、津、冀、晋、鲁、豫、辽、蒙8省（自治区、直辖市）。流域面积为31.78万平方千米，占全国总面积的3.3%，其中山区约占54.1%、平原占45.9%。海河流域具有降水量时空分布很不均匀、水资源贫乏、水土流失严重、河道泄流能力上大下小、下游平原与山区盆地易涝易碱等自然特点，曾是我国自然灾害最严重的地区之一。中华人民共和国建立后实施了“根治海河工程”，使水患在一定程度上得到治理。

（3）气候

京津冀地处中纬度，气候属于暖温带、半湿润半干旱大陆性季风气候，四季分明，水热同期，春季干旱多风，夏季炎热潮湿，秋季天高气爽，冬季寒冷干燥。京津冀地区年降水量自东向西、自南向北递减，降水量年内分布不均匀，从年初1月开始降水量逐渐增加，直到7月降水量达到最大值，随后又逐月递减，夏季降水量最多，冬季降水量最少。年平均气温10~13℃，北部山区气温较低，南部平原气温较高。

（4）植被

京津冀地区植被类型和植物种类多种多样，具有温带地区植物系特点，最主要的自然植被类型是温带落叶阔叶林，草原植被主要分布在坝上草原，由于开发历史悠久，该地区存在众多人工植被类型，以草本农作物类型为主。植被分布主要表现为纬度地带性、经度地带性和垂直地带性；从南向北分布有温带落叶阔叶林和温带草原两个植被带，从东南向西北分布有落叶林带、森林草原带和草原带；在山地，从山麓到山顶，随着高度的变化，形成不同的植被带谱。

4.1.2 经济社会发展概况

（1）经济发展

2000年以来，北京市、天津市、河北省以及京津冀区域GDP总量呈现快速增长态势（见图4.1），京津冀区域GDP从2000年的9497.7亿元增长到2022年的99661.1亿元，年均增长率为11.28%。京津冀区域GDP占全国GDP总量的比重呈现先上升后下降的趋势，维持在8%~10%。

从京津冀不同区域来看，近年来北京市和河北省经济总量较为接近，都在41000亿元以上，天津市经济总量最少。2002年，北京市、天津市和河北省占京津冀经济总量的比例分别为41.68%、16.19%和42.13%。

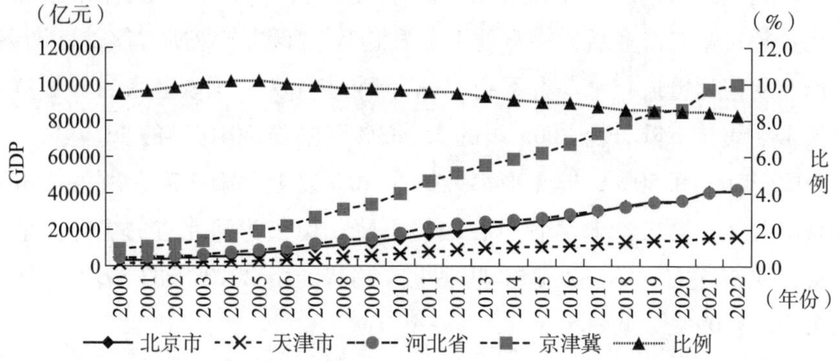

图4.1　2000—2022年京津冀区域GDP总量变化

资料来源：国家统计局数据库。

然而，从人均GDP来看，河北省与北京市、天津市存在显著差距。其中，北京市和天津市人均GDP均已超过10万元，按照世界银行划分标准，已经步入中高等收入地区，而河北省人均GDP到2022年仅为56995元，还落后于全国平均水平，由此可见三地经济发展和水平存在不平衡（见图4.2）。

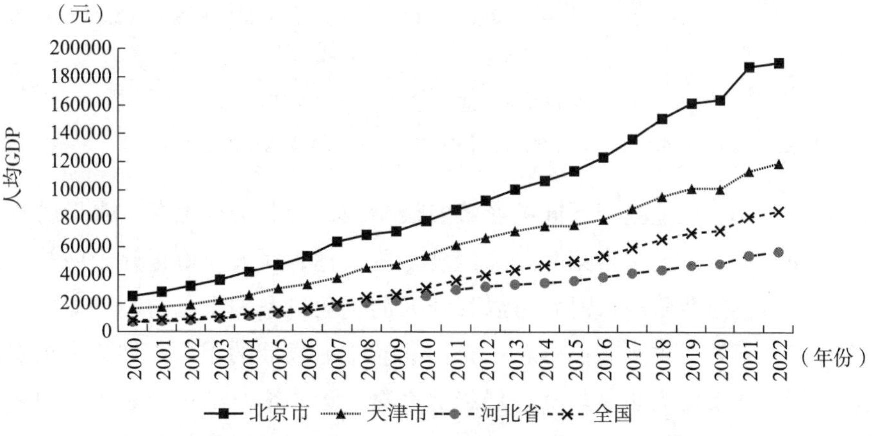

图4.2　2000—2022年京津冀区域及全国人均GDP变化

资料来源：国家统计局数据库。

（2）产业结构

从产业结构来看，北京市属于第三产业支撑型，2022 年第三产业占比达到 83.76%，近 10 年来一直是“三二一”的发展格局。天津市是典型的工业化城市，其发展由第二产业和第三产业共同拉动。2010 年，天津市第三产业所占比重超过第二产业后，一直处于上升趋势，第二产业所占比重逐渐萎缩，第一产业所占比重近年来一直不到 2%。河北省作为我国农业大省，虽然第一产业比重在缓慢下降，由 2005 年的 15.33%下降至 2010 年的 13.74%，又下降至 2022 年的 10.50%，但几乎都维持在 10%以上，第一产业所占比重明显高于京津两地；第二产业尽管也在缓慢下降，但仍为河北省的主导产业，比重维持在 40%左右；第三产业也呈现上升趋势，由 2010 年的 39.21%增长到 2022 年的 51.09%（见图 4.3）。

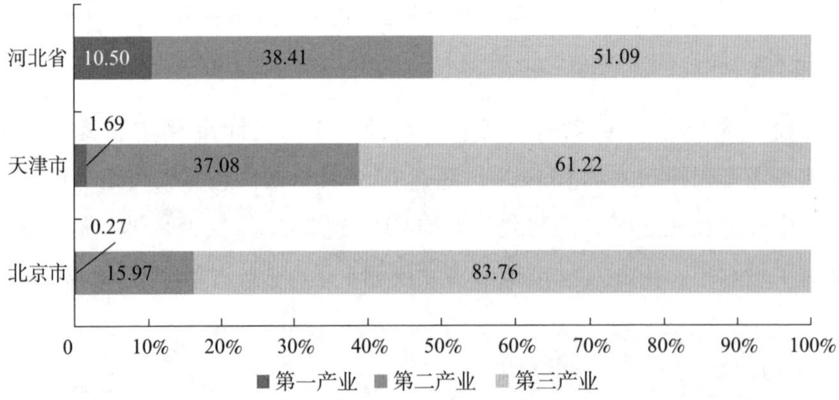

图 4.3　2022 年京津冀三地三次产业所占比重

资料来源：2022 年北京市、天津市、河北省国民经济和社会发展统计公报。

由此可见，三地处于不同的经济发展阶段，产业结构也存在明显的梯度差异。总体而言，北京市第三产业经济最为发达，而天津市正处于向第三产业转型提升的过渡阶段，河北省以其强大的工业体系和出色的制造业发展而闻名于世，钢铁、煤炭和石油化工是河北省工业发展的重要支柱，为国家的经济发展作出了巨大贡献。从发展趋势来看，天津市对第三产业的重视程度逐步提高，河北省第二产业和第三产业发展均呈现加快态势。北京市已迈入后工业化阶段，天津市和河北省尚处于工业化阶段后期。

10 年来，京津冀三地产业结构持续优化，协同创新能力持续提升。北京市深入实施疏解整治促提升专项行动，“瘦身提质”效果超出预期。2014年以来，累计退出一般制造企业3000多家，疏解提升区域性专业市场和物流中心近1000家，城乡建设用地减量130平方千米，中心城区常住人口比2014年下降了超过15%。同时，在减量发展中，北京市的全国政治中心、文化中心、国际交往中心、科技创新中心等首都核心功能不断增强，实现了经济发展质量和效益“双提高”。同时期，河北省累计承接京津转入基本单位4.3万余家，北京市流向津冀技术合同成交额累计超2800亿元。产业结构持续优化，新经济快速发展，北京市数字经济增加值占GDP的比重较2015年提高7.7个百分点，天津市高技术制造业占规模以上工业增加值的比重较2014年提高1.4个百分点，河北省规模以上高新技术产业占规模以上工业增加值的比重较2013年提高9.6个百分点。

（3）人口与城市化

人口城镇化的进程是经济社会发展的重要标志之一。根据发达国家的城市化经验，城镇化率达30%~70%是加速城市化的时期，而发达国家的城镇化率在80%左右。2022年，北京、天津、河北三地城镇化率分别达到87.6%、85.1%和61.7%（见表4.1）。

表4.1　2022年京津冀三地人口现状

区域	总人口（万人）	城镇人口（万人）	乡村人口（万人）	城镇化率（%）
北京市	2184	1913	271	87.6
天津市	1363	1160	203	85.1
河北省	7420	4575	2845	61.7
京津冀	10967	7648	3319	69.7

资料来源：2022年北京市、天津市、河北省国民经济和社会发展统计公报。

4.2　区域资源与环境概况

4.2.1　资源储量及人均拥有量

（1）水资源

2022年，京津冀地区水资源总量为228.3亿立方米，其中北京市、天津市和河北省分别为23.7亿立方米、16.6亿立方米和188亿立方米，分别占京津冀水资源总量的10.4%、7.3%和82.3%，而京津冀水资源总量仅占全国的0.8%。京津冀地区地表水资源量为106.9亿立方米，地下水资源量为186.4亿立方米，地表水与地下水资源重复量为65亿立方米（见表4.2）。

表4.2　2022年京津冀地区及全国水资源现状

区域	水资源总量（亿立方米）	三地占京津冀的比例（%）	地表水资源量（亿立方米）	三地占京津冀的比例（%）	地下水资源量（亿立方米）	三地占京津冀的比例（%）	地表水与地下水资源重复量（亿立方米）	人均水资源量（立方米）
北京市	23.7	10.4	7.4	6.9	26.8	14.4	10.5	108.4
天津市	16.6	7.3	11.0	10.3	6.8	3.6	1.2	121.3
河北省	188.0	82.3	88.5	82.8	152.8	82.0	53.3	252.9
京津冀	228.3	100.0	106.9	100.0	186.4	100.0	65.0	208.2
全国	27088.1	—	25984.4	—	7924.4	—	6820.7	1918.2
京津冀占全国的比例（%）	0.8%	—	0.4%	—	2.4%	—	—	—

资料来源：国家统计局数据库。

从人均水资源量来看，2022年北京市、天津市和河北省分别为108.4立方米，121.3立方米和252.9立方米，京津冀人均水资源量仅为208.2立方米，远低于全国平均水平。按照国际公认标准，人均水资源低于3000立方米为轻度缺水，低于2000立方米为中度缺水，低于1000立方米为重度缺水，低于500立方米为极度缺水。京津冀是我国严重缺水的地区之一，水资源总量“先天不足”，严重影响了该地区经济发展及生态环境的和谐稳定。

（2）土地资源

随着社会经济的发展和城市化的推进，京津冀地区土地开发建设强度的不断提升，人口高度集中且流动性大，资源环境承载力弱化、土地生态问题严重，人地矛盾突出。2018年水土流失面积为4.47万平方千米，根据第五次全国荒漠化和沙化监测数据，京津冀地区沙化土地面积共计2.14万平方千米。同时，太行山、燕山的土壤侵蚀严重，坝上高原荒漠化加剧，平原洼淀逐渐萎缩消失，地面沉降和海水入侵等生态问题凸显，土地生态系统面临日益恶化的风险。

根据第三次全国国土调查成果，京津冀地区林地面积最大，为7.54平方千米，所占比重为34.59%；其次是耕地，面积为6.46平方千米，所占比重为29.62%；再者是城镇村及工矿用地，面积为2.75平方千米，所占比重为12.61%；随之是草地，面积为1.98平方千米，所占比重为9.07%；之后是园地，面积为1.17平方千米，所占比重为5.36%；水域及水利设施用地面积为0.87平方千米，所占比重为3.99%；交通运输用地面积为0.50平方千米，所占比重为2.30%；未利用地面积为0.36平方千米，所占比重为1.64%；湿地面积最小，为0.18平方千米，所占比重为0.82%。京津冀用地结构仍以林地和耕地为主，有助于生态系统稳定和粮食安全保障。

（3）矿产资源

京津冀地区矿产资源较丰富，目前已发现各类矿产100多种，石油、天然气、煤炭等石化能源资源也较丰富，这些为京津冀建设大型钢铁、建材、化工等综合工业基地和发展煤化工、盐化工、油化工奠定了良好的基础。

京津冀地区石油、天然气、煤炭方面均有一定的存储量（见表4.3）。2016年，京津冀石油储量为29926.3万吨，占全国石油储量的8.55%。其中，河北省石油储量为26576.4万吨，占京津冀总量的88.8%；天津市石油储量为3349.9万吨，占京津冀总量的11.2%。京津冀天然气储量为612.9亿立方米，占全国天然气储量的1.13%。其中，河北省天然气储量为338亿立方米，占京津冀总量的55.1%；天津市天然气储量为274.9亿立方米，占京津冀总量的44.9%；北京市没有石油和天然气储量。京津冀煤炭储量为49亿吨，占全国煤炭储量的1.97%。其中，河北省煤炭储量为43.3亿吨，占京津冀总量的88.4%；天津市煤炭储量为3亿吨，占京津冀总量的6.1%；北京市煤炭储量为2.7亿吨，占京津冀总量的5.5%。

表4.3　2016年京津冀地区及全国主要能源、黑色金属矿产基础储量和人均拥有量

地区	石油（万吨）	天然气（亿立方米）	煤炭（亿吨）	铁矿（亿吨）	锰矿（万吨）	铬矿（万吨）	钒矿（万吨）	原生钛铁矿（万吨）
北京	0	0	2.7	1.5	0	0	0	0
天津	3349.9	274.9	3	0	0	0	0	0
河北	26576.4	338	43.3	26.6	7.1	4.6	6.7	212.9

续表

地区	石油（万吨）	天然气（亿立方米）	煤炭（亿吨）	铁矿（亿吨）	锰矿（万吨）	铬矿（万吨）	钒矿（万吨）	原生钛铁矿（万吨）
京津冀	29926.3	612.9	49	28.1	7.1	4.6	6.7	212.9
全国	350120.3	54365.5	2492.3	201.2	31033.6	407.2	951.8	23065.1
京津冀占全国的比例（%）	8.55	1.13	1.97	13.97	0.02	1.13	0.70	0.92
京津冀人均拥有量	2.73	558.86	44.68	25.62	0.0006	0.0004	0.0006	0.02
全国人均拥有量	2.48	3850.93	176.54	14.25	0.2198	0.0029	0.0067	0.16

资料来源：中国环境统计年鉴（2017）。

从人均拥有量来看，京津冀地区石油人均拥有量为 2.73 吨，高于全国人均拥有量；天然气人均拥有量为 558.86 立方米，约为全国人均拥有量的 1/7；煤炭人均拥有量为 44.68 吨，超过全国人均拥有量的 1/4。铁矿、锰矿、铬矿、钒矿、原生钛矿等非能源矿产也有少量的储量，大部分都分布在河北。

（4）森林资源

2005 年以来，京津冀地区的林业用地面积、森林面积、人工林面积、活立木总蓄积量、森林蓄积量等指标均呈现上升趋势（见图 4.4），尤其是 2005—2015 年增长速度较快。

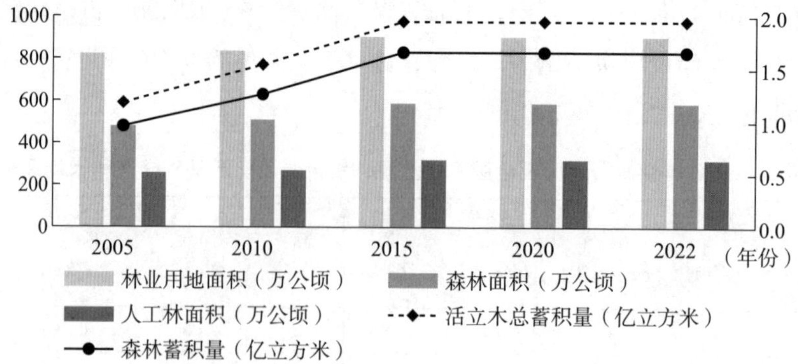

图 4.4 2005—2022 年京津冀森林资源变化

资料来源：国家统计局数据库。

比较北京、天津、河北三地可以看出，2022 年，河北省的森林资源总量最大，林业用地面积、森林面积、人工林面积分别占京津冀森林资源总量的 85.9%、85.5%和 82.3%，其次是北京市，天津市森林资源量最少。总体而言，京津冀三地林业用地面积、森林面积、人工林面积占全国的比例分别为 2.79%、2.67%和 4.00%。京津冀地区活立木总蓄积量和森林蓄积量占全国的比例也不多，分别为 1.03%和 0.95%（见图 4.5）。

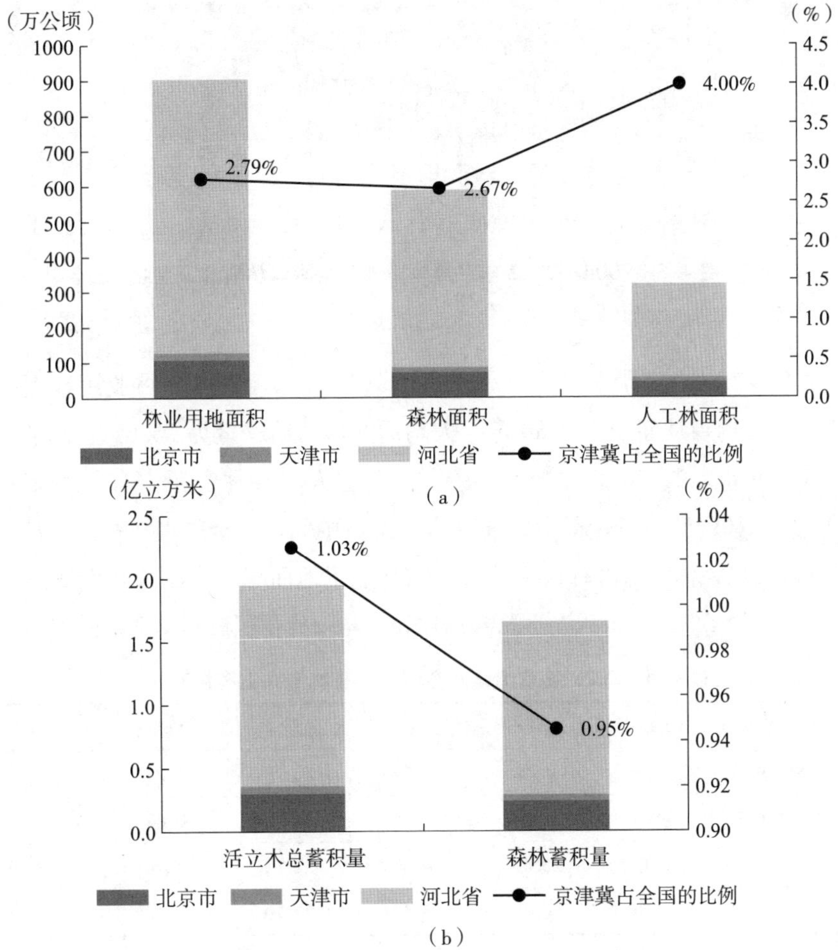

图 4.5　2022 年京津冀三地森林资源对比

资料来源：国家统计局数据库。

近年来，北京、天津、河北三地的森林覆盖率整体上呈现稳定上升趋势。

其中，北京市和河北省的森林覆盖率都高于全国水平，北京市的森林覆盖率最高，目前达到43.8%，河北省的森林覆盖率为26.8%，而天津市的森林覆盖率一直低于全国水平，仅为12.1%（见图4.6）。

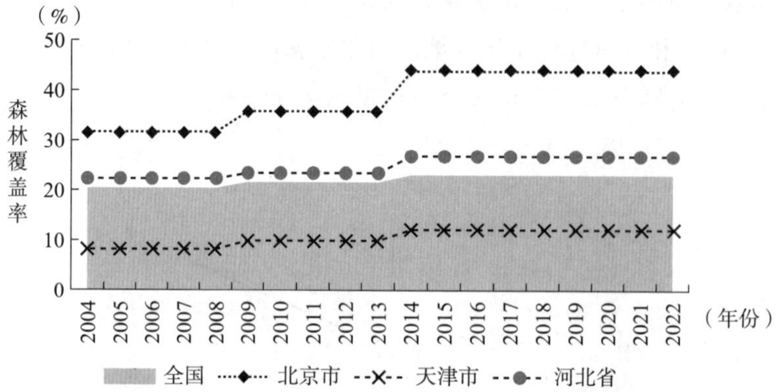

图4.6　2004—2022年京津冀三地及全国森林覆盖率变化

资料来源：国家统计局数据库。

从人均森林占有量来看（见表4.4），2022年京津冀人均林业用地面积为1.24亩、人均森林面积为0.80亩、人均活立木总蓄积量为26.67立方米、人均森林蓄积量为22.70立方米。其中，河北省人均森林资源占有量最多，天津市人均森林资源占有量最少，北京市居两者中间。与全国水平相比，整个京津冀地区人均森林资源占有量很少，人均林业用地面积和人均森林面积约为全国平均水平的1/3，人均活立木总蓄积量和人均森林蓄积量超过全国的1/10。

表4.4　2022年京津冀及全国人均森林资源占有量对比

指标	北京市	天津市	河北省	京津冀	全国
人均林业用地面积（亩）	0.74	0.22	1.57	1.24	3.44
人均森林面积（亩）	0.49	0.15	1.02	0.80	2.34
人均活立木总蓄积量（立方米）	20.60	6.60	32.14	26.67	201.95
人均森林蓄积量（立方米）	16.48	5.50	27.70	22.70	186.58

资料来源：根据国家统计局数据计算得出。

4.2.2　资源生产

资源生产主要包括能源生产和各种矿石生产，随着工业化进程和生产技术进步，京津冀地区资源生产能力明显提高，一次能源生产总量从2005年的10433.3万吨标准煤提高到2022年的13661.7万吨标准煤，增加了30.9%，但京津冀能源生产总量占全国的比例却总体呈现下降趋势，从2005年的4.56%降至2022年的2.93%（见图4.7）。

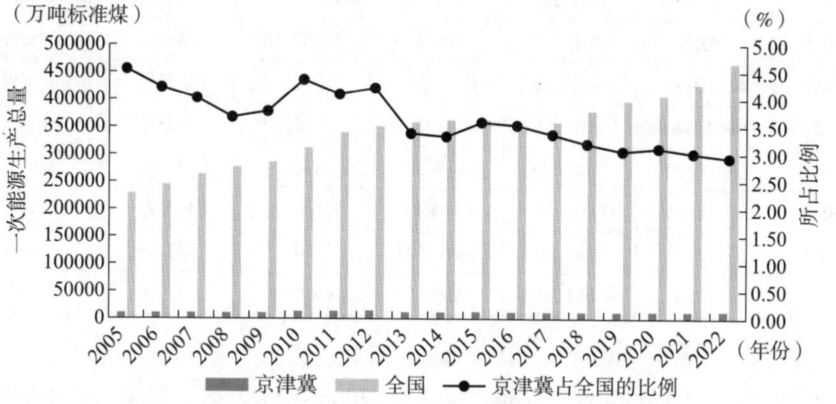

图4.7 2005—2022年京津冀及全国能源生产总量变化

资料来源：国家统计局数据库。

从地区来看，河北省的能源生产总量最多，2022年为7339.5万吨标准煤，占京津冀的53.72%；其次是天津市，能源生产总量为5881.95万吨标准煤，占京津冀的43.05%；北京市能源生产总量最少，仅为440.25万吨标准煤，占京津冀的3.22%（见表4.5）。

表4.5 2005—2022年京津冀及全国能源生产情况

年份	北京市/万吨标准煤	天津市/万吨标准煤	河北省/万吨标准煤	京津冀/万吨标准煤	全国/万吨标准煤	京津冀占全国的比例
2005	679.5	2663.929	7089.9	10433.33	229037	4.56%
2006	460.6	2915.548	6956.72	10332.87	244763	4.22%
2007	466.1	2926.448	7246.47	10639.02	264173	4.03%
2008	414.2	3034.761	6755.66	10204.62	277419	3.68%
2009	475.7	3471.627	6879.85	10827.18	286092	3.78%
2010	499.8942	5007.63	8109.662	13617.19	312125	4.36%
2011	500.3	4833.377	8601.598	13935.27	340178	4.10%
2012	507.2	4708.798	9560.46	14776.46	351041	4.21%

续表

年份	北京市/万吨标准煤	天津市/万吨标准煤	河北省/万吨标准煤	京津冀/万吨标准煤	全国/万吨标准煤	京津冀占全国的比例
2013	541.7	4634.41	6956.421	12132.53	358784	3.38%
2014	514	4726.73	6801.011	12041.74	362212	3.32%
2015	545.6	5338.185	7096.143	12979.93	362193	3.58%
2016	445.8	5017.521	6744.218	12207.54	345954	3.53%
2017	416.9492	4870.52	6776.501	12063.97	358867	3.36%
2018	611.48	4989.24	6487.245	12087.97	378859	3.19%
2019	691.0575	5106.835	6334.388	12132.28	397317	3.05%
2020	576.8456	5318.131	6763.84	12658.82	407295	3.11%
2021	385.5851	5546.36	6949.527	12881.47	427115	3.02%
2022	440.2453	5881.95	7339.5	13661.7	466000	2.93%

资料来源：国家统计局数据库。

从人均能源生产量来看（见图 4.8），2005—2022 年，京津冀人均能源生产量较为稳定，约在 1100 千克标准煤附近浮动，其中，2012 年京津冀人均能源生产量达到最高，为 1378.66 千克标准煤；北京市人均能源生产量最低，2022 年为 201.58 千克标准煤，远低于全国平均水平；天津市人均能源生产量最多，且呈现波动增长趋势，从 2005 年的 2554.1 千克标准煤增至 2022 年 4315.44 千克标准煤，超过全国平均水平；河北省人均能源生产量与京津冀区域差不多，2022 年达到 989.15 千克标准煤，低于全国平均水平。

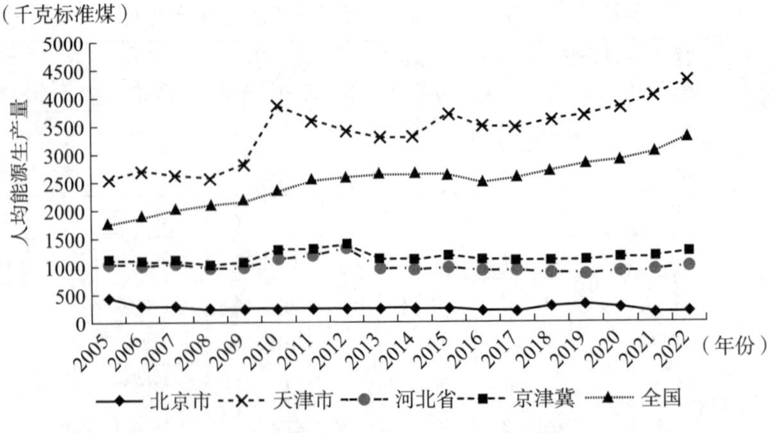

图 4.8　2005—2022 年京津冀及全国人均能源生产量变化

资料来源：国家统计局数据计算得出。

4.2.3 资源消耗

资源消耗主要包括水资源消耗和能源消耗等方面。

(1) 水资源消耗

近10年间，京津冀地区的供用水总量较为稳定，平均每年约250亿立方米。从供水来源来看，北京市2015年以前50%以上的供水来自地下水，之后地下水所占比例逐渐降低，地表水和其他供水来源所占比例逐渐提高；长期以来天津市的供水来源主要是地表水，约占70%；河北省与北京市类似，近年来地下水供水比例逐渐减少，地表水和其他供水所占比例明显提高（见表4.6）。

表4.6 2012—2022年京津冀三地供水总量及构成变化

区域	供水情况(亿立方米)	2012年	2013年	2014年	2015年	2016年	2017年	2018年	2019年	2020年	2021年	2022年
北京市	供水总量	35.9	36.4	37.5	38.2	38.8	39.5	39.3	41.7	40.6	40.8	40.0
	地表水	8.0	8.3	9.3	10.5	11.3	12.4	12.3	15.1	15.1	21.6	15.8
	地下水	20.4	20.0	19.6	18.2	17.5	16.6	16.3	15.1	13.5	13.6	12.2
	其他	7.5	8.0	8.6	9.5	10.0	10.5	10.8	11.5	12.0	5.5	12.1
天津市	供水总量	23.1	23.8	24.1	25.7	27.2	27.5	28.4	28.4	27.8	32.3	33.6
	地表水	16.0	16.2	15.9	17.9	19.1	19.0	19.5	19.2	19.2	23.8	24.8
	地下水	5.5	5.7	5.3	4.9	4.7	4.6	4.4	3.9	3.0	2.7	2.7
	其他	1.7	1.8	2.8	2.9	3.4	3.9	4.6	5.4	5.6	5.8	6.0
河北省	供水总量	195.3	191.3	192.8	187.2	182.6	181.6	182.4	182.3	182.8	181.9	182.4
	地表水	41.3	43.1	46.8	48.7	51.5	59.4	70.4	78.3	84.8	96.2	95.8
	地下水	151.3	144.6	142.1	133.6	125.0	116.0	106.1	96.4	88.2	73.2	72.2
	其他	2.8	3.6	4.0	4.9	6.0	6.2	5.8	7.5	9.8	12.5	14.4

资料来源：国家统计局数据库。

京津冀地区的用水主要由农业用水、工业用水、生活用水和生态用水等方面构成。从用水总量来看，京津冀地区2012—2022年总用水量波动较为明显，2012年总用水量为254.3亿立方米，2022年总用水量为256亿立方米，其中农业用水和工业用水所占比例逐渐下降，农业用水占比从2012年的64.45%下降到2022年的44.14%，工业用水占比从2012年的13.84%下降到2022年的9.1%，生态用水所占比例大幅上涨，从2012年的4.29%上升到2022年的25.78%（见图4.9）。

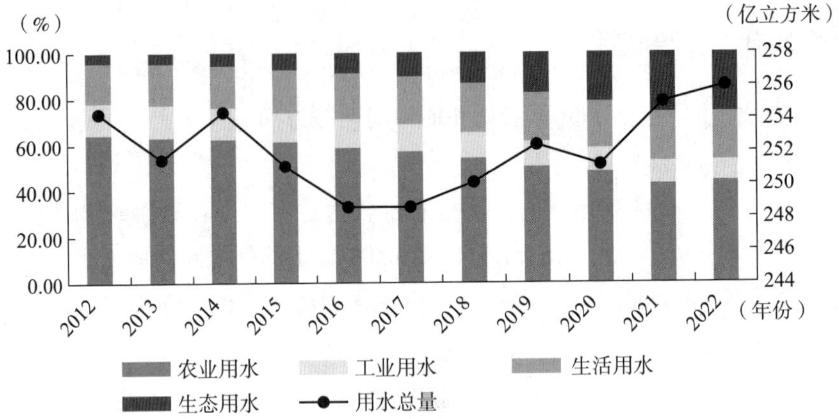

图 4.9　2012—2022 年京津冀地区用水总量及构成变化

资料来源：国家统计局数据库。

分地区来看，近 10 年来，北京市的农业用水和工业用水占用水总量的比例明显减少，农业用水比例从 2012 年的 25.91%降至 2022 年的 6.50%；工业用水比例从 2012 年的 13.65%降至 2022 年的 6.00%；生活用水比例较为稳定，维持在 45.00%左右；生态用水比例大幅增加，从 2012 年的 15.88%增至 2022 年的 41.00%。天津市农业用水占比下降也较为明显，从 2012 年的 50.65%降至 2022 年的 29.76%，工业用水占比从 2012 年的 22.08%降至 2022 年的 13.69%，而生态用水占比则从 2012 年的 6.06%增至 2022 年的 34.82%。河北省的农业与工业用水比例也都呈现明显下降趋势，其中生态用水比例增幅较为明显，从 2012 年的 1.95%增至 2022 年的 20.78%（见表 4.7）

表 4.7　2012—2022 年京津冀三地用水构成变化

区域	年份	农业用水（%）	工业用水（%）	生活用水（%）	生态用水（%）	用水总量（亿立方米）
北京市	2012	25.91	13.65	44.57	15.88	35.9
	2013	25.00	14.01	44.78	16.21	36.4
	2014	21.87	13.60	45.33	19.20	37.5
	2015	16.75	9.95	45.81	27.23	38.2
	2016	15.46	9.79	45.88	28.61	38.8
	2017	12.91	8.86	46.33	32.15	39.5
	2018	10.69	8.40	46.82	34.10	39.3

续表

区域	年份	农业用水（%）	工业用水（%）	生活用水（%）	生态用水（%）	用水总量（亿立方米）
北京市	2019	8.87	7.91	44.84	38.37	41.7
	2020	7.88	7.39	42.36	42.36	40.6
	2021	6.86	7.11	47.55	38.48	40.8
	2022	6.50	6.00	46.50	41.00	40.0
天津市	2012	50.65	22.08	21.65	6.06	23.1
	2013	52.10	22.69	21.43	3.78	23.8
	2014	48.55	22.41	20.75	8.71	24.1
	2015	48.64	20.62	19.07	11.28	25.7
	2016	44.12	20.22	20.59	15.07	27.2
	2017	38.91	20.00	22.18	18.91	27.5
	2018	35.21	19.01	26.06	19.72	28.4
	2019	32.39	19.37	26.41	21.83	28.4
	2020	37.05	16.19	23.74	23.02	27.8
	2021	28.79	14.86	21.67	34.98	32.3
	2022	29.76	13.69	21.43	34.82	33.6
河北省	2012	73.17	12.90	11.98	1.95	195.3
	2013	71.93	13.17	12.44	2.46	191.3
	2014	72.20	12.71	12.50	2.65	192.8
	2015	72.28	12.02	13.03	2.67	187.2
	2016	70.10	11.99	14.18	3.67	182.6
	2017	69.44	11.18	14.87	4.52	181.6
	2018	66.39	10.47	15.24	7.95	182.4
	2019	62.70	10.31	14.81	12.12	182.3
	2020	58.92	9.96	14.77	16.36	182.8
	2021	53.38	9.73	15.28	21.61	181.9
	2022	55.04	8.94	15.24	20.78	182.4

资料来源：国家统计局数据计算得出。

从人均用水量来看，近10年来京津冀人均用水量变化较为均衡，维持在230立方米左右，其中天津市人均用水量呈上涨趋势，河北省人均用水量呈下降趋势，2022年天津市人均用水量首次超过河北省人均用水量。2022年，北京市和天津市的人均用水量分别为 182.9 立方米和 245.6 立方米，较 2012 年分别增加了 4.2%和 47%，河北省人均用水量为 245.4 立方米，较 2012 年的 268.9 立方米减少了 8.7%。与全国的人均用水量相比，北京市、天津市、河北省以及整个京津冀地区均低于全国水平（见图 4.10）。

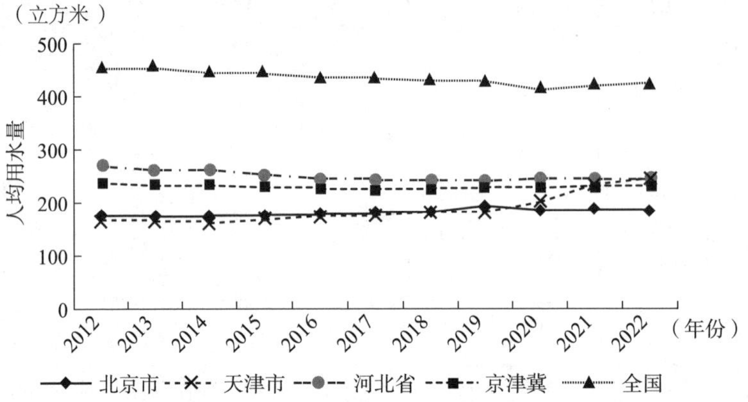

图 4.10　2012—2022 年京津冀地区及全国人均用水量变化

资料来源：国家统计局数据库。

（2）能源消耗

近 10 年来，京津冀地区能源消耗呈缓慢上升趋势。2022 年，京津冀能源消耗达到 47557.14 万吨标准煤，较 2012 年增加了 11.5%，但能源消耗占全国总量的比例逐渐下降，从 2012 年的 10.61%降至 2022 年的 8.79%（见图 4.11）。

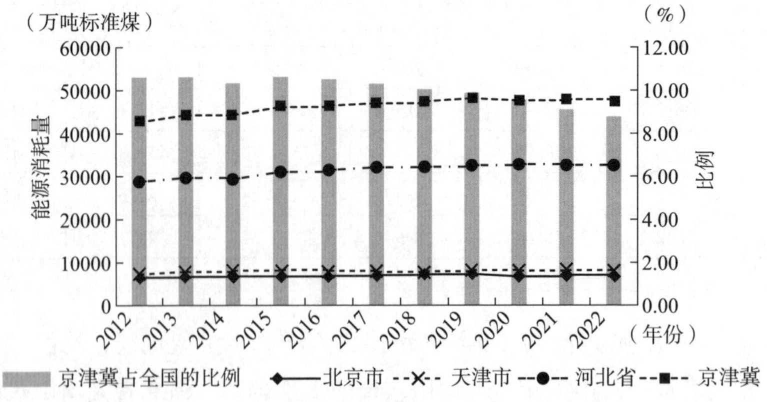

图 4.11　2012—2022 年京津冀能源消耗总量变化

资料来源：国家统计局数据库。

分地区来看，北京市的能源消耗量波动较小，近年来维持在6900万吨标准煤附近，天津市和河北省的能源消耗量呈现出缓慢递增趋势，其中天津市从2012年的7325.56万吨标准煤增至2022年的8121.77万吨标准煤，河北省从2012年的28762.47万吨标准煤增至2022年的32538.48万吨标准煤。三地中，河北省的能源消耗量最大，2022年占京津冀总量的68.42%。

从人均能源消耗量来看，京津冀人均能源消耗量整体呈现缓慢波动增加趋势，从2012年的3.98吨标准煤增至2022年的4.34吨标准煤，并且始终高于全国人均能源消耗量。其中，天津市的人均能源消耗量最高，北京市的人均能源消耗量最低，河北省处于二者之间（见图4.12）。

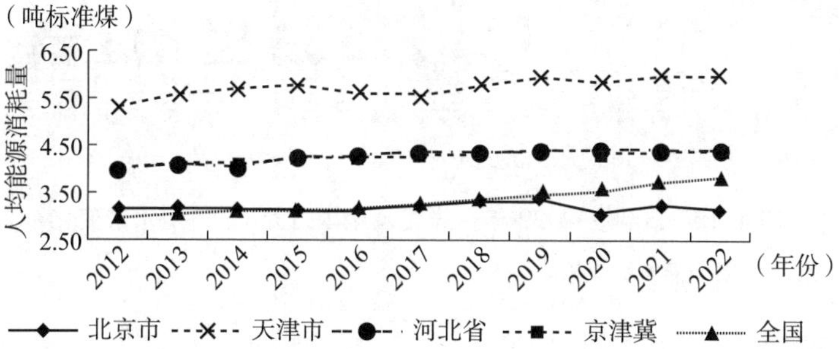

图4.12　2012—2022年京津冀及全国人均能源消耗量变化

资料来源：国家统计局数据计算得出。

4.2.4　资源利用效率

资源利用效率可以说明经济产出与资源消耗的关系。

（1）水资源利用效率

2000年以来，京津冀万元GDP用水量逐年减少，从2000年的289.7立方米减少至2022年的25.7立方米，减少了91.1%，约为全国水平的1/2。从分地区来看，北京市、天津市、河北省的万元GDP用水量同样逐年下降，且都低于全国水平。其中，河北省万元GDP用水量最多，2022年为43.4立方米，是天津市（20.8立方米）的2倍多，北京市万元GDP用水量最少，2022年仅为9.6立方米（见图4.13）。

（2）能源利用效率

2000年以来，京津冀万元GDP能耗呈现逐年减少趋势，从2000年的

1.91 吨标准煤降至 2022 年的 0.48 吨标准煤，接近全国平均水平。分地区来看，北京市、天津市、河北省的万元 GDP 能耗也呈逐年下降趋势，其中河北省万元 GDP 能耗最高，北京市万元 GDP 能耗最低（见图 4.14）。

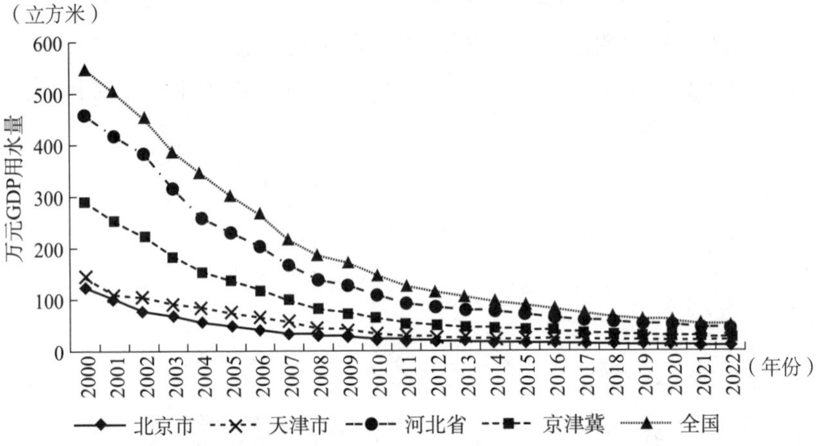

图 4.13　2000—2022 年京津冀及全国万元 GDP 用水量变化

资料来源：国家统计局数据计算得出。

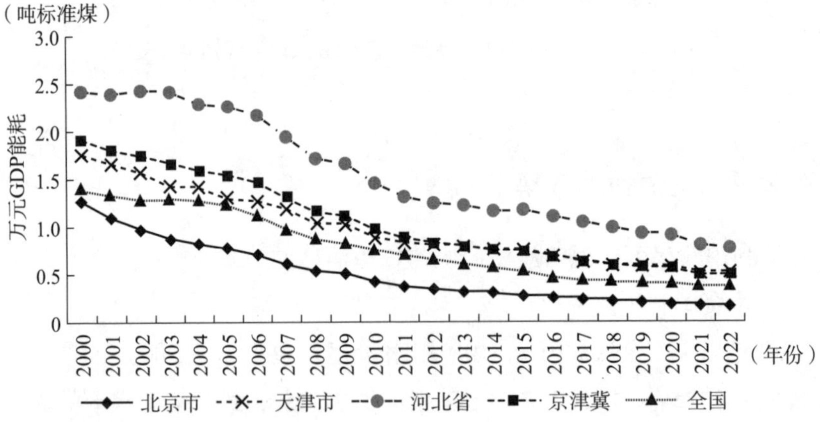

图 4.14　2000—2022 年京津冀及全国万元 GDP 能耗变化

资料来源：国家统计局数据计算得出。

4.2.5　污染物排放

向环境系统排放的污染物主要包括废水、废气和固体废物。2016 年，京津冀地区废水排放总量为 54.67 亿吨，占全国总量的 7.15%。其中，河北省的废水排放量最大，占 52.82%；其次为北京市，占 30.44%；天津市废水排放量最小，占 16.74%。从化学需氧量排放量来看（见图 4.15），2010 年以来，京津冀化学需氧量的排放量波动较为明显，2011 年京津冀化学需氧量排放量比 2010 年突然猛增，翻了一番，达到 181.78 万吨，后逐年下降，到 2016 年仅为 36.33 万吨，下降趋势持续到 2019 年的 30.41 万吨，为近年来排放量最低的一年，2020 年京津冀化学需氧量排放量又增至 148.41 万吨。2022 年，京津冀化学需氧量排放量为 172.43 万吨，占全国总排放量的 6.64%。分地区来看，河北省的化学需氧量排放量一直最大，约占整个京津冀地区的 70%以上。

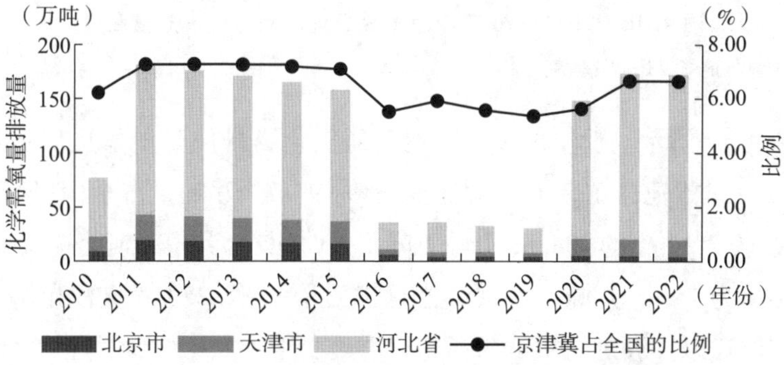

图 4.15 2010—2022 年京津冀三地化学需氧量排放量变化

资料来源：国家统计局数据库。

2022 年，京津冀三地的细颗粒物（$PM_{2.5}$）平均浓度为 37 微克/立方米，较 2013 年的 107 微克/立方米下降了 65.4%，$PM_{2.5}$平均浓度在过去 10 年间下降超过六成。其中，北京市 $PM_{2.5}$平均浓度为 30 微克/立方米，天津市 $PM_{2.5}$平均浓度为 37 微克/立方米，河北省 $PM_{2.5}$平均浓度为 36.8 微克/立方米。在废气排放方面，近年来京津冀地区二氧化硫、氮氧化物排放量总体呈现下降趋势。

如图 4.16 所示，2022 年，京津冀地区二氧化硫排放总量为 15.38 万吨，占全国排放总量的 6.32%，较 2011 年的 174.09 万吨大幅下降。其中，河北省排放量最多，为 14.62 万吨，占京津冀总排放量的 95.06%；天津市为 0.65 万吨，占京津冀总排放量的 4.23%；北京市最少，为 0.11 万吨，占京津冀总排放量的 0.72%。

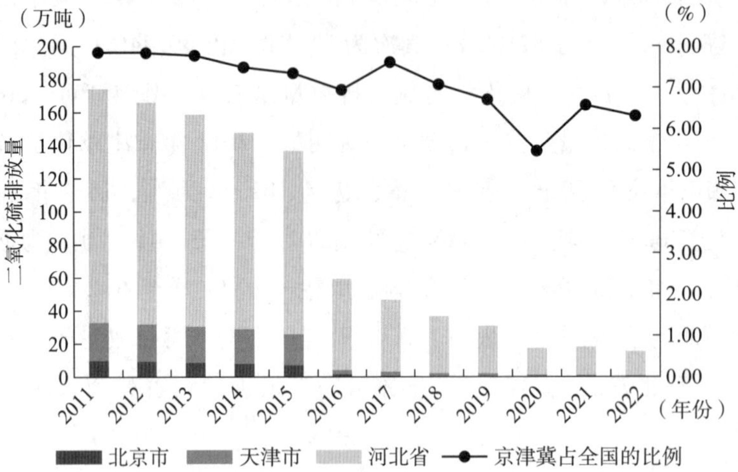

图 4. 16　2011—2022 年京津冀三地二氧化硫排放量变化

资料来源：国家统计局数据库。

如图 4. 17 所示，近年来京津冀地区氮氧化物排放量整体呈现下降趋势。2022 年，京津冀地区氮氧化物排放总量为 91. 71 万吨，占全国排放总量的 10. 24%，较 2011 年的 234. 83 万吨下降了 60. 95%。其中，河北省氮氧化物排放量最多，为 75. 45 万吨，占京津冀总排放量的 82. 27%；天津市为 8. 84 万吨，占京津冀总排放量的 9. 64%；北京市最少，为 7. 42 万吨，占京津冀总排放量的 8. 09%。

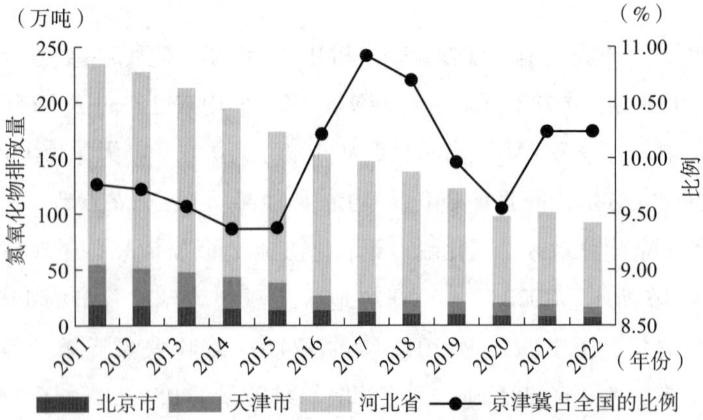

图 4. 17　2011—2022 年京津冀三地氮氧化物排放量变化

资料来源；国家统计局数据库。

4.3 京津冀农业生产总体情况

4.3.1 区域农业发展现状

（1）北京市农业发展概况

2022年，北京市实现农林牧渔业总产值268.2亿元，按可比价格计算，比2021年下降2.0%。其中，实现农业（种植业）产值129.8亿元，增长2.3%，粮食播种面积115.1万亩、产量45.4万吨，分别增长26.0%和20.1%，蔬菜及食用菌播种面积79.7万亩、产量198.9万吨，分别增长14.5%和20.1%；生猪出栏32.2万头，增长4.3%；新一轮百万亩造林顺利收官，实现林业产值86.5亿元，增长1.4%。

近年来，北京市大力发展农业农村，城乡区域发展更趋协调，从脱贫攻坚全面收官到乡村振兴全面推进。北京市低收入农户全部脱低，低收入村全面消除，农村居民人均可支配收入为34754元，增长4.4%，年均增速比城镇居民高1个百分点以上。通过产业合作、项目联建等多种方式，培育壮大集体产业，基本消除598个集体经济薄弱村。

在粮食和重要农产品稳产保供方面，北京市严格落实“菜篮子”责任制，超额完成166万亩耕地保有量任务，粮食、蔬菜生产实现较快增长。2022年，北京市全面落实“田长制”，实施了“五个百万”工程，新建4.5万亩高标准农田，保持农业生产良好增长态势。能繁母猪存栏量稳定在5万头左右，处于产能调控绿色区域。开展新一轮环京蔬菜生产基地建设，建成70个。牛奶、鸡蛋、水产品全年产量分别约为26万吨、8.7万吨、1.2万吨。

在农业提质增效、高质量发展方面，北京市着力打造“种业之都”，加速推进“农业中关村”建设。通过落实种子条例，实施种业振兴行动等措施，北京市实施了10个市级种质创新品及品种选育联合攻关工程，开展“北京鸭”等4个物种8个地方特色畜禽、水产优势品种的种质资源保护行动。实施“昌平草莓”“平谷大桃”两个地理标志农产品保护工程，推动了15个农业全产业链标准化示范基地建设。

在推进美丽乡村建设工作中，北京市累计1500多个村庄实现污水收集处理，农村卫生户厕基本全覆盖。在宜居宜业美丽乡村建设中，北京市休闲农业全年接待游客2040万人次，实现收入27.8亿元，带动10.9万农户增收，带动农产品销售8.8亿元。此外，在农村人居环境整治、美丽乡村建设中，带动5.34万人参与工作。

（2）天津市农业发展概况

2022年，天津市农林牧渔业总产值增长2.9%，比2021年加快0.8个百分点，连续3年提速。主要农作物产量增加，粮食总产量为256.21万吨，增长2.5%。蔬菜产量为256.53万吨，增长7.3%。牛、羊出栏量和鸡蛋产量分别增长4.9%、1.1%和7.5%。生猪出栏200.51万头，年末能繁殖母猪存栏19.2万头，增长3.0%。农村居民人均可支配收入29018元，增长3.8%，扣除价格因素，实际增长1.9%。

近年来，天津市以深化农业供给侧结构性改革为主线，以改革创新为动力，持续加快推进乡村振兴步伐。建成高标准农田396.4万亩，口粮自给率65.4%，在7个主销区中排名第三。新建设施农业20万亩。“津农精品”品牌212个，小站稻入选国家农业品牌精品培育计划。小麦、玉米、水稻主要粮食作物耕种收综合机械化率达到98%。大力实施设施农业提升、标准化设施改造、实施放心农产品系列工程等一系列惠农政策，设施农业占比近60%，蔬菜、肉类、禽蛋、牛奶等“菜篮子”产品自给率不断提升。

在种业科技创新能力方面，农业科技进步贡献率达到68%。小站稻品种选育技术实现新突破。黄瓜品种推广面积占全国华北品种的70%以上，花椰菜杂交品种打破依赖进口局面并出口巴基斯坦等国家，肉羊种源推广覆盖全国主产区，鲤鲫鱼新品种占全国选育品种近20%。

在产业融合方面，“国字号”产业载体加快建设，4个国家级现代农业产业园建设有序推进，2个国家级优势特色产业集群规模日趋扩大，8个国家级农业产业强镇相继建成。天津全市26个村被认定为中国美丽休闲乡村，培育认定市级休闲农业示范园区和示范村点280个。

在农村人居环境质量方面，深入践行“绿水青山就是金山银山”的理念，建成276个农村人居环境整治示范村，新建2209个村污水处理设施、64万座卫生户厕。农村生活污水处理设施建设、农村卫生厕所普及、农村生活垃圾收集处理率均达到100%。

在农村重点领域改革方面，率先完成农村集体产权制度改革，农民土地承包经营权、集体收益分配权得到有力巩固，农村基本经营制度巩固完善，共同富裕基础更加坚实。建成“一张网”，实现对农村集体经济运行信息化管理。构建“一张图”，实现对农村资源资产等权属、经营使用状态全程管理。农村产权流转交易突破208亿元，市场体系、交易品种、服务范围、交易活跃度领先全国。农村基层组织全部实现党支部书记“一肩挑三岗”。农村宅基地制度改革破冰启动，选定蓟州区、静海区两个国家试点区160个村作为首批试点，探索形成一批制度成果。

在城乡共同富裕方面，2013—2022年，天津市农村居民人均可支配收入连续9年每年跨上一个千元台阶，年均增长8.5%，城乡居民收入比由2013年的1.89缩小到2022年的1.83，在全国31个省（自治区、直辖市）中差距最小，收入水平稳居全国第4位。

（3）河北省农业发展概况

2022年，河北省以实施乡村振兴战略为总抓手，统筹推进、重点突破，农业农村发展保持稳中向好、稳中向优的良好态势，“三农”压舱石作用越来越凸显。

确保重要农产品特别是粮食供给，是乡村振兴的首要任务。河北省严格落实粮食安全党政同责，实施粮食生产专项行动，将国家下达粮食生产任务逐级分解落实到乡村、地块、经营主体，逐村选派科技专员，分区分季分作物精准指导，全力抗灾夺丰收。2022年，全省粮食播种面积9665.7万亩，单产399.87千克，总产量773.02亿斤，实现面积、单产、总产“三增加”。各地严格落实“菜篮子”市长负责制，加大生产指导力度，强化产销对接，着力打造标准化、规模化生产基地，蔬菜、肉类、禽蛋、水产品产量均保持增长，“菜篮子”产品供给保障能力进一步增强，较好满足了人民群众的消费需求。

坚持抓项目、促园区、建集群的总思路，河北省集中打造强筋小麦、设施蔬菜、高端乳品等优势特色产业集群，实施重点园区崛起行动，优质小麦、蔬菜、中药材、食用菌、梨和奶业列入国家级产业集群建设支持范围，全省新增和改造提升蔬菜、水果、中药材、食用菌等特色作物面积103万亩。大力实施农业产业项目突破年行动，实行在建项目、招商项目“双目录”“双包联”管理，持续掀起招商引资和项目建设热潮，促进全省农业有效投资实现较大突破。

2022 年，河北省第一产业增加值 4410. 3 亿元，同比增长 4. 2%；农村居民人均可支配收入 19364 元，同比增长 6. 5%。

河北省扎实推进农村厕所革命，大力推进美丽乡村建设，农村人居环境整治得到明显提升，为全面推进乡村振兴、加快农业农村现代化提供有力支撑。2022 年，全省完成新建农村户厕 62. 1 万座、改造建设公厕 1. 07 万座，创建美丽乡村 2265 个，新布局创建 15 个省级乡村振兴示范区。

激发农村资源要素活力，农业农村改革不断深化。完成 4 个国家级第二轮土地承包到期后再延长 30 年试点任务，积极推进鸡泽县、邯郸市丛台区国家级整县试点工作。集中创建 90 个财政扶持村级集体经济发展示范区，全省集体经济收入 5 万元以下村基本“清零”，10 万元以上村达到 50% 以上。创新金融支农机制，派驻 509 名金融专员到试点乡镇加强金融对接，精准解决经营主体融资难、融资贵问题。

为扎实做好巩固拓展脱贫攻坚成果同乡村振兴有效衔接，河北省强化产业防返贫动态监测帮扶，将脱贫不稳定户、边缘易致贫户、突发严重困难户纳入产业收入监测体系，确保不因产业减收而返贫。2022 年共安排脱贫地区支持农业农村发展资金 105. 96 亿元，同比增长 7. 4%；把脱贫地区特色产业发展作为实现巩固拓展脱贫攻坚成果同乡村振兴有效衔接的重要内容，坚持“一乡一业、一村一品”，因地制宜发展光伏、乡村旅游等特色产业，全省 7746 个脱贫村培育特色产品 12283 个，基本实现特色产业全覆盖。

4. 3. 2 区域农业基本情况

（1）农业总产值情况

2000 年以来，京津冀农林牧渔业总产值不断提高，由 2000 年的 1896. 14 亿元增至 2022 年的 8457. 03 亿元。分地区来看，北京市农林牧渔业总产值从 2000 年的 195. 19 亿元增至 2014 年的 420. 07 亿元，随后逐年下降，到 2022 年为 268. 18 亿元；天津市和河北省农林牧渔总产值整体呈现增长态势（见表 4. 8）。

表 4.8　2000—2022 年京津冀农林牧渔业总产值　　单位：亿元

地区	2000 年	2005 年	2010 年	2015 年	2016 年	2017 年	2018 年	2019 年	2020 年	2021 年	2022 年
北京市	195.19	268.85	328.02	368.24	338.06	308.32	296.77	281.7	263.43	269.51	268.18
天津市	156.30	258.41	289.41	378.44	395.57	382.07	390.50	414.35	476.44	509.26	521.44
河北省	1544.65	2600.83	4309.42	5291.68	5299.66	5373.38	5707.00	6061.46	6742.49	7018.67	7667.41
京津冀	1896.14	3128.09	4926.85	6038.36	6033.29	6063.77	6394.27	6757.51	7482.36	7797.44	8457.03

资料来源：国家统计局数据库。

从产业构成来看，河北省和京津冀农林牧渔业总产值与全国农林牧渔业总产值构成相似，农业占 50%左右，牧业占 30%左右，林业占 4%左右。其中，北京市农业总产值占比较低，为 48.4%；林业产值占比较高，为 32.3%。从农林牧渔业总产值的分项来看，京津冀地区排在前三位的是蔬菜园艺、谷物和猪的饲养（见表 4.9）。

表 4.9　2022 年京津冀及全国农林牧渔业分项产值　　单位：亿元

地区	农业	谷物及其他作物	谷物	薯类	油料	蔬菜园艺	其中蔬菜	食用菌	苹果	梨
全国	84438.6	29237.3	18778.9	1911.0	2552.4	32146.1	27994.6	2239.3	2371.7	748.9
北京市	129.8	16.5	12.1	1.2	0.7	75.4	67.1	5.2	2.3	2.4
天津市	276.8	94.2	89.6	1.2	0.3	140.7	122.6	5.9	1.6	3.9
河北省	4035.7	1336.5	1012.8	152.8	82.4	1739.8	1491.4	207.8	109.7	97.8
京津冀	4442.3	1447.2	1114.5	155.2	83.4	1955.9	1681.1	218.9	113.6	104.1
地区	牧业	牲畜饲养	牛	羊	奶产品	猪的饲养	家禽饲养	肉禽	禽蛋	其他畜牧业
全国	40652.4	12116.0	5861.3	4120.6	1806.8	16628.0	10639.1	6515.4	4123.7	1269.3
北京市	42.3	18.3	4.6	1.6	11.3	7.1	16.5	4.3	12.3	0.4
天津市	147.2	62.4	26.0	6.2	22.9	50.5	31.9	12.6	19.3	2.5
河北省	2391.7	915.9	381.7	319.2	204.5	891.6	539.1	159.7	379.4	45.1
京津冀	2581.2	996.6	412.3	327.0	238.7	949.2	587.5	176.6	411.0	48.0
地区	渔业	海水产品	其中养殖	鱼类	淡水产品	其中养殖	鱼类	林业	林木的培育和种植	竹木采运
全国	15468.0	7248.2	3513.2	2386.2	8219.8	7290.4	5314.2	6820.8	2277.3	1789.3

续表

地区	渔业	海水产品	其中养殖	鱼类	淡水产品	其中养殖	鱼类	林业	林木的培育和种植	竹木采运
北京市	3.9	0.7	—	0.7	3.1	3.1	2.6	86.5	85.6	1.0
天津市	70.5	12.9	3.4	7.7	57.6	24.2	36.3	8.9	5.7	3.2
河北省	342.3	274.9	194.1	58.6	67.4	41.6	51.3	266.6	160.2	11.1
京津冀	416.7	288.5	197.5	67.0	128.1	68.9	90.2	362.0	251.5	15.3

资料来源：《中国农村统计年鉴2023》。

（2）农业增加值情况

表4.10显示了2018年京津冀及全国农林牧渔业增加值和GDP情况，可以看出，北京市农林牧渔业总产值占地区GDP的比例最低，仅为0.37%；其次是天津市，为1.35%；河北省最高，为10.84%，且高于全国平均水平。京津冀区域的农林牧渔业总产值占比为4.84%，低于全国平均水平。

表4.10　2018年京津冀及全国农林牧渔业增加值和生产总值

区域	国家/地区GDP（亿元）	农林牧渔业增加值占GDP比例（%）	农林牧渔业增加值（亿元）	农业增加值（亿元）	林业增加值（亿元）	牧业增加值（亿元）	渔业增加值（亿元）
全国	919281.1	7.35	67540.0	39610.3	3543.7	14251.7	7331.8
北京市	33106.0	0.37	121.1	51.1	44.9	20.5	2.2
天津市	13362.9	1.35	180.6	96.8	7.4	35.8	35.4
河北省	32494.6	10.84	3521.7	2141.9	120.4	944.1	131.6
京津冀	78963.5	4.84	3823.4	2289.8	172.7	1000.4	169.2

资料来源：《中国农村统计年鉴2019》。

（3）农业产业结构情况

京津冀三地产业结构不断优化升级。2000年以来，京津冀地区三次产业之间的比例明显改善，产业结构正向合理化方向变动。第一产业在GDP中的比重呈现持续下降态势，从2000年的10.29%降至2022年的4.81%；第二产业比重波动下降，近年来稳定保持在30%左右；第三产业在京津冀国民经济中的比重不断上升，从2000年的47.96%增至2022年的66.35%。从第三产业占比分地区来看，北京市占比 80%以上，天津市占比超过 60%，河北省占比突破 50%，第三产业增速最快。在产业结构不断升级的过程中，新兴经济得到快速发展。北京市数字经济增加值从 2015 年的 8719.4 亿元增至 2023 年的 18766.7 亿元，占 GDP 的比重为 42.9%，提高 7.7 个百分点；三地高技术服务业营业收入持续增长，较 2019 年三地均增长 20%以上（见图 4.18）。

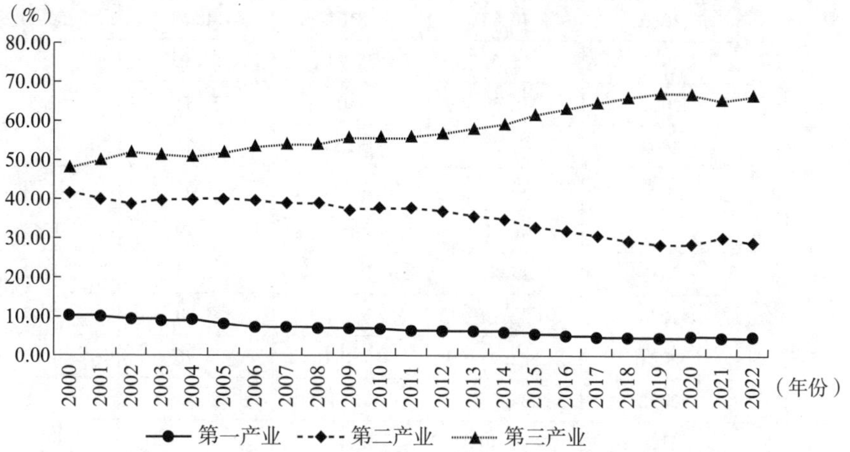

图 4.18 2000—2022 年京津冀地区三次产业结构变动情况

资料来源：国家统计局数据计算得出。

从第一产业内部结构来看，近年来京津冀地区的农业一直占据主导地位，所占比重一直在 50%左右；牧业所占比重由 2000 年的 39.87%降至 2022 年的 30.52%；渔业所占比重变动不大，大约在 4%；林业比重增长较为明显，从 2000 年的 1.70%增至 2022 年的 4.28%，提高了 2.58 个百分点（见表 4.11）。近年来，京津冀区域林业改革持续推进，开展了一系列林业重点工程建设，林业生态环境得到持续改善。北京市通过两轮百万亩造林绿化工程等方式，持续夯实绿色底蕴，森林覆盖率达 44.9%，城市绿化覆盖率达 49.8%。河北省多年来持续实施燕山太行山绿化等重点生态工程，确定各类自然保护地 278 处、总面积达 142.22 万公顷，为野生动物提供了良好的繁衍栖息地。天津市 2017 年以来实施规模空前的“871”重大生态建设工程，开展各项生态工程 73 项，蓝绿空间占比达 65.6%，逐步显现“水丰、绿茂、成林、成片”的生态场景。

表 4.11 近年来京津冀三地农林牧渔业产业结构 单位:%

地区	年份	北京市	天津市	河北省	京津冀
农业	2000	46.67	53.37	54.82	53.86
	2005	37.41	37.73	48.37	46.55
	2010	47.02	51.66	57.32	56.30
	2015	41.95	48.23	53.29	52.28
	2020	40.83	48.01	50.62	50.11
	2021	45.63	50.74	51.93	51.64
	2022	48.39	53.08	52.63	52.53
林业	2000	2.77	0.88	1.64	1.70
	2005	4.96	0.73	1.54	1.77
	2010	5.12	0.82	1.19	1.43
	2015	15.57	2.05	2.54	3.31
	2020	37.10	3.30	3.79	4.93
	2021	32.95	1.87	3.76	4.64
	2022	32.26	1.70	3.48	4.28
牧业	2000	46.40	33.11	39.73	39.87
	2005	50.49	39.75	43.23	43.57
	2010	42.55	28.26	33.50	33.80
	2015	36.89	28.72	34.82	34.57
	2020	17.16	30.53	34.26	33.42
	2021	17.17	27.98	31.91	31.14
	2022	15.77	28.24	31.19	30.52
渔业	2000	4.17	12.64	3.81	4.58
	2005	3.62	14.03	3.05	4.01
	2010	3.51	16.17	3.31	4.08
	2015	3.22	18.08	3.42	4.33
	2020	1.55	14.29	3.61	4.22
	2021	1.62	15.89	4.25	4.92
	2022	1.44	13.51	4.46	4.93

资料来源：国家统计局数据计算得出。

(4) 农产品生产情况

从表 4.12 中可以看出，2022 年，京津冀生产的主要农产品中，蔬菜产量占全国的比例较高，为 7.33%，其次是粮食，占 6.07%。其中，河北省的占比在90%以上，体现了河北作为粮食生产大省坚决扛稳保障国家粮食安全的政治责任。单产方面，京津冀三地蔬菜、粮食和油料3种产品的单产均高于全国平均水平，其中河北省蔬菜和油料的单产水平最高，天津市粮食单产水平最高，北京市瓜果单产水平低于全国平均水平，但天津市和河北省瓜果的单产水平高于全国。

表4.12　2022年京津冀主要农产品产量占全国的比例及单产

区域	粮食		棉花		油料		蔬菜		瓜果	
	比例（%）	单产（千克/公顷）	比例（%）	单产（千克/公顷）	比例（%）	单产（千克/公顷）	比例（%）	单产（千克/公顷）	比例（%）	单产（千克/公顷）
全国	100.00	5801.70	100.00	1993.19	100.00	2780.84	100.00	35658.82	100.00	39836.63
北京市	0.07	5910.86	0.00	1108.49	0.02	2795.14	0.25	38725.13	0.14	38591.15
天津市	0.37	6802.05	0.05	1294.37	0.01	3364.24	0.32	46204.71	0.32	50772.38
河北省	5.63	5998.14	2.32	1197.11	3.16	3450.38	6.76	64469.49	4.65	53130.08
京津冀	6.07	6041.06	2.38	1199.25	3.19	3444.05	7.33	61999.24	5.11	52450.36

资料来源：国家统计局数据计算得出。

从表4.13中可以看出，2022年京津冀禽蛋和牛奶产量占全国比例超过了10%，分别为12.37%和14.87%，说明牛奶和禽蛋是京津冀地区相对具有优势的畜产品。京津冀肉类产量占全国的比例为5.50%，水产品产量占全国的比例为2.37%。

表4.13　2022年京津冀地区主要畜产品、水产品产量及比例

区域	肉类		禽蛋		牛奶		水产品	
	产量（万吨）	比例（%）	产量（万吨）	比例（%）	产量（万吨）	比例（%）	产量（万吨）	比例（%）
全国	9328.44	100.00	3456.38	100.00	4197.00	100.00	6865.91	100.00
北京市	4.33	0.05	8.73	0.25	26.22	0.62	22.06	0.32
天津市	29.50	0.32	20.22	0.59	51.13	1.22	28.12	0.41
河北省	478.83	5.13	398.44	11.53	546.73	13.03	112.44	1.64
京津冀	512.66	5.50	427.39	12.37	624.08	14.87	162.62	2.37

资料来源：国家统计局计算得出。

从表4.14可以看出，2020年，京津冀地区肉牛出栏量352.1万头，占全国的7.71%；肉羊出栏量为2315.0万只，占全国的7.25%；生猪出栏量为3119.2万头，占全国的5.92%；家禽出栏量为76231.3万只，占全国的4.90%。

表4.14 2020年京津冀地区主要畜禽年内出栏量

区域	生猪		肉牛		肉羊		家禽	
	出栏（万头）	比例（%）	出栏（万头）	比例（%）	出栏（万只）	比例（%）	出栏（万只）	比例（%）
全国	52704.1	100.00	4565.5	100.00	31941.3	100.00	1557008.0	100.00
北京市	17.6	0.03	2.5	0.05	13.1	0.04	936.4	0.06
天津市	194.0	0.37	14.4	0.32	36.1	0.11	6564.5	0.42
河北省	2907.6	5.52	335.2	7.34	2265.8	7.09	68730.4	4.41
京津冀	3119.2	5.92	352.1	7.71	2315.0	7.25	76231.3	4.90

资料来源：国家统计局计算得出。

从人均产量来看，北京市的人均主要农产品产量虽然远低于全国平均水平，但在经过2015年之后的大幅下降后，逐渐呈现恢复提升态势，尤其是蔬菜，2022年北京人均蔬菜产量已达到90.95千克。河北省的人均主要农产品产量都高于全国平均水平，并且呈现逐年提高态势，表明河北省农业生产水平不断提升。天津市的人均牛奶产量高于全国平均水平（见表4.15）。

表4.15 2010—2022年京津冀地区人均主要农产品产量 单位：千克

人均主要农产品产量	年份	全国平均	北京市	天津市	河北省
粮食	2010	417.96	60.54	127.08	438.71
	2015	478.75	28.98	120.42	486.49
	2020	474.45	13.94	164.63	509.14
	2021	483.48	17.25	181.06	513.02
	2022	486.15	20.74	187.29	519.92
蔬菜	2010	428.08	158.27	272.21	605.17
	2015	484.42	94.91	184.54	678.27
	2020	530.88	62.98	192.26	697.23
	2021	549.07	75.65	173.17	708.72
	2022	566.48	90.95	187.46	727.31

续表

人均主要农产品产量	年份	全国平均	北京市	天津市	河北省
猪牛羊肉	2010	46.20	14.80	25.80	46.80
	2015	48.50	11.70	22.30	48.60
	2020	37.40	1.00	13.60	42.00
	2021	46.10	1.50	15.10	47.70
	2022	48.00	1.60	15.10	49.60
牛奶	2010	22.70	34.50	54.80	61.90
	2015	23.00	26.50	44.40	63.90
	2020	24.40	11.10	36.10	64.80
	2021	26.10	11.80	37.50	66.80
	2022	27.80	12.00	37.40	73.50

资料来源：国家统计局数据库。

（5）农业机械情况

京津冀协同发展战略实施以来，三地不断拓展合作领域，持续开展自动化、智能化系统和数字设备的研发应用，推动传统的农业生产方式转变为高产、高效、低耗的智慧农业模式，京津冀三地已逐渐形成结构较为完整的农机装备产业。2022 年，京津冀三地农业机械总动力分别为 121.14 万千瓦、370.77 万千瓦和 8249.08 万千瓦，三地总量占全国农业机械总动力的 11.87%；其中农用大中型拖拉机数量分别为 4348 台、10229 台和 336717 台，占全国大中型拖拉机总量的 6.69%（见表 4.16）。

表 4.16　2010—2022 年京津冀地区及全国农业机械拥有量

分类	年份	北京市	天津市	河北省	全国
农业机械总动力（万千瓦）	2010	276.00	587.79	10151.30	92780.48
	2015	186.05	546.92	11102.81	111728.10
	2020	120.22	365.08	7965.74	105622.20
	2021	121.25	372.48	8096.81	107764.30
	2022	121.14	370.77	8249.08	110597.20
农用大中型拖拉机数量（台）	2010	8300	13000	172600	3921723
	2015	7000	15000	274300	6072900
	2020	4130	13392	306385	4772737
	2021	4163	13398	319960	4980682
	2022	4348	10229	336717	5253595

续表

分类	年份	北京市	天津市	河北省	全国
小型拖拉机数量（台）	2010	13200	31200	1505000	17857921
	2015	1400	2800	1362600	17030400
	2020	2007	3378	1124406	17275995
	2021	1855	3441	1090334	16749904
	2022	1816	2081	1034046	16186963
大中型拖拉机配套农具（部）	2010	14100	19700	345300	6128598
	2015	10400	31900	497800	9620000
	2020	1171	20525	430549	4594418
	2021	1176	20673	442488	4796902
	2022	1398	18576	451640	5259970
联合收割机数量（台）	2010	2100	4000	79260	992062
	2015	1500	5800	137700	1739000
	2020	766	5412	173404	2195137
	2021	734	5774	178364	2237821
	2022	—	—	—	—
机动脱粒机数量（台）	2010	5100	19200	217800	10167963
	2015	3900	20300	198200	10618000
	2020	3696	17169	154204	10581871
	2021	3628	17172	152640	10572282
	2022	—	—	—	—

资料来源：国家统计局数据库。

（6）农民生活水平情况

从农村居民人均可支配收入来看，北京市、天津市和河北省农民的收入水平分别从2005年的7041元、5475元、3501元增至2022年的34754元、29018元、19364元。三地农村居民人均可支配收入增速均快于城镇居民，城乡收入差距不断缩小（见表4.17）。

表4.17　2005—2022年京津冀地区及全国城乡居民人均可支配收入情况 单位：元

区域	居民人均可支配收入	2005年	2010年	2015年	2016年	2017年	2018年	2019年	2020年	2021年	2022年
北京市	城镇	18775	32132	52859	57275	62406	67990	73849	75602	81518	84023
	农村	7041	12368	20569	22310	24240	26490	28928	30126	33303	34754
	城乡收入比	2.67	2.60	2.57	2.57	2.57	2.57	2.55	2.51	2.45	2.42

续表

区域	居民人均可支配收入	2005 年	2010 年	2015 年	2016 年	2017 年	2018 年	2019 年	2020 年	2021 年	2022 年
天津市	城镇	11839	21800	34101	37110	40278	42976	46119	47659	51486	53003
	农村	5475	9764	18482	20076	21754	23065	24804	25691	27955	29018
	城乡收入比	2. 16	2. 23	1. 85	1. 85	1. 85	1. 86	1. 86	1. 86	1. 84	1. 83
河北省	城镇	9020	16009	26152	28249	30548	32977	35738	37286	39791	41278
	农村	3501	6014	11051	11919	12881	14031	15373	16467	18179	19364
	城乡收入比	2. 58	2. 66	2. 37	2. 37	2. 37	2. 35	2. 32	2. 26	2. 19	2. 13
全国	城镇	10382	18779	31195	33616	36396	39251	42359	43834	47412	49283
	农村	3370	6272	11422	12363	13432	14617	16021	17131	18931	20133
	城乡收入比	3. 08	2. 99	2. 73	2. 72	2. 71	2. 69	2. 64	2. 56	2. 50	2. 45

资料来源：国家统计局数据库。

从图 4. 19 可以看出，近年来，京津冀三地及我国城乡收入比呈现下降趋势，其中北京市的城乡收入比从 2005 年的 2. 67 降至 2022 年的 2. 42，天津市的城乡收入比从 2005 年的 2. 16 降至 2022 年的 1. 83，河北省的城乡收入比从 2005 年的 2. 58 降至 2022 年的 2. 13，三地城乡收入差距均低于全国。

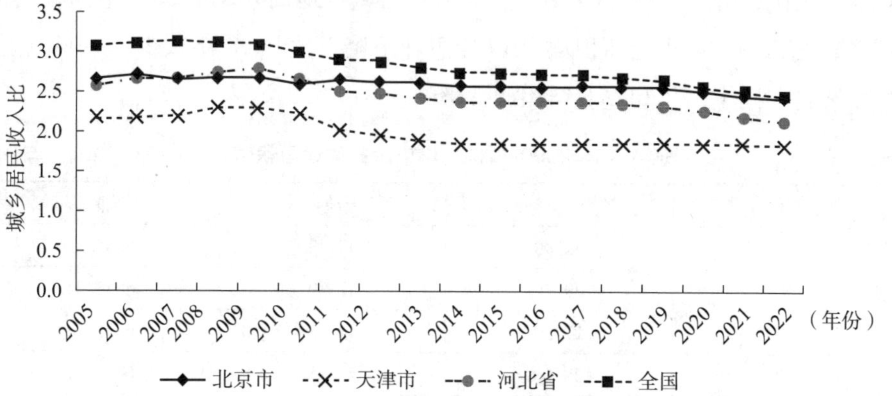

图 4. 19　2005—2022 年京津冀及全国城乡居民收入差距情况

4.4 京津冀农业绿色发展总体情况

4.4.1 农业资源利用情况

于法稳（2018）关于《新时代农业绿色发展动因、核心及对策研究》中提出“农业生产最基本的生态资源就是耕地资源和水资源，耕地面积和水资源量的多少对于农产量的数量十分重要，耕地土壤和灌溉水资源的质量也直接影响到农产品的质量”。由此可见，耕地资源和水资源的保护是农业绿色发展的核心问题。在“双碳”背景下，农业农村节能减排也成为全面推进乡村振兴，实现农业绿色发展的重要内容。

（1）京津冀耕地资源情况

①耕地面积及其变化趋势。京津冀地区位于东经113°04′~119°53′，北纬36°01′~42°37′，总面积约21.8万平方千米。2022年京津冀区域耕地面积为6.06万平方千米，占土地总面积的27.8%，体现以耕地为主的土地格局。其中河北省耕地面积最大，其次天津市，最后北京市。从2000—2022年耕地面积变化情况来分析（见表4.18），京津冀区域耕地面积均表现出不同程度的减少，尤其是北京耕地面积从2019年急速下降，比2018年减少了一半以上，这主要是受国土绿化和农业结构调整影响。

表4.18　2000—2022年京津冀耕地面积情况　单位：万公顷

年份	北京市	天津市	河北省
2000	32.90	42.43	6857.08
2001	29.20	42.39	6854.04
2002	27.50	42.28	6691.13
2003	26.00	41.85	6486.51
2004	23.60	41.53	6396.25
2005	23.30	41.45	6315.34
2006	23.33	41.12	6314.53
2007	23.30	40.60	6331.89
2008	23.20	40.44	6331.89

续表

年份	北京市	天津市	河北省
2009	23. 20	40. 26	6561. 35
2010	22. 40	39. 88	6551. 42
2011	22. 20	39. 65	6563. 78
2012	22. 10	39. 54	6558. 33
2013	22. 10	39. 25	6551. 20
2014	22. 00	38. 88	6537. 74
2015	21. 90	38. 96	6525. 47
2016	21. 60	39. 08	6530. 45
2017	21. 40	37. 14	6518. 86
2018	21. 30	35. 39	6516. 75
2019	9. 35	32. 96	6034. 20
2020	9. 36	32. 85	6011. 40
2021	12. 00	33. 03	5968. 70
2022	12. 50	33. 24	6011. 20

注：1 公顷：0.01 平方千米。

资料来源：国家统计局数据库。

②耕地质量及其区域分布。根据杨永侠等（2017）的研究，京津冀耕地在空间上呈现规律分布的态势，具有南北差异明显、南高北低、区域边缘低、中间高的特征，京津两地耕地少、质量好，河北省耕地数量多，但质量普遍不高。进一步测算京津冀耕地空间分布的分形特征，将京津冀耕地质量分为自然质量、利用质量、经济质量 3 种类型，每种类型化为高等地、中等地、低等地 3 个等级，结果表明，京津冀的耕地质量主要以中等地为主，尤其从利用质量和经济质量来看，中等地所占面积比例较大；高等地按照自然质量、利用质量和经济质量的顺序递减，而低等地却在递增。主要是由于地区经济发展不均衡，种植结构不合理，种植技术和生产生活方式不协调而导致的京津冀耕地利用质量和经济质量较自然质量下降（见图 4. 20）。

总而言之，京津冀人地矛盾突出，大部分地区耕地质量低于全国平均水平，从自然质量、利用质量和经济质量分类，都主要以中等地为主。北京市和天津市之间的耕地质量差别较小，河北省和京津地区之间的差别较大，京津冀均有部分地区存在严重的土地退化情况，人均耕地面积远低于全国平均

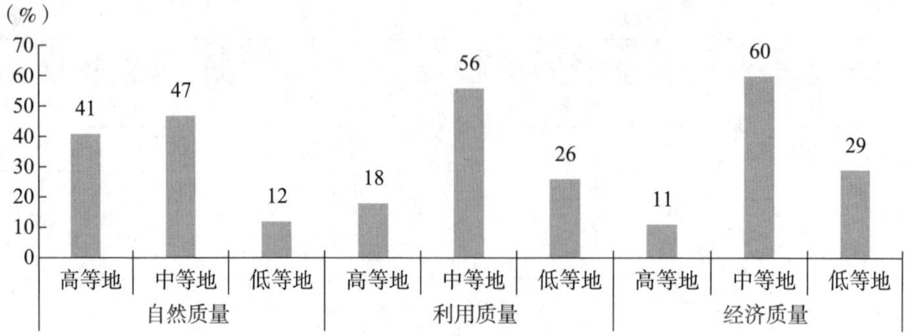

图 4.20 京津冀高中低等地所占比例

资料来源：《京津冀地区耕地质量空间分布分形机制研究》。

水平。耕地资源减少和耕地质量下降是京津冀耕地面积的典型特征，京津冀是我国最重要的政治、经济、文化与科技中心，京津冀迎来发展的重要变革期，如何理解京津冀地区耕地资源的功能定位，宏观调控耕地资源合理有效利用，是京津冀农业绿色发展的重要前提。

(2) 京津冀农业水资源情况

京津冀面临严峻的水资源短缺、水资源污染等问题，水资源短缺在一定程度上威胁着农产品质量安全，水资源污染将对农业健康和可持续发展产生不可估量的伤害。

①农业用水量及其变化情况。京津冀三地农业用水量整体呈现下降趋势，其中北京市最少，2022 年仅为 2.60 亿立方米，河北省作为农业大省农业用水量最多，2022 年为 100.40 亿立方米，天津市居于中间的位置（见表 4.19）。

表 4.19 2004—2022 年京津冀三地农业用水量 单位：亿立方米

年份	北京市	天津市	河北省
2004	12.97	11.98	147.07
2005	12.67	13.59	150.22
2006	12.05	13.43	152.57
2007	11.73	13.84	151.59
2008	11.35	12.99	143.23
2009	11.38	12.84	143.91
2010	10.83	10.97	143.77
2011	10.20	11.55	140.49

续表

年份	北京市	天津市	河北省
2012	9.31	11.70	142.94
2013	9.09	12.44	137.64
2014	8.18	11.66	139.17
2015	6.40	12.50	135.30
2016	6.00	12.00	128.00
2017	5.10	10.70	126.10
2018	4.20	10.00	121.10
2019	3.70	9.20	114.30
2020	3.20	10.30	107.70
2021	2.80	9.30	97.10
2022	2.60	10.00	100.40

资料来源：国家统计局数据库。

②京津冀地区农业节水灌溉工程概况。如表 4.20 所示，京津冀地区高效节水灌溉方式所占比例远高于全国水平，并且总体呈现明显增长趋势，农业节水灌溉工程以低压管灌技术为主，2020 年，北京市、天津市、河北省低压管灌技术占节水灌溉工程比例分别为 68.03%、72.11%、77.84%。喷滴灌技术在京津地区呈现逐年降低趋势，微灌技术在京冀地区所占比例呈现上涨趋势，在天津市变化趋势不大。在区域分布方面，北京市节水灌溉所占比例最大，近年来达到 90%以上，其次是河北省，在 89%左右，天津市节水灌溉工程比例最低，在 75%左右。

表 4.20　2010—2020 年京津冀地区及全国不同节水灌溉方式占节水灌溉面积比例

单位：%

年份	北京市			天津市			河北省			全国		
	喷滴灌	微灌	低压管灌	喷滴灌	微灌	低压管灌	喷滴灌	微灌	低压管灌	喷滴灌	微灌	低压管灌
2010	28.45	6.75	53.04	2.25	0.91	60.43	8.96	1.22	72.44	11.08	7.75	24.46
2011	27.68	7.24	53.36	2.18	1.13	61.53	8.58	1.28	74.65	10.90	8.96	24.44
2012	27.43	7.56	53.53	2.46	1.16	62.31	6.79	1.65	76.89	10.81	10.34	24.11
2013	18.76	5.75	63.75	2.03	1.41	67.23	4.70	2.24	80.82	11.03	14.23	27.39
2014	19.19	6.50	67.46	2.30	1.36	69.69	5.35	2.79	78.08	10.90	16.13	28.50

续表

年份	北京市			天津市			河北省			全国		
	喷滴灌	微灌	低压管灌	喷滴灌	微灌	低压管灌	喷滴灌	微灌	低压管灌	喷滴灌	微灌	低压管灌
2015	18.76	7.56	67.75	2.17	1.30	70.71	6.16	3.45	80.20	12.07	16.95	28.69
2016	16.21	9.13	69.38	1.98	1.27	69.10	6.79	3.82	79.17	12.48	17.82	28.77
2017	15.84	10.01	67.86	1.91	1.23	72.43	7.14	4.00	78.75	12.46	18.31	29.11
2018	15.08	10.54	70.32	1.83	1.20	72.53	7.02	4.04	77.27	12.21	19.17	29.24
2019	16.06	11.70	68.64	1.85	1.08	72.96	7.15	3.78	77.72	12.28	19.02	29.80
2020	16.21	12.27	68.03	1.76	1.15	72.11	7.58	3.57	77.84	12.21	19.06	30.09

资料来源：各年份《中国水利统计年鉴》。

（3）京津冀农业能源使用情况

新中国成立以来，农业实现了从传统到现代化的转变，基本特征是机械装备、化学投入品等现代生产要素的广泛应用，促进了粮食和其他主要农产品单产和总量的大幅增加。这种以西方国家的“石油农业”模式为典型代表，大规模机械化、化学投入和化石能源的深度应用极大提升了农业生产效率，但也造成了对非可再生资源的高度依赖及潜在的环境问题。“石油农业”需要大量的石油、煤、天然气等作为原料或动力，而煤炭和石油资源等均属于不可再生资源，过度使用终有一天会枯竭，而且在利用过程中会在空气中排放大量的有害气体，是雾霾、温室效应以及酸雨形成的重要因素。

农用柴油面临的最大挑战是环保要求和日益严格的成本压力，但现代农业的发展离不开农业机械，而农机的动力仍然以柴油为主，2022 年我国农业机械总动力为 11.06 亿千瓦，其中柴油发动机动力为 8.59 亿千瓦，占农业机械总动力的 77.67%。2022 年农用柴油使用量最多的地区为浙江省，为 171.4 万吨；其次为黑龙江省，农用柴油使用量为 139.6 万吨；河北省农用柴油使用量为 131.6 万吨，位列第三，占全国使用量的 7.44%。不改变传统农业生产活动中资源的使用结构，则无法实现农业结构的升级改革，更无法提升农业的生产质量以及效率，也与绿色可持续发展理念相违背。因此，河北省农业机械能源动力结构需要调整，基于绿色发展要求，必须将新能源产业经济融入农业生产活动，推动农业可持续发展。

近年来，京津冀全面推进经济社会绿色低碳转型，大力推进农业绿色发展。如表 4. 21 所示，北京市、天津市、河北省的农用柴油使用量从 2000 年的 7. 90 万吨、16. 61 万吨、184. 93 万吨，分别降至 2022 年的 1. 70 万吨、1. 90 万吨、131. 60 万吨，北京、天津两地有了较大幅度的下降，河北地区近些年也不断呈现下降趋势。

表 4. 21 2000—2022 年京津冀农业能源使用情况

年份	农用柴油使用量（万吨）			单位面积农用柴油使用量（千克/公顷）		
	北京市	天津市	河北省	北京市	天津市	河北省
2000	7. 90	16. 61	184. 93	172. 76	311. 55	204. 92
2001	9. 51	15. 41	213. 56	246. 12	283. 00	237. 53
2002	6. 55	16. 11	216. 04	191. 52	308. 18	241. 79
2003	7. 10	11. 25	255. 90	229. 90	224. 34	296. 23
2004	6. 94	15. 87	433. 77	222. 09	314. 69	498. 85
2005	6. 44	15. 32	458. 11	202. 52	306. 76	521. 44
2006	6. 32	15. 49	427. 93	197. 79	360. 41	491. 09
2007	4. 45	15. 65	487. 03	151. 92	364. 23	596. 99
2008	4. 46	16. 09	329. 92	139. 81	368. 25	391. 72
2009	4. 94	16. 82	301. 87	155. 95	382. 00	358. 68
2010	3. 91	17. 03	298. 47	124. 67	388. 12	361. 31
2011	3. 96	15. 93	279. 23	132. 61	360. 04	337. 30
2012	3. 88	15. 99	290. 91	139. 55	356. 14	347. 90
2013	3. 70	15. 33	294. 05	155. 93	347. 35	349. 39
2014	3. 36	15. 33	291. 02	172. 63	346. 04	344. 20
2015	2. 78	15. 50	293. 19	161. 50	357. 74	346. 65
2016	2. 53	14. 89	218. 65	173. 82	335. 62	258. 22
2017	2. 25	14. 03	224. 55	186. 04	319. 21	267. 91
2018	1. 93	2. 20	217. 56	185. 95	51. 25	265. 41
2019	1. 80	2. 10	200. 10	203. 27	51. 19	246. 04
2020	1. 70	2. 00	140. 50	173. 12	47. 71	173. 68
2021	1. 60	2. 00	134. 50	135. 82	45. 77	166. 11
2022	1. 70	1. 90	131. 60	118. 22	42. 84	162. 19

资料来源：国家统计局数据库。

从单位面积农用柴油使用量来看（见图 4. 21），京津冀三地都呈现下降趋势。其中，北京市每公顷播种面积农用柴油使用量从2000年的172.76千克降至2022年的118.22千克，天津市每公顷播种面积农用柴油使用量从2000年的311.55千克降至2022年的42.84千克，河北省每公顷播种面积农用柴油使用量从2000年的204.92千克降至2022年的162.19千克。整体来看，京津冀三地单位面积农用柴油使用量都普遍高于全国平均水平，天津市农用柴油使用量于2018年大幅下降后一直低于全国平均水平。

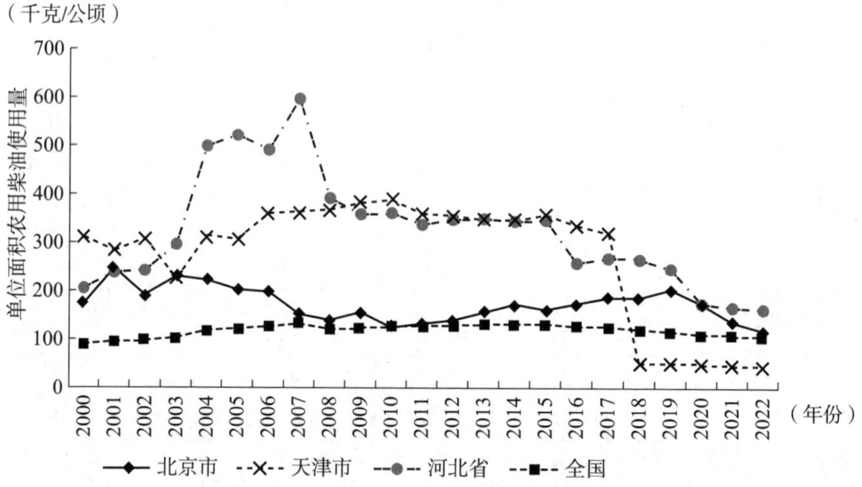

图4.21　2000—2022年京津冀三地及全国单位面积农用柴油用量

资料来源：国家统计局数据计算得出。

4.4.2　农业产地环境保护情况

面源污染是农业产地环境保护面临的最大问题。农业面源污染是指农村地区在农业生产和居民生活过程中产生的、未经合理处置的污染物对水体、土壤、空气及农产品造成的污染，具有位置、途径、数量不确定，随机性大，分布范围广，防治难度大等特点。其主要来源有两个方面：一是农村居民生活废物；二是农村农作物生产废物，包括农业生产过程中因不合理使用而流失的农药、化肥、残留在农田中的农用薄膜和处置不当的农业畜禽粪便、恶臭气体以及不科学的水产养殖等产生的水体污染物。基于使用途径角度将农业污染物主要分为3类：第一类是化肥的过量施用。农民为使土壤肥沃，大量施用化肥，而施用的化肥中，只有1/3被农作物吸收，1/3进入大气，剩余的1/3则留在土壤中。大量盲目施用化肥已成为一种掠夺性开发，不仅难以推动农作物增产，反而破坏了土壤的内在结构，造成土壤板结，地力下降。因此将农业总氮、总磷过量使用部分作为农业化肥过量投入。第二类是农业生产废弃物污染。包括农膜等不可循环农业生产资料。第三类是农业水污染。水污染中包括灌溉用水的过量使用、废水排放等，尤其在畜牧业规模养殖迅速崛起的同时，牲畜粪便造成的农业污染也呈现出加重的趋势。许多大中型畜禽养殖场缺乏处理能力，将粪便倒入河流或随意堆放。这些粪便进入水体或渗入浅层地下水后，大量消耗氧气，使水中的其他微生物无法存活，从而产生严重的"有机污染"。据调查，养殖一头牛产生的废水超过22个人生活产生的废水，而养殖一头猪产生的废水相当于7个人生活产生的废水。

（1）京津冀化肥施用情况

在农业生产中，导致土壤、空气和水环境污染的最主要原因之一是化肥的不规范施用，在硝化作用下，土壤中残留的氮、磷等元素会导致土壤逐渐酸化，破坏耕地土壤原本稳定的结构，大大降低了土壤活性，从而对农产品的品质产生重要影响。在农业灌溉作用下，氮、磷等元素通过地表流失到水环境之中，会导致地表水污染，使水环境存在安全隐患。氮肥对大气的污染还有氨的挥发，反硝化过程中生成氮氧化物的挥发，对大气的臭氧层有破坏作用，是造成地球温室效应的有害气体之一。从表4.22可以看出，北京市、天津市、河北省农用化肥施用折纯量分别从2000年的17.90万吨、16.64万吨、270.62万吨，变化至2015年的10.53万吨、21.78万吨、335.49万吨，再变化至2022年的6.61万吨、15.52万吨、271.64万吨。

纵向对比三地化肥施用变化情况，北京市化肥施用总量一直呈现不断下降趋势，天津市与河北省化肥施用总量则是呈现先上涨后下降的趋势（见表4.22）。从化肥施用结构来看，氮肥与磷肥的施用量整体呈现下降趋势，2000年北京市、天津市、河北省氮肥施用折纯量分别为10.40万吨、9.16万吨、147.96万吨，而2022年这一指标分别为2.04万吨、4.65万吨、92.42万吨；磷肥施用折纯量2000年分别为1.00万吨、2.04万吨、43.85万吨，而2022年磷肥施用折纯量分别为0.33万吨、1.61万吨、21.55万吨；钾肥施用折纯量北京市变化不大，维持在0.50万吨左右，天津市钾肥施用折纯量呈现缓慢上涨趋势，近年来维持在1.00万吨左右，河北省钾肥施用折纯量呈现先上涨后下降趋势；北京市复合肥施用折纯量呈现逐步下降的趋势，天津市复合肥施用折纯量从2000年的4.72万吨增至2022年的8.19万吨，增长近1倍，河北省复合肥施用折纯量增长较快，从2000年的62.00万吨增至2022年的138.40万吨。

表4.22 2000—2022年京津冀三地化肥施用情况

单位：万吨

年份	农用化肥施用折纯量			农用氮肥施用折纯量			农用磷肥施用折纯量			农用钾肥施用折纯量			农用复合肥施用折纯量		
	北京市	天津市	河北省	北京市	天津市	河北省	北京市	天津市	河北省	北京市	天津市	河北省	北京市	天津市	河北省
2000	17.90	16.64	270.62	10.40	9.16	147.96	1.00	2.04	43.85	0.40	0.72	16.81	6.10	4.72	62.00
2001	15.69	17.31	273.38	9.04	9.17	147.80	0.96	2.27	43.85	0.48	0.77	17.45	5.21	5.10	64.28
2002	14.88	17.59	278.80	8.31	9.35	147.71	1.16	2.27	44.71	0.55	0.94	19.89	4.86	5.03	66.49
2003	14.32	17.80	283.31	7.74	9.30	148.01	1.26	2.28	45.53	0.58	1.02	21.13	4.74	5.20	68.64
2004	14.46	22.85	289.88	7.88	11.52	149.15	1.23	3.62	46.56	0.61	1.50	22.21	4.74	6.21	71.96
2005	14.84	23.29	303.39	7.80	11.55	155.16	1.21	3.68	48.58	0.62	1.51	24.27	5.21	6.55	75.38
2006	14.84	24.56	304.89	7.80	12.13	155.06	1.21	3.92	48.60	0.62	1.75	24.29	5.21	6.77	76.94
2007	13.99	25.82	311.87	7.18	12.70	156.11	1.09	4.15	48.19	0.69	1.99	25.06	5.03	6.98	82.51
2008	13.63	25.88	312.40	6.97	12.06	153.47	1.02	3.86	47.92	0.68	2.26	25.47	4.96	7.70	85.54
2009	13.82	25.96	316.17	7.00	12.40	153.03	0.93	3.98	47.42	0.68	1.59	26.29	5.21	7.99	89.43
2010	13.67	25.54	322.86	6.87	11.83	153.07	0.88	3.87	47.31	0.72	1.64	26.84	5.20	7.72	95.64
2011	13.84	24.39	326.28	6.78	11.37	152.42	0.88	3.91	47.10	0.74	1.68	27.05	5.44	7.43	99.71
2012	13.67	24.45	329.33	6.49	11.12	151.68	0.78	3.99	46.58	0.70	1.67	27.24	5.70	7.67	103.83
2013	12.78	24.34	331.04	5.94	11.19	150.65	0.74	3.77	46.55	0.67	1.82	27.85	5.43	7.56	105.99
2014	11.64	23.27	335.61	5.37	10.60	150.66	0.67	3.50	46.94	0.60	1.72	28.04	5.00	7.45	109.97
2015	10.53	21.78	335.49	4.85	10.02	147.95	0.60	3.17	46.36	0.54	1.48	28.05	4.54	7.11	113.14
2016	9.65	21.78	331.79	4.39	8.99	144.95	0.54	2.90	45.17	0.51	1.55	27.73	4.22	8.34	113.93
2017	8.55	18.01	322.00	3.80	6.61	140.29	0.47	2.29	43.70	0.44	1.48	26.83	3.85	7.63	111.17
2018	7.29	16.95	312.40	3.02	5.63	114.47	0.40	2.00	23.94	0.39	1.34	23.97	3.49	7.98	150.02
2019	6.17	16.24	297.27	2.25	5.30	106.49	0.34	1.91	23.37	0.34	1.24	22.20	3.25	7.79	145.20
2020	6.06	15.29	285.71	2.17	4.92	100.61	0.32	1.88	22.28	0.35	1.18	20.99	3.22	7.30	141.83
2021	6.30	15.66	276.87	2.09	4.82	96.06	0.31	1.78	22.03	0.33	1.16	20.01	3.56	7.90	138.78
2022	6.61	15.52	271.64	2.04	4.65	92.42	0.33	1.61	21.55	0.33	1.08	19.27	3.91	8.19	138.40

资料来源：国家统计局数据库。

化肥施用强度是指每公顷土地上化肥的实际使用量，通常以化肥总量与施肥面积之比来表示。化肥施用强度直接影响化肥的利用率和农业生产效益，化肥施用强度高，可以提高农作物的养分供应量，从而促进农作物的生长和发育，增加产量。但是，如果施用强度过高，就会造成化肥的过量施用，超出作物吸收的能力，导致营养浪费、土壤污染等问题。根据国际社会公认的化肥施用安全上限 225 千克/公顷来定义，京津冀近 20 多年来的化肥施用强度明显超过安全施用上限。

如图 4.22 所示，2000 年以来，京津冀三地的化肥施用强度均超过全国平均水平。其中，河北省的化肥施用强度最低，与全国均值接近；北京市和天津市的化肥施用强度明显高于全国均值，并且整体呈现先上升后下降的趋势。北京市的化肥施用强度从 2000 年的 391.45 千克/公顷提高到 2017 年的 706.96 千克/公顷之后逐渐下降，2022 年为 459.63 千克/公顷；天津市的化肥施用强度从 2000 年的 312.11 千克/公顷提高到 2013 年的 551.5 千克/公顷之后逐渐下降，2022 年仅为 349.94 千克/公顷。

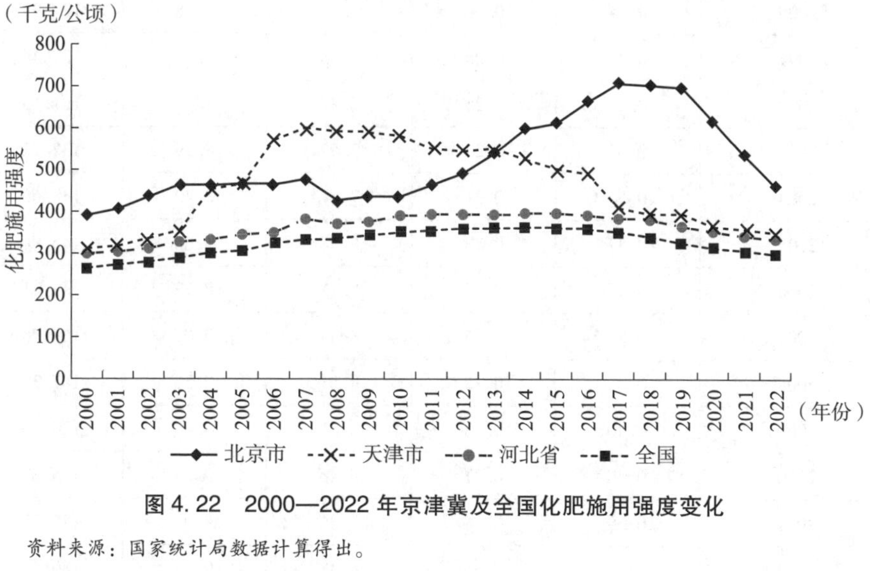

图 4.22　2000—2022 年京津冀及全国化肥施用强度变化

资料来源：国家统计局数据计算得出。

综上所述，虽然京津冀三地的化肥施用总量呈现下降趋势，但总播种面积也有所下降，单位面积化肥施用量即化肥施用强度仍然偏高，尤其是 2014 年以来，北京市的化肥施用强度远高于天津市和河北省，这可能与北京市蔬菜播种面积比重较高，而蔬菜施肥量较高有关。据国家统计局数据，北京市蔬菜播种面积比由 2000 年的 23.6%升至 2022 年的 35.7%，提升了 12.1 个百分点，呈现明显快速上升趋势。

（2）京津冀农药使用情况

从表 4.23 可以看出，与化肥类似，2000 年以来，京津冀和全国农药使用总量整体呈现先上升后下降趋势，这可能是由于 2015 年，原农业部为大力推进化肥减量提效、农药减量控害，积极探索产出高效、产品安全、资源节约、环境友好的现代农业发展之路，制定了《到 2020 年化肥使用量零增长行动方案》和《到 2020 年农药使用量零增长行动方案》，有效控制了化肥和农药的使用量。其中，北京市农药使用量整体呈现下降趋势，从 2000 年的 0.54 万吨降至 2022 年的 0.20 万吨；天津市农药使用量则呈现波动下降态势；河北省农药使用量从 2000 年的 7.28 万吨增至 2013 年的 8.67 万吨后逐渐降至 2022 年的 5.10 万吨。

表 4.23　2000—2022 年京津冀区域及全国农药使用情况　　单位：万吨

年份	北京市	天津市	河北省	京津冀	全国
2000	0.54	0.36	7.28	8.18	127.95
2001	0.45	0.28	7.38	8.11	127.48
2002	0.47	0.25	7.47	8.19	131.13
2003	0.52	0.25	7.52	8.29	132.52
2004	0.54	0.31	7.57	8.42	138.60
2005	0.47	0.33	8.08	8.88	145.99
2006	0.47	0.34	8.12	8.93	153.71
2007	0.37	0.35	8.35	9.07	162.28
2008	0.39	0.38	8.51	9.28	167.23
2009	0.40	0.38	8.65	9.43	170.90
2010	0.40	0.37	8.46	9.23	175.82
2011	0.39	0.38	8.30	9.07	178.70
2012	0.39	0.38	8.48	9.25	180.61
2013	0.39	0.36	8.67	9.42	180.77
2014	0.36	0.36	8.63	9.35	180.33
2015	0.32	0.35	8.33	9.00	178.30

续表

年份	北京市	天津市	河北省	京津冀	全国
2016	0. 30	0. 33	8. 17	8. 80	174. 05
2017	0. 27	0. 24	7. 76	8. 27	165. 51
2018	0. 26	0. 22	6. 15	6. 63	150. 36
2019	0. 23	0. 22	5. 73	6. 18	139. 17
2020	0. 21	0. 20	5. 43	5. 84	131. 33
2021	0. 23	0. 17	5. 27	5. 67	123. 92
2022	0. 20	0. 20	5. 10	5. 50	119. 00

资料来源：国家统计局数据库。

在单位面积农药使用量方面（见图 4. 23），北京市单位面积农药使用强度最高，始终高于全国平均水平；天津市单位面积农药使用强度最低，一直低于全国平均水平；河北省与全国平均水平变动趋势较为一致，略低于全国水平，都呈现先上升后下降趋势。具体分区域来看，2000 年北京市每公顷播种面积农药使用量为 11. 81 千克，之后波动上升，2019 年达到最高 25. 97 千克/公顷后逐年下降，2022 年农药使用强度为 13. 91 千克/公顷，但仍远高于全国 7 千克/公顷的平均水平。2000 年天津市每公顷播种面积农药使用量为 6. 75 千克，2011 年达到最高 8. 59 千克后逐年下降，2022 年农药使用强度仅为 4. 51 千克/公顷。河北省农药使用强度从 2000 年的 8. 07 千克/公顷升至

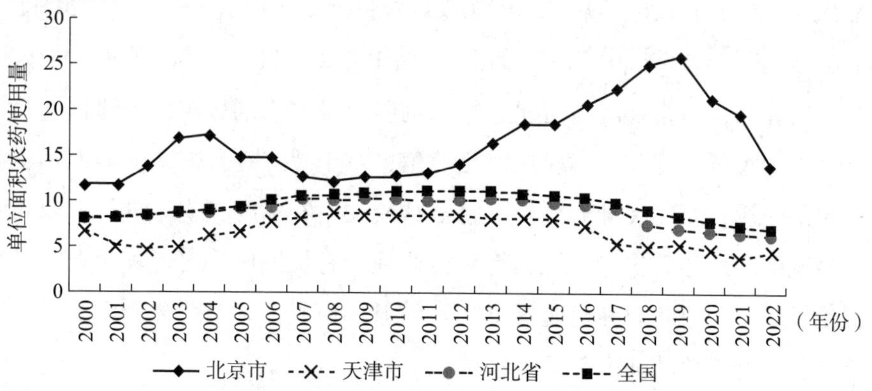

图 4. 23　2000—2022 年京津冀及全国单位面积农药使用量

资料来源：国家统计局数据计算得出。

2012 年的 11.14 千克/公顷后，降至 2022 年的 7 千克/公顷。近年来，天津市结合当地实际，制定、细化农药使用量零增长行动实施方案，大力推广农作物病虫害统防统治、绿色防控、科学用药，提高病虫害防治效果，降低化学农药使用量，保障农业生产安全、农产品质量安全和生态环境安全，取得了良好的效果。

（3）京津冀畜禽养殖情况

畜禽粪便中的化学需氧量（COD）、总氮（TN）和总磷（TP）是农业面源污染主要来源，而牲畜肠道发酵和畜禽粪便产生的碳排放是造成温室气体的主要因素，2006 年 FAO 发布报告 *Livestock's Long Shadow* 指出，若将畜牧业饲料生产及养殖场扩张所导致的土地利用变化纳入考虑范围，按二氧化碳当量计算，全球畜牧业所排放的温室气体约占人类活动温室气体排放总量的 18%，可以说牲畜养殖是农业环境污染的主要影响因素之一。依据不同牲畜碳排放系数，猪和羊的碳排放相对较低，而牛和大牲畜的碳排放处于较高水平。如表 4.24 所示，2000 年以来，京津冀牲畜饲养数量整体呈现不断降低的趋势，2001 年京津冀三地大牲畜年底数量分别为 23.59 万头、31.59 万头、955.4 万头，2022 年则分别为 8.58 万头、30.33 万头、395.05 万头；2001 年京津冀三地牛年底数量分别为 18.85 万头、21.45 万头、697.89 万头，2022 年为 8.25 万头、29.06 万头、370.42 万头；2001 年京津冀三地猪年底数量分别为 250.10 万头、164.80 万头、2415.80 万头，2022 年为 59.05 万头、171.18 万头、1810.06 万头；2001 年京津冀三地羊年底数量分别为 120.11 万只、65.17 万只、2090.01 万只，2022 年为 18.02 万只、49.98 万只、1316.04 万只。具体而言，北京市和河北省牲畜饲养数量减少的较多，天津市变动的较少。减少牲畜的饲养，实现规模化养殖，对于缓解牲畜带来的面源污染具有一定的作用，而发展种养循环，将畜禽粪便、农林废弃物等进行回收再利用，经发酵等处理后作为肥源，为种植业提供有机液肥，实现种植业为养殖业提供饲料，养殖业为种植业提供肥料的循环模式，是对畜禽粪污处理的有效方式，提升能源的利用效率。

表 4.24 2001—2022 年京津冀地区牲畜饲养情况

年份	大牲畜年底数量（万头）			牛年底数量（万头）			猪年底数量（万头）			羊年底数量（万只）		
	北京市	天津市	河北省	北京市	天津市	河北省	北京市	天津市	河北省	北京市	天津市	河北省
2001	23.59	31.59	955.40	18.85	21.45	697.89	250.10	164.80	2415.80	120.11	65.17	2090.01
2002	27.60	35.37	944.06	23.40	27.00	701.61	248.20	182.90	2592.50	145.10	82.10	2185.01
2003	30.99	44.13	929.44	27.43	37.29	703.16	277.80	269.90	2614.30	175.24	93.73	2101.12
2004	32.97	48.77	944.28	29.80	42.91	737.09	248.50	245.09	2763.41	182.98	106.49	2209.71
2005	31.74	48.72	988.90	29.25	43.42	795.48	243.24	252.42	2945.91	158.47	93.61	2361.70
2006	26.55	49.39	1019.05	24.40	44.40	826.88	218.78	255.45	3064.39	126.03	84.69	2481.97
2007	21.40	26.73	613.00	19.47	24.88	458.93	144.59	145.63	1812.78	70.67	34.80	1552.63
2008	24.90	28.72	610.49	23.12	27.16	474.99	168.18	147.95	1907.05	78.88	35.29	1583.68
2009	24.45	27.23	569.75	23.02	26.01	449.01	179.82	180.26	2015.17	73.2	37.28	1617.00
2010	23.38	28.22	536.66	22.06	27.40	429.11	186.57	180.96	1968.04	67.36	38.07	1565.10
2011	21.92	29.58	503.87	20.69	28.80	404.20	183.21	186.93	1846.03	60.63	37.40	1408.60
2012	22.28	30.00	495.72	21.09	29.36	400.31	179.34	191.26	1885.20	57.77	36.06	1457.20
2013	22.28	29.65	498.16	21.36	29.14	403.11	187.39	193.75	1847.5	58.07	41.39	1413.49
2014	21.09	28.76	482.53	20.35	28.32	390.66	189.23	200.99	1932.85	59.47	45.43	1455.14
2015	20.32	30.38	488.23	19.68	29.96	402.42	179.60	199.78	1915.45	68.35	46.76	1526.40
2016	18.08	29.98	493.20	17.48	29.28	412.48	165.61	196.94	1865.65	69.35	47.96	1450.09
2017	16.71	30.67	467.70	16.16	29.89	395.98	165.31	190.64	1819.01	59.62	47.46	1386.29
2018	13.29	26.70	387.87	12.83	25.85	359.50	112.18	179.95	1957.80	35.18	43.48	1228.10
2019	10.93	25.08	371.61	10.57	24.57	342.03	45.43	196.91	1820.75	24.24	41.93	1179.56
2020	8.46	26.74	376.97	8.11	25.68	350.11	13.19	124.26	1418.37	16.87	39.23	1194.90
2021	8.58	29.21	385.31	8.24	28.16	358.59	32.18	162.33	1748.85	16.38	45.22	1270.31
2022	8.58	30.33	395.05	8.25	29.06	370.42	59.05	171.18	1810.06	18.02	49.98	1316.04

注：大牲畜指大家畜，体型较大，须饲养 2~3 年以上才发育成熟的牲畜，如马、驴、骡、骆驼。
资料来源：国家统计局数据库。

畜禽粪便排污系数按照国家标准计算（见表 4.25），一头牛一年粪便排泄量约为 7300.0 千克，即 7.3 吨，其中一吨牛粪便含有 COD 31.0 千克、BOD 24.53 千克、NH_3-N 1.70 千克、总磷 1.18 千克、总氮 4.37 千克。2022

年北京市因为牛养殖产生了 59.8 万吨粪便，同时产生 COD、BOD、NH_3-N、总磷、总氮污染物分别为 1.85 万吨、1.47 万吨、0.102 万吨、0.071 万吨、0.26 万吨；2022 年天津市因为牛养殖产生了 219.44 万吨粪便，同时产生 COD、BOD、NH_3-N、总磷、总氮污染物分别为 6.8 万吨、5.38 万吨、0.37 万吨、0.26 万吨、0.96 万吨；2022 年河北省因为牛养殖产生了 2901.46 万吨粪便，同时产生 COD、BOD、NH_3-N、总磷、总氮污染物分别为 89.95 万吨、71.17 万吨、4.93 万吨、3.42 万吨、12.68 万吨。

表 4.25　2022 年畜禽排泄物面源污染含量

	粪便排泄量（千克/年）	粪便中的污染物含量（千克/吨）				
		COD	BOD	NH_3-N	总磷	总氮
牛粪	7300.0	31.0	24.53	1.70	1.18	4.37
猪粪	398.0	52.0	57.03	3.10	3.41	5.88
鸡粪	25.2	45.0	47.90	4.78	5.37	9.84
鸭粪	27.3	46.3	30.00	0.80	6.20	11.00

注：排泄量单位为千克/年/头（只）；粪便中的污染物平均含量单位为千克/吨。

资料来源：第一次全国污染源普查畜禽养殖业产排污系数及排污系数手册。

对于猪养殖来说，2022 年北京市、天津市、河北省养殖规模分别为 36.78 万头、158.78 万头、1927.71 万头，产生的粪便分别为 14.64 万吨、63.19 万吨、767.23 万吨；北京地区产生的 COD、BOD、NH_3-N、总磷、总氮污染物分别为 0.76 万吨、0.83 万吨、0.045 万吨、0.05 万吨、0.086 万吨；天津地区产生的 COD、BOD、NH_3-N、总磷、总氮污染物分别为 3.29 万吨、3.6 万吨、0.2 万吨、0.22 万吨、0.37 万吨；河北地区产生的 COD、BOD、NH_3-N、总磷、总氮污染物分别为 39.89 万吨、43.76 万吨、2.38 万吨、2.62 万吨、4.51 万吨。从整体养殖排污量对比发现，京津冀三地牛养殖排放的污染物含量高于猪养殖排放的污染物，养牛造成的环境压力更大，对农业面源造成的污染更严重。

（4）京津冀农膜使用情况

除了化肥农药、牲畜养殖产生的面源污染外，固体废物污染也是农业生产过程中的环境污染源之一。农膜是现代农业生产技术手段之一，能有效增加积温量，克服了低温干旱、生育期短等不良自然条件，使晚熟高产优质农作物品种获得丰收，产量成倍增加；同时农膜覆盖技术的推广，也有力地促进了化工、轻工、农机制造、农资供销、交通运输等相关产业的发展。农膜包括地膜和棚膜，可以使人们在寒冷的季节也能吃到新鲜的蔬菜，改善和提高了人们的生活水平。但同时，农膜残留一是会改变或切断土壤孔隙连续性，致使土壤含水量下降，削弱耕地抗旱能力，甚至会导致水难下渗，引起土壤次生盐碱化；二是会影响土壤透气性，阻碍土壤水肥转运，影响土壤微生物活动和正常土壤结构形成，最终降低土壤肥力水平，影响作物生长发育；三是部分清理出的残膜弃于田边、地头，污染农村环境等。

表 4. 26 显示，京津冀三地农膜使用总量整体呈现先波动上升后下降的趋势。2000 年，北京、天津、河北三地农膜使用总量分别为 0. 98 万吨、0. 87 万吨、6. 25 万吨；2010 年，北京、天津、河北三地农膜使用总量分别为 1. 35 万吨、1. 20 万吨、11. 86 万吨；2022 年，北京、天津、河北三地农膜使用总量分别为 0. 70 万吨、0. 70 万吨、10. 10 万吨。

表 4. 26　2000—2022 年京津冀及全国农膜使用情况

年份	农膜使用量（万吨）				单位面积农膜使用量（千克/公顷）			
	北京市	天津市	河北省	全国	北京市	天津市	河北省	全国
2000	0. 98	0. 87	6. 25	133. 54	21. 49	16. 35	6. 93	8. 54
2001	1. 02	1. 42	6. 96	144. 93	26. 47	26. 02	7. 75	9. 31
2002	1. 25	1. 16	7. 52	153. 08	36. 42	22. 22	8. 41	9. 90
2003	1. 44	1. 29	8. 91	159. 17	46. 69	25. 77	10. 31	10. 44
2004	0. 99	1. 30	10. 46	168. 00	31. 64	25. 78	12. 03	10. 94
2005	1. 09	1. 34	11. 17	176. 23	34. 33	26. 87	12. 71	11. 33
2006	1. 09	1. 24	11. 13	184. 55	34. 17	28. 92	12. 78	12. 13
2007	1. 46	1. 14	11. 37	193. 75	49. 90	26. 62	13. 94	12. 66
2008	1. 42	1. 13	11. 65	200. 69	44. 51	25. 82	13. 83	12. 90
2009	1. 31	1. 26	11. 89	207. 97	41. 21	28. 71	14. 13	13. 23
2010	1. 35	1. 20	11. 86	217. 30	43. 17	27. 37	14. 36	13. 70
2011	1. 33	1. 26	12. 38	229. 45	44. 43	28. 41	14. 95	14. 31
2012	1. 25	1. 24	12. 69	238. 30	45. 14	27. 62	15. 18	14. 70
2013	1. 24	1. 29	13. 60	249. 32	52. 07	29. 23	16. 16	15. 23
2014	1. 09	1. 23	13. 79	258. 02	56. 02	27. 71	16. 31	15. 62

续表

年份	农膜使用量（万吨）				单位面积农膜使用量（千克/公顷）			
	北京市	天津市	河北省	全国	北京市	天津市	河北省	全国
2015	1.04	1.06	13.80	260.36	60.42	24.35	16.31	15.61
2016	0.99	1.16	13.84	260.26	67.79	26.25	16.35	15.59
2017	0.90	1.09	12.81	252.84	74.19	24.81	15.28	15.20
2018	0.82	0.91	10.98	246.68	79.42	21.13	13.40	14.87
2019	0.77	0.81	10.32	240.77	86.94	19.73	12.69	14.51
2020	0.76	0.75	10.37	238.86	77.02	17.94	12.82	14.26
2021	0.72	0.71	10.20	235.79	60.88	16.34	12.60	13.98
2022	0.70	0.70	10.10	237.50	48.68	15.78	12.45	13.97

资料来源：各年份《中国农村统计年鉴》。

从图4.24可以看出，京津冀三地中，北京市和天津市单位面积使用农膜量最多，其中北京市农膜使用强度最高，从2000年的21.49千克/公顷升至2019年的86.94千克/公顷后逐年下降，但2022年农膜使用强度仍为48.68千克/公顷，远高于全国平均水平（13.97千克/公顷）。天津单位面积使用农膜量变化不大，2018年之前约为20~30千克/公顷，2019年之后逐渐降低，2022年为15.78千克/公顷。河北省虽然农膜使用总量较多，但是农膜使用强度较低，略低于全国平均水平，在京津冀三地中单位面积农膜使用量最少。

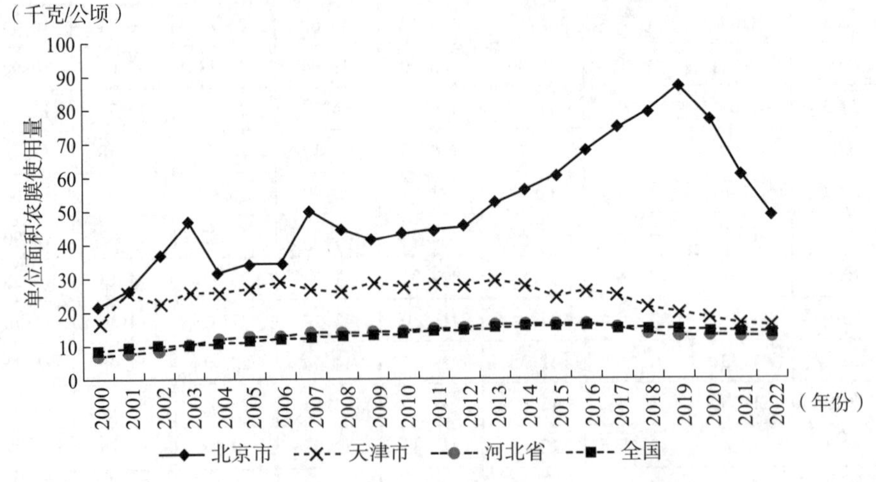

图4.24　2000—2022年京津冀地区及全国农膜使用强度

（5）京津冀农业废水排放情况

农业废水是指农作物栽培、牲畜饲养、农产品加工等过程中排出的、影响人体健康和环境质量的污水或液态物质。其来源主要包括农药、化肥、集约化养殖场和农村生活污水垃圾污染以及土地利用不当等，其主要污染物包括氨氮、化学需氧量、总氮和总磷等。农田径流喷洒农药及施用化肥，一般仅有少量附着或施用于农作物上，其余绝大部分残留在土壤和飘浮在大气中，然后通过降雨、径流进入地表水，造成污染。农业废水面源污染已经成为我国主要的水体和土壤污染源，不仅造成农业生态系统退化，危害农业安全，而且损害居民健康。近年来，京津冀在加强农业面源污染等方面取得了一定成效，但因资源开发强度大、生产经营方式不合理等问题导致农业面源污染仍然是京津冀区域重要的水污染源之一，对京津冀高质量发展造成不利影响。

如表 4.27 所示，以农业废水中的主要污染物化学需氧量和氨氮为例，京津冀排放量波动较大，2015 年农业废水排污量较大，2016—2019 年明显下降，2020—2021 年呈现上升态势，与全国变动趋势较为一致。2015 年，京津冀化学需氧量排放达到 100.40 万吨，占全国排放总量的 9.4%；2019 年，虽然京津冀化学需氧量排放仅为 1.88 万吨，但占全国排放总量的比例仍为 10.10%。2015 年，京津冀氨氮排放总量为 48309 万吨，占全国排放总量的 6.65%，2019 年降至 264 吨，占全国的 7.17%，2021 年京津冀氨氮排放总量达到 15673 万吨，占全国排放总量的 5.83%。

表 4.27　2015—2021 年京津冀及全国农业废水中污染物排放量

年份	化学需氧量排放总量（万吨）					氨氮排放总量（吨）				
	北京市	天津市	河北省	京津冀	全国	北京市	天津市	河北省	京津冀	全国
2015	7.22	10.25	82.93	100.40	1068.58	4111	5104	39094	48309	726051
2016	1.99	1.47	6.50	9.96	57.11	225	89	878	1192	12535
2017	0.88	1.18	2.96	5.02	31.77	76	147	439	662	6576
2018	0.36	1.09	1.90	3.35	24.54	48	89	231	368	4810
2019	0.28	0.98	0.62	1.88	18.61	31	85	148	264	3683
2020	1.14	11.99	88.79	101.91	1593.23	162	1163	14386	15711	253780
2021	1.30	11.88	114.71	127.88	1675.98	201	1162	14310	15673	268825

资料来源：各年份《中国环境统计年鉴》。

4.4.3 农业碳排放情况

农业碳排放参考《IPCC 国家温室气体清单指南》与《省级温室气体清单编制指南（试行）》（2011 年）所提供的碳排放系数并采用农业各类能源消耗与对应排放因子的乘积来进行测量。具体公式如下：

$$ACE = \sum Ei \times \delta$$

其中，ACE 为农业部门生产活动产生的碳排放，Ei 为农业生产中第 i 类能源的消耗量，δ 为某类能源的碳排放系数。

再将农业碳排放分解成为农业能源碳排放与农业非能源碳排放，农业非能源碳排放来源包括水稻种植、土壤管理、肠道发酵和畜禽粪便，农业非能源碳排放量等于项目组成部分使用数量与排放系数的乘积；农业能源碳排放包括化石能源燃烧和生物质燃烧。故中国省际农业碳排放总量，测算公式：

农业碳排放=农业能源碳排放+农业非能源碳排放

关于碳排放系数的确定：①农业能源碳排放，可以包括原煤、柴油、焦炭、燃油和汽油等农业能源，排放系数参考《省级温室气体清单编制指南（试行）》（2011 年）计算得到。②农业非能源碳排放：其一，水稻种植产生的甲烷的排放系数，采用闵继胜等（2012）的计算结果，其包含的假设是，研究期间各省份土地禀赋和种植技术保持不变。其二，土壤管理中化肥、农药和农膜的碳排放系数分别为 0. 8956、4. 9341 和 5. 18。其三，由于《中国畜牧业年鉴》在 2007 年以后改变了牛的统计口径，仅公布牛、肉牛和奶牛的年末存栏量，故将牛的类别划分为奶牛和非奶牛。参考《省级温室气体清单编制指南（试行）》（2011 年），确定牲畜肠道发酵和畜禽粪便产生碳排放的排放系数，具体如表 4. 28 所示（陈宇峰，2021）。

表 4. 28　肠道发酵碳源和畜禽粪便与排放系数

碳源	排放系数	单位	排放气体
奶牛	88. 1/89. 3/99. 3	千克/头/年	CH_4
非奶牛	52. 9/67. 9/85. 3	千克/头/年	CH_4
猪	1	千克/头/年	CH_4

续表

碳源	排放系数	单位	排放气体
山羊	8.9/9.4/6.7	千克/头/年	CH_4
绵羊	8.2/8.7/7.5	千克/头/年	CH_4

注：奶牛、非奶牛、山羊和绵羊的排放系数“88.1/89.3/99.3”，分别对应规模化饲养、农户散养和放牧饲养模式下动物肠道发酵产生甲烷的排放系数。

采用农业各环节生产与对应排放因子的乘积的方法来进行估算，结果如表4.29所示。

表4.29 2000—2022年京津冀农业碳排放情况

年份	农业碳排放（万吨）			单位面积农业碳排放（千克/公顷）		
	北京市	天津市	河北省	北京市	天津市	河北省
2000	26.86	24.14	392.19	587.49	452.72	434.59
2001	25.10	27.52	399.74	649.61	505.38	444.61
2002	26.21	27.33	407.36	766.27	522.77	455.91
2003	27.20	28.66	421.98	880.87	571.49	488.48
2004	24.76	33.49	442.33	792.38	664.16	508.70
2005	24.58	34.23	464.42	772.87	685.43	528.62
2006	23.60	32.76	426.28	738.64	762.28	489.19
2007	24.68	33.60	436.28	842.42	781.98	534.78
2008	24.18	33.69	437.12	758.08	771.15	519.01
2009	23.68	34.58	440.23	747.65	785.36	523.08
2010	23.66	33.98	441.44	754.42	774.50	534.38
2011	23.59	33.28	446.53	790.01	752.23	539.40
2012	23.06	33.31	451.64	829.54	742.01	540.12
2013	22.11	33.38	458.26	931.66	756.26	544.51
2014	20.25	32.26	464.55	1040.19	728.21	549.44
2015	18.56	29.92	463.01	1078.12	690.52	547.44
2016	17.23	30.12	457.09	1184.02	679.01	539.82
2017	15.11	25.97	436.32	1249.30	590.98	520.57
2018	13.23	23.99	408.38	1274.51	558.97	498.20

续表

年份	农业碳排放（万吨）			单位面积农业碳排放（千克/公顷）		
	北京市	天津市	河北省	北京市	天津市	河北省
2019	11.46	22.90	381.63	1294.08	558.17	469.25
2020	12.14	22.91	458.62	1236.90	546.51	566.93
2021	12.24	23.06	446.73	1038.70	527.79	551.71
2022	12.21	22.80	439.88	848.96	513.98	542.12

资料来源：笔者计算得出。

从整体发展趋势角度分析，京津冀地区碳排放水平近些年呈现下降趋势，农业碳排放总量峰值已过。2000 年北京市、天津市、河北省农业碳排放总量分别为 26.86 万吨、24.14 万吨、392.19 万吨。其中，北京市在 2007 年达到农业碳排放峰值，比 2012 年全市碳排放峰值年提前了 5 年，之后农业碳排放总量就呈现不断下降趋势，北京市农业整体碳排放量的下降与北京地区压缩农业生产比重、调整农业生产结构相关；河北地区在 2005 年、2014 年前后分别出现了排放的峰值；天津地区 2009 年前后农业碳排放总量开始呈现下降趋势。到 2019 年，京津冀地区农业碳排放总量分别为 11.46 万吨、22.90 万吨、381.63 万吨，整体呈现下降趋势，京津冀地区在农业减肥、减药、节能、规模化养殖等方面取得了一定的成效，调整农业生产结构、采取更为绿色的农业生产方式，对农业碳排放水平具有重要的影响。

从单位面积农业碳排放水平分析，京津冀农业单位面积碳排放量呈现不同的变化趋势。从表 4.29 可以看出，河北省单位面积农业碳排放水平整体较为平稳，每公顷农业碳排放量在 400~600 千克之间波动，且 2020 年之前一直是京津冀区域单位面积农业碳排放最少的地区。天津市单位面积农业碳排放从 2000 年的 452.72 千克/公顷增至 2009 年的 785.36 千克/公顷后逐年下降，2021 年单位面积农业碳排放水平低于河北省，成为京津冀区域单位面积农业碳排放最少的地区，为 527.79 千克/公顷。北京市单位面积农业碳排放量波动较为明显，且整体高于天津市和河北省，尤其是 2009 年之后单位面积农业碳排放量大幅增加，从 2009 年的 747.65 千克/公顷增至 2019 年的 1294.08 千克/公顷，虽然随后逐年下降，2022 年为 848.96 千克/公顷，但仍远高于天津市和河北省单位面积农业碳排放水平。单位面积农业碳排放水平在一定程度上反映了当地的农业种植结构和农业种植方式，应针对不同地区农业发展模式差异，在坚持减肥减药的基础上，因地制宜地探索一条适合不同区域农业减排的路径，提高农业碳中和能力。

4.5 京津冀农业绿色发展面临的新形势

4.5.1 “双碳”目标对农业绿色发展提出了新要求

2020年9月22日，在第七十五届联合国大会一般性辩论会上，国家主席习近平郑重宣布：“中国将提高国家自主贡献力度，采取更加有力的政策和措施，二氧化碳排放力争于2030年前达到峰值，努力争取2060年前实现碳中和。”实现“双碳”目标，是在新发展格局下着力解决资源环境约束突出问题、实现中华民族永续发展的必然选择，要求贯彻绿色低碳循环发展的新理念。农业既是重要的碳排放来源，又蕴藏着巨大的固碳潜力。政府间气候变化专门委员会（IPCC）第六次评估报告显示，农业、林业和其他土地利用变化产生的碳排放占全球碳排放总量的22%，若按广义农业口径统计，算上食品加工、流通和消费等环节的碳排放，农食系统碳排放占比约为1/3。但与此同时，农业部门也具有较大的固碳潜力。推进农业农村领域减排固碳，是我国碳达峰、碳中和的重要组成部分，“双碳”目标赋予了农业绿色发展更为明确的内容和方向，要求以系统观念推进农业发展的绿色转型，需同时满足农业绿色发展体系内、体系间及其与社会经济其他部门的多目标兼容、多主体协同等要求。要一手抓减碳，一手抓固碳。在减碳方面，推广科学施肥方式，改进畜禽饲养管理，减少种养环节温室气体排放。推广绿色节能农机，降低农业生产化石能源消耗；在固碳方面，加强退化耕地治理，推广有机肥施用、秸秆还田等，增加农田碳汇。

4.5.2 新质生产力将进一步激发农业绿色发展新动能

以大数据、云计算、人工智能、3S及物联网等为主的信息技术，已经成为我国绿色农业发展的重要基础。所谓科技驱动绿色农业发展，指现代化信息技术在农业生产领域全过程应用，最终实现农业产业数字化与精准化发展。当前，农业信息技术广泛应用在农业种植、畜牧养殖及水产品养殖产业。在与现代农业管理体系融合过程中，农业信息技术又以生产供应链与产业链形式嵌入农业生产全过程。例如，在农业种植前端生产中，物联网技术应用于入地湿度和营养成分分析，保证土地利于农业种植。在农业种植产中环节中，无人机、农业气象、卫星遥感、农机自动驾驶等技术广泛应用，确保高效种植。在农业种植产后环节中，自动采摘机应用于农作物的采摘与分拣环节，节省成本。在畜牧养殖产业中，物联网与人工智能也广泛应用。其中，物联网技术可实时监测温度与湿度，确保家畜生长环境。人工智能技术通过图像识别实时掌控家畜生长状况，并通过智能投喂机科学饲养，确保畜牧产业提质增效。与此同时，我国农村信息基础设施建设不断深入，以智慧农业为代表的新兴业态模式不断释放绿色农业发展新动能。

4.5.3 农业生产面源污染偏重的形势仍未改变

加强面源污染防治，是推进农业绿色发展的关键举措。京津冀地区在化肥农药减量增效方面，持续开展测土配方施肥，集成推广高效施肥、绿色防控技术，进一步提高化肥农药利用率。在畜禽粪便和秸秆资源化利用方面，支持规模养殖场改造提升粪污处理设施，完善粪肥还田利用标准体系；深入推进秸秆科学还田，加大秸秆饲料化、能源化、基料化、原料化利用力度。在“白色污染”治理方面，聚焦重点用膜地区，科学推广加厚高强度地膜，有序推广全生物降解地膜，建立地膜科学使用与回收台账。近年来，京津冀地区开展化肥农药使用量零增长行动，化肥、农药利用效率均得到显著提高，使用量连年下降，但单位面积施肥量仍然高于国际公认的上限阈值，农药利用率也低于欧美发达经济体，农业绿色发展虽然取得了一定成效，但是以化学投入品为代表的农业面源污染局面仍未得到根本扭转。

4.5.4 耕地资源趋紧问题亟待破解

京津冀地区是我国3个“增长极”区域之一，在全国的社会经济发展中具有重要地位。推动京津冀协同发展是国家推动新型城镇化发展的重大战略，对于调整优化区域生产力布局，打造现代化新型首都圈、促进人口经济资源环境协调发展意义重大。土地开发强度是衡量地区城市化水平的一个重要指标，也是当前土地利用总体规划中政府实施建设用地总量控制、实现空间结构优化的重要手段。目前，京津冀地区在发展过程中，一些城市国土空间开发强度已经达到20%~30%，开发强度过大，导致部分地区发展超出资源承载极限，环境污染严重、大城市病等问题突出。相关数据显示，2002—2012 年，京津冀土地开发强度由 10.59%增至 13.15%，增长近 25%，年均增长近 2.2%，超过同期全国建设用地年均增长率 1.03%。建设用地增长快，优质耕地和生态用地被大量侵占，2002—2012 年，新增建设占用耕地 18 万公顷，农村新增建设占用耕地成为耕地减少的重要原因。虽然近年来，京津冀各地深入开展高标准农田建设、耕地质量保护和提升行动，并取得积极成效，但伴随工业化、城镇化进程持续推进，仍须对耕地特别是优质耕地数量减少趋势保持警惕。

4.5.5 大食物观推动农业由“增产导向”向“提质导向”转变

随着人们生活水平的提高和健康意识的增强，居民饮食结构也发生了巨大变化，消费者对优质、安全、健康的绿色农产品的需求不断增长，对食物消费需求从简单的“吃饱”“吃足”转变为更加关注“营养、优质、健康、安全”，这也使得优质绿色农产品市场需求逐渐升温。农业绿色发展坚守生态安全底线，让食物营养更加丰富、品质更有保障、结构更加优化，能够满足人民对优质化、营养化、绿色化、安全化食物的需求。大食物观注重食物的原生态属性，追求自然、健康的生产方式，这也促使农产品生产者更加关注产品的品质和安全，对农产品供应链的各个环节都提出了更高的要求。另外，大食物观还强调资源利用的合理性和可持续性，更加注重资源节约、环境友好、生态保育，从农业可持续发展基本理论出发，依靠绿色技术缓解农业水土资源紧缺、降低农业环境污染压力，实现农业绿色低碳生产。

4.6 本章小结

本章从京津冀自然环境、经济社会发展、资源与环境、农业生产、农业资源利用等方面梳理了近年来京津冀农业绿色发展概况。由于生态环境的整体性、经济发展的延续性等因素影响，京津冀地区自成一个“命运共同体”，水资源短缺，资源环境承载超限，人口、资源、环境以及发展之间矛盾突出，亟待在环境整治、绿色经济发展等方面展开合作。

在区域资源与环境方面，水资源十分短缺，2022 年京津冀水资源总量仅占全国的 0.8%，人均水资源量仅为 208.2 立方米，远低于全国平均水平，而且水资源时空分配不均，水资源短缺成为京津冀协同发展的最大短板。京津冀地区能源资源紧缺，对外依存度较大。2016 年，京津冀石油、天然气、煤炭储量分别占全国的 8.55%、1.13%和 1.97%，天然气人均拥有量约为全国人均拥有量的 1/7，煤炭人均拥有量不到全国人均的 1/4。京津冀能源生产总量占全国的比例总体呈现下降趋势，但能源消耗量却逐年增加，2022 年，京津冀能源消耗达到 47557.14 万吨标准煤，较 2012 年增加了 11.5%。巨大的化石能源消耗以及以煤为主的能源消耗结构是导致京津冀环境污染的主要原因。

京津冀三地现代农业发展基础总体较好，产业结构不断优化升级。京津冀区域的第一产业总产值占比为 4.84%，低于全国平均水平，第三产业所占比重逐年增加。从第一产业构成来看，农业占据一半，牧业所占比重下降到 30%左右，渔业大约为 4%，林业比重增长较为明显。京津冀生产的主要农产品中，蔬菜产量占全国的比例较高，为 7.33%，其次是粮食，占 6.07%。京津冀三地蔬菜、粮食和油料 3 种产品的单产高于全国平均水平，牛奶和禽蛋是京津冀地区相对具有优势的畜产品。三地农村居民人均可支配收入增速均快于城镇居民，城乡收入差距不断缩小。

在农业资源利用方面，京津冀区域耕地面积均表现出不同程度的减少，2022 年，京津冀地区耕地面积仅占全国的 3.16%，而且大部分地区耕地质量低于全国平均水平，以中等地为主。京津冀三地农业用水量整体呈现下降趋势，但仍然是用水第一大户。虽然京津冀三地农用柴油使用量、化肥施用量、农药使用量、农膜使用量的总量都呈现下降趋势，但单位面积使用强度都普遍高于全国平均水平，尤其是京津冀近 20 多年来的化肥施用强度明显超过国际社会公认的化肥施用安全上限。其中，北京市的化肥、农药和农膜单位面积施（使）用强度远高于天津市和河北省。

5 京津冀农业绿色生产效率及其影响因素研究

本章主要采用实证分析方法，基于 SBM-DEA 模型，从静态效率和动态效率两个方面对京津冀农业绿色生产效率进行测算，为农业绿色发展提供数据基础。其中，基于静态效率衡量的是每年效率水平，动态效率衡量的则是跨期效率变化，农业绿色发展需要静态效率与动态效率的统一，实现一种合理的平衡。关于静态效率和动态效率，有学者认为前者表达的是资源利用程度，后者则被看作要素的成长性（陈前虎，2006）；还有学者认为，前者包含了一个在固定的生产函数内进行持续性的改善活动，而后者则包含了突破已有的生产函数而进行的间断创新以获得更大利润的过程。近年来，越来越多的学者把静态效率看作资源配置效率，动态效率则认为是创新效率，既要实现两者的平衡，还要加强彼此的转化（王新华，2011；倪佩，2015）。因此，本章考虑农业污染的情况，将其纳入农业全要素生产率的计算，分别从静态角度和动态角度分析京津冀区域农业绿色全要素生产率变化的趋势，并对影响京津冀全要素生产率的因素进行分析。

5.1 绿色生产效率及其评价方法

5.1.1 绿色生产效率内涵

绿色生产作为一种以生态经济协调发展为核心，通过效率的改进和技术的进步，实现对资源利用效率最大化、对环境压力最小化目标的生产方式，越来越受到关注和重视。《国际绿色生产宣言》中首次提出“绿色生产率”

是一种预防性战略。部分学者将能源消耗和污染物排放的投入产出效率定义为绿色生产效率（Ahmed，2012），认为绿色生产效率是在考虑资源投入和环境代价的基础上，评价一个国家或地区生产效率的重要指标，反映了在追求经济效益的过程中利用自然资源和减轻环境压力的效率。随着生态文明建设和经济转型的需求，关于绿色生产效率的研究逐渐完善，但大多数研究都是从经济学领域对绿色经济效率、绿色全要素生产效率进行评价。

近年来，随着资源耗竭、环境污染问题日益突出，经济学界意识到能源和环境因素在经济发展过程中扮演着越来越重要的角色，认为能源环境是经济增长的“瓶颈”，起着内生制约作用。学术界的普遍做法是将资源和环境因素加入全要素生产率的核算中，但目前国内外学者对包含环境因素的全要素生产率概念尚无一致说法，只是在核心内涵的把握上基本是一致的。国外鲜有绿色全要素生产率的直接说法，但“Environmental Efficiency、Environmental Production、Green Technological Innovation”（Zofio et al.，2001；Fare et al.，2007；Paula et al.，2006）等相关表述却很好地诠释了绿色全要素生产率。国内学者最早是涂正革（2008）、王兵（2010）、陈诗一（2010）将同时考虑能源投入与非期望产出的全要素生产率称为绿色全要素生产率或环境全要素生产率，以更有效地反映区域经济增长质量。综上所述，将绿色全要素生产率定义为：基于传统全要素生产率概念与测算，把新加入资源消耗作为投入要素，并在生产率测算框架中纳入污染排放作为非期望产出，所得的 TFP 称为绿色全要素生产率。

5.1.2 绿色生产效率的核算方法

随着环境对生产影响的作用不断增强，不考虑环境因素或者不能正确考虑环境因素难以反映出真实的生产率水平（Fareet et al.，2001；Boyd et al.，2002；Nanere et al.，2007），因此对全要素生产率的度量开始考虑非期望产出因素，即污染排放因素不仅被看作副产品，而且被看作具有负外部性的非期望产出，和期望产出一起引入生产过程，也就是将对环境影响的负产出纳入产出要素中。并且全要素生产率不断被学者研究、改进，最新对全要素生产率的研究方法的讨论是 O’Donnell C（2018）的测量改进，将全要素生产率分解为环境改变、技术改变、效率改变、规模及混合效率改变 4 部分。

（1）环境生产技术的构造

环境生产技术将资源环境因素引入传统的农业生产率分析框架，形成包含环境因素在内的农业生产前沿面集合，在此基础上即可测算基于环境生产技术的农业绿色全要素生产率。

环境生产技术的生产要素集合为：

$x=(x1,\ x2,\ \cdots,\ xn)\in R_+^N$　表示 N 种要素投入

$y=(y1,\ y2,\ \cdots,\ ym)\in R_+^M$　表示 M 种“好”产出

$b=(b1,\ b2,\ \cdots,\ bi)\in R_+^I$　表示 I 种“坏”产出

生产可能性集合为：

$$p(x)=\{(y,\ b):\ x \text{ 可能生产}(y,\ b)\},\ x\in R_+^N$$

$$\begin{cases}\sum_{k=1}^{k}\lambda_k^t y_{km}^t \geqslant y_{km}^t \\ \sum_{k=1}^{k}\lambda_k^t b_{ki}^t \geqslant b_{ki}^t \\ \sum_{k=1}^{k}\lambda_k^t x_{kn}^t \geqslant x_{kn}^t \\ \sum_{k=1}^{k}\lambda_k^t = 1,\ \lambda_k^t \geqslant 0 \\ \sum_{k=1}^{k} b_{ki}^t > 0,\ b_{ki} > 0\end{cases}$$

决策单元（DMU）相对效率：

$$D_0(x,\ y,\ b:\ g)=sup\{\beta:\ (y,\ b)+\beta g\in p(x)\}$$

$$p(x)=\{(x_i,\ y_i,\ -b_i),\ x_i \text{ 生产}(y_i,\ b_i)\}$$

其中，λ_k^t 为生产单位 $k=1,\ 2,\ \cdots,\ K$ 在构造环境技术结构时各自的权重，λ_k^t 的和为 1，表示为可变规模报酬的环境技术，若去掉和为 1 的约束，则表示规模报酬不变。

对“好”产出与“坏”产出之间性质联系分析：

①y 与 b 的联合弱可处置性（JWD）$b_0=\sum_{1}^{i} b_i z_i$

$(y,\ b)\in p(x)$，且 $0\leqslant\theta\leqslant 1$，则$(\theta y,\ \theta b)\in p(x)$。

X 既定，减少 b，必须减少 y。

②y 与 b 的强可处置性（SFD）$b_0 \geqslant \sum_{1}^{i} b_i z_i$

$$x' \leqslant x,\ p(x') \in p(x)$$

$(y,\ b) \in p(x)$，$y' \leqslant y$，则$(y',\ b) \in p(x)$。

③y 与 b 的零结合性（NJ）

$(y,\ b) \in p(x)$，$b=0$，则 $y=0$。

有 y，一定有 b。

（2）构造方向性距离函数

在环境生产技术的基础上，通过构造方向性距离函数计算农业绿色全要素生产率：

$$D_0^t(x_i^t,\ y_i^t,\ b_i^t;\ y_i^t,\ b_i^t) = \sup\{\beta:\ (y_i^t,\ b_i^t)+\beta(y_i^t,\ b_i^t) \in P^t(x_i^t)\}$$
$$= \sup\{\beta:\ [(1+\beta)y_i^t,\ (1-\beta)b_i^t] \in P^t(x_i^t)\}$$

一般生产单元的生产率可依据环境方向性距离函数线性规划求解得到：

$$D_0^t(x_i^t,\ y_i^t,\ b_i^t;\ y_i^t,\ -b_i^t) = \max_{k,\beta}\beta$$

$$\begin{cases} Yk \geqslant (1+\beta y_i) \\ (1-\beta)b_i = Bk \\ x_i - Xk \geqslant 0 \\ k \geqslant 0 \end{cases}$$

其中，y 是期望产出，b 为非期望产出，β 反映与前沿生产面相比，可以最大限度增加期望产出 y 并减少非期望产出 b 的数量。上式中非期望产出的等式约束为弱处置假定，而期望产出和投入的不等式约束则表明它们是自由处置的。为计算全要素生产率指数，必须首先计算每个行业的 4 种类型的方向性距离函数：

基于 t 期观测值和 t 期技术的方向性距离函数：

$$D_0^t(x^{i,t},\ y^{i,t},\ b^{i,t};\ y^{i,t},\ -b^{i,t})$$

基于 $t+1$ 期观测值和 $t+1$ 期技术的方向性距离函数：

$$D_0^{t+1}(x^{i,t+1},\ y^{i,t+1},\ b^{i,t+1};\ y^{i,t},\ -b^{i,t+1})$$

基于 t 期观测值和 $t+1$ 期技术的方向性距离函数：

$$D_0^{t+1}(x^{i,t},\ y^{i,t},\ b^{i,t};\ y^{i,t},\ -b^{i,t})$$

基于 $t+1$ 期观测值和 t 期技术的方向性距离函数：

$$D_0^t(x^{i,t+1},\ y^{i,t+1},\ b^{i,t+1};\ y^{i,t},\ -b^{i,t+1})$$

在此基础上 Chung 等（1997）定义了 t 期和 $t+1$ 期的 Malmquist - Luenberger 生产率指数：

$$ML_{t,t+1}=\left[\frac{1+D_0^t(x_i^{i,t},\ y_i^{i,t},\ b_i^{i,t};\ y_i^{i,t},\ -b_i^{i,t})}{1+D_0^t(x_i^{i,t+1},\ y_i^{i,t+1},\ b_i^{i,t+1};\ y_i^{i,t+1},\ -b_i^{i,t+1})}\times\frac{1+D_0^{t+1}(x_i^{i,t},\ y_i^{i,t},\ b_i^{i,t};\ y_i^{i,t},\ -b_i^{i,t})}{1+D_0^{t+1}(x_i^{i,t+1},\ y_i^{i,t+1},\ b_i^{i,t+1};\ y_i^{i,t+1},\ -b_i^{i,t+1})}\right]^{1/2}$$

在规模报酬不变的假设下，Malmquist-Luenberger 生产率指数可以分解为农业技术进步和农业技术效率两部分，即：

$$ML_{t,t+1}=TP\times TE$$

其中，

$$TP_{t,t+1}=\frac{1+D_0^{i,t}\ (x_i^{i,t},\ y_i^{i,t},\ b_i^{i,t};\ y_i^{i,t},\ -b_i^{i,t})}{1+D_0^{t+1}\ (x_i^{i,t+1},\ y_i^{i,t+1},\ b_i^{i,t+1};\ y_i^{i,t+1},\ -b_i^{i,t+1})}$$

$$TE_{t,t+1}=\left[\frac{1+D_0^{t+1}\ (x_i^{i,t+1},\ y_i^{i,t+1},\ b_i^{i,t+1};\ y_i^{i,t+1},\ -b_i^{i,t+1})}{1+D_0^t\ (x_i^{i,t+1},\ y_i^{i,t+1},\ b_i^{i,t+1};\ y_i^{i,t+1},\ -b_i^{i,t+1})}\times\frac{1+D_0^{t+1}\ (x_i^{i,t},\ y_i^{i,t},\ b_i^{i,t};\ y_i^{i,t},\ -b_i^{i,t})}{1+D_0^t\ (x_i^{i,t},\ y_i^{i,t},\ b_i^{i,t};\ y_i^{i,t},\ -b_i^{i,t})}\right]^{1/2}$$

农业技术效率变化测度的是在 t 时期和 $t+1$ 时期相对技术效率的改善，反映了对农业技术前沿的追赶程度；农业技术进步测度的是在 t 时期和 $t+1$ 时期技术的进步，反映了该国农业 *TFP* 变动对农业技术创新的依赖程度。如果 $ML>1$，则全要素生产率提高，如 $ML<1$，则全要素生产率下降；*TP* 度量了跨期生产效率的变化，如果 $TP>1$，则表示农业技术效率改进，如 $TP<1$，表示农业技术效率恶化；*TE* 度量了农业技术变动，如果生产前沿沿着更多期望产出和更少非期望产出的方向移动则 $TE>1$，如果生产前沿沿着更少期望产出和更多非期望产出的方向移动则 $TE<1$。

5.2　京津冀农业绿色发展静态效率分析

5.2.1　指标与数据

以京津冀各市为研究对象，包括北京市、天津市、石家庄市、唐山市、秦皇岛市、邯郸市、邢台市、保定市、张家口市、承德市、沧州市、廊坊市、衡水市，选择2000—2021年京津冀各市面板数据，包括测算京津冀地区农业绿色全要素生产率所需的投入指标和产出指标（见表5.1），由于河北省各市数据获取问题，本节对农业绿色全要素生产率的测算仅包含种植业部分，不包括畜牧业部分，并将在后续研究中加以完善。

表5.1 农业绿色全要素生产率测算投入产出指标选取表

变量说明	变量	
投入指标	土地投入	农作物总播种面积（千公顷）
	劳动力投入	农业从业人数（万人）
	机械投入	农业机械总动力（万千瓦）
	灌溉投入	有效灌溉面积（千公顷）
	农药投入	农药使用量（吨）
	化肥投入	化肥施用折纯量（万吨）
	牲畜投入	大牲畜头数（万头）
期望产出变量	农业经济增长	农业总产值（亿元）
非期望产出变量	农业碳排放量	农业生产过程中直接或间接产生的碳排放总和（万吨）

5.2.2 京津冀农业绿色发展静态效率测算

如表5.2所示，2000—2021年京津冀农业绿色发展静态平均效率为0.8593，属于非完全有效状态，离生产前沿面有一段距离，说明京津冀农业绿色发展静态平均效率处于比较低的水平，仍具有提高的空间，因此京津冀地区实行“绿色区域协同发展”十分必要，而在贯彻创新、协同、绿色、开放、共享的新发展理念中，绿色发展属于重中之重，并且以科技创新、产业协同为基础发展绿色农业。从各地区发展情况来看，2000—2021年北京地区农业绿色发展效率平均值为0.8729，天津地区农业绿色发展效率平均值为0.9680，河北省处于最低水平，农业绿色发展效率平均值仅为0.7370，图5.1显示，北京市与天津市静态效率波动幅度在农业高质高效发展层面，河北省仍然在京津冀圈中处于落后地位，需要从顶层设计与基层实践等方面努力；京津冀在农业绿色发展层面要不断加强协同合作性。为推动京津冀蔬菜产业向安全、优质、高效、生态、稳定的可持续生产方式转变，北京市农业研究机构与河北省相关机构召开了环京津蔬菜高品质与无土栽培绿色生产技术研讨会，开展技术对接。围绕“京津冀农业绿色发展科技攻关专项”“环京津蔬菜安全生产与供应技术研究及集成示范”等课题，通过蔬菜安全生产、蔬菜高效施肥、蔬菜病虫害安全防治、主要蔬菜营养安全检测和冷链配送等关键技术的研究与示范，实现在京津冀主产区示范优质、抗病蔬菜新品种；在河北省和北京市共同建设绿色生产基地，通过全产业链技术协作推广农业节水、节肥，为实现京津冀蔬菜产业向安全、高效、可持续生产方式转变提供科技支撑。

表 5.2　2001—2021 年京津冀农业绿色发展静态效率

年份	京津冀	北京市	天津市	河北省
2001	0.8285	0.7822	0.9655	0.7379
2002	0.8399	0.7818	0.9637	0.7743
2003	0.8317	0.7674	0.9149	0.8129
2004	0.8440	0.7683	1.0052	0.7585
2005	0.8381	0.7614	0.9709	0.7819
2006	0.9046	0.8521	1.0690	0.7927
2007	0.8722	0.8612	0.9909	0.7644
2008	0.8854	0.9080	0.9607	0.7875
2009	0.8954	0.9141	0.9882	0.7838
2010	0.8790	0.9461	0.9469	0.7441
2011	0.8894	0.9436	0.9503	0.7742
2012	0.9068	0.9701	0.9736	0.7766
2013	0.8686	0.9176	0.9465	0.7417
2014	0.9213	1.0470	0.9598	0.7571
2015	0.9008	1.0020	0.9631	0.7372
2016	0.9025	1.0047	0.9721	0.7306
2017	0.9464	1.0559	1.0174	0.7658
2018	0.8134	0.8431	0.9663	0.6309
2019	0.7827	0.7755	0.9455	0.6270
2020	0.7532	0.7376	0.9077	0.6143
2021	0.7413	0.6912	0.9492	0.5835
平均	0.8593	0.8729	0.9680	0.7370

资料来源：笔者测算得出。

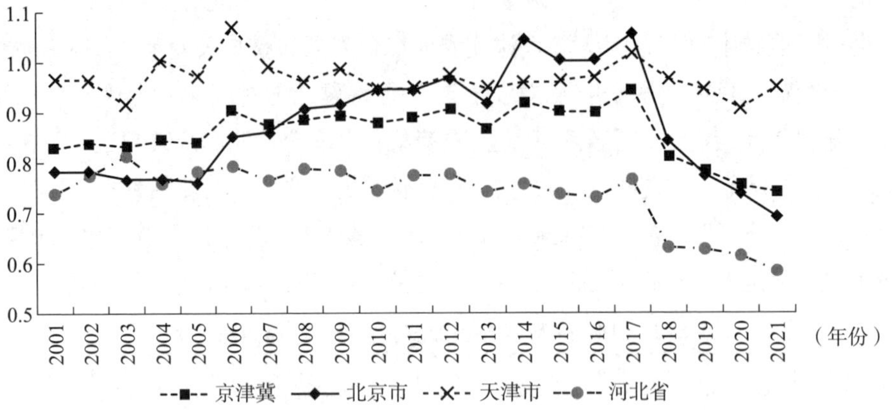

图 5.1　2001—2021 年京津冀农业绿色发展静态效率波动图

分市区对京津冀各市农业绿色发展静态绩效进行研究，受疫情影响京津冀农业绿色生产效率近些年呈现下降趋势，从整体态势看天津市、承德市、唐山市在农业绿色生产效率方面较高，张家口市、秦皇岛市呈现波动态势，邯郸市、沧州市下降态势明显（见表 5.3）。

表 5.3　2001—2021 年京津冀各市农业绿色发展静态效率

年份	北京市	天津市	石家庄市	保定市	沧州市	承德市	邯郸市	衡水市	廊坊市	秦皇岛市	唐山市	邢台市	张家口市
2001	0.782	0.966	0.814	1.005	0.870	0.657	0.755	0.927	0.908	0.775	0.998	0.856	0.753
2002	0.782	0.964	0.862	0.988	1.027	0.885	0.801	1.007	0.990	0.803	1.007	0.863	0.647
2003	0.767	0.915	1.031	1.063	1.020	0.919	0.842	1.018	1.041	0.893	1.114	0.941	0.744
2004	0.768	1.005	0.826	0.852	0.807	0.772	0.733	0.852	0.911	0.769	0.953	0.799	0.767
2005	0.761	0.971	0.849	0.896	0.934	0.847	0.765	0.826	0.950	0.785	0.919	0.809	0.819
2006	0.852	1.069	0.905	0.870	0.780	0.911	0.768	0.754	0.978	0.781	0.905	0.762	0.869
2007	0.861	0.991	0.808	0.809	0.749	0.879	0.735	0.749	0.925	0.742	0.874	0.719	0.863
2008	0.908	0.961	0.852	0.791	0.754	0.946	0.754	0.734	0.957	0.789	0.920	0.732	0.813
2009	0.914	0.988	0.848	0.797	0.780	0.972	0.742	0.736	0.952	0.813	0.971	0.718	0.957
2010	0.946	0.947	0.789	0.758	0.761	0.901	0.703	0.705	0.915	0.801	0.878	0.650	0.854
2011	0.944	0.950	0.805	0.758	0.761	0.916	0.750	0.751	0.903	0.810	0.918	0.670	0.894
2012	0.970	0.974	0.776	0.731	0.777	0.925	0.732	0.972	0.855	0.791	0.938	0.677	0.880

续表

年份	北京市	天津市	石家庄市	保定市	沧州市	承德市	邯郸市	衡水市	廊坊市	秦皇岛市	唐山市	邢台市	张家口市
2013	0.918	0.947	0.736	0.685	0.736	0.888	0.717	0.732	0.836	0.758	0.954	0.663	0.877
2014	1.047	0.960	0.740	0.716	0.740	0.966	0.713	0.760	0.828	0.784	1.013	0.669	1.026
2015	1.002	0.963	0.729	0.717	0.714	0.984	0.692	0.739	0.813	0.778	0.824	0.669	1.003
2016	1.005	0.972	0.753	0.727	0.703	0.991	0.964	0.710	0.818	0.849	0.842	0.671	0.876
2017	1.056	1.017	0.788	0.769	0.701	1.043	0.743	0.753	0.868	1.021	1.085	0.683	1.072
2018	0.843	0.966	0.589	0.606	0.554	0.898	0.557	0.667	0.767	0.861	0.728	0.618	0.757
2019	0.776	0.946	0.610	0.623	0.542	0.949	0.549	0.644	0.776	0.871	0.722	0.614	0.722
2020	0.738	0.908	0.612	0.616	0.522	0.958	0.556	0.634	0.778	0.891	0.734	0.598	0.751
2021	0.691	0.949	0.570	0.575	0.471	0.899	0.520	0.597	0.733	0.762	0.698	0.549	0.738
平均	0.873	0.968	0.776	0.779	0.748	0.910	0.719	0.775	0.881	0.816	0.905	0.711	0.842

5.3 京津冀农业绿色生产动态效率分析

5.3.1 京津冀农业绿色发展动态效率

本节运用 MaxDEA 软件分别测算了京津冀地区 13 市绿色全要素生产率，结果如表 5.4、表 5.5 所示。本节动态绩效表示的是效率的变动情况，是考虑环境约束时京津冀地区 13 市绿色全要素生产率，2000—2021 年平均增长为 4.7%，农业绿色全要素生产率由高到低排名情况为北京市（5.01%）、天津市（4.74%）、河北省（4.35%）。对比近 3 年农业绿色动态效率的变动情况，京津冀绿色全要素生产率呈现较高水平的增长速度，天津市颁布文件《关于创新体制机制推进农业绿色发展的意见》，推动实施投入品减量、废弃物利用和资源养护三大领域农业绿色生产；而河北地区受到雄安新区建设的影响，将雄安新区及周边定位为高质量发展城市，推行生态保护机制、建设生态文明。

表 5.4　京津冀农业绿色发展动态效率

年份	京津冀	北京市	天津市	河北省
2000—2001	1.0275	1.0271	1.0258	1.0298
2001—2002	1.0270	1.0243	1.0476	1.0093
2002—2003	1.0727	1.0883	1.1109	1.0190
2003—2004	1.0244	1.0074	0.9886	1.0772
2004—2005	1.0402	1.0513	1.0357	1.0337
2005—2006	0.9910	1.0188	0.9048	1.0496
2006—2007	1.0788	1.1302	1.0239	1.0822
2007—2008	1.0901	1.1839	1.0501	1.0362
2008—2009	1.0501	1.1039	0.9929	1.0534
2009—2010	1.0876	1.0260	1.1153	1.1213
2010—2011	1.0657	1.0690	1.0586	1.0696
2011—2012	1.0469	1.0804	0.9956	1.0647
2012—2013	1.1216	1.1582	1.1416	1.0650
2013—2014	1.0118	0.9838	1.0510	1.0007
2014—2015	1.0346	1.0500	1.0465	1.0074
2015—2016	1.0439	1.0383	1.0579	1.0355
2016—2017	0.9991	1.0261	1.0338	0.9375
2017—2018	1.0173	0.9258	1.0562	1.0700
2018—2019	1.0196	0.9811	1.0551	1.0226
2019—2020	1.0905	1.0295	1.1577	1.0843
2020—2021	1.0463	1.0489	1.0452	1.0448
平均	1.0470	1.0501	1.0474	1.0435

资料来源：模型测算结果。

分城市对京津冀各市农业绿色发展动态绩效进行研究，2000—2021年平均增长为4.7%，农业绿色全要素生产率由高到低排名情况为秦皇岛市（10.1%）、承德市（9.4%）、衡水市（7.5%）、邯郸市（6.9%）、张家口市（6.9%）、北京市（5.0%）、天津市（4.7%）、石家庄市（4.7%）、廊坊市（4.5%）、邢台市（4.4%）、沧州市（4.2%）、保定市（3.8%）、唐山市（3.3%），2000—2021年京津冀地区农业绿色全要素生产率平均值呈增长态势。

对比近5年动态效率水平，从不同区域角度分析，农业绿色全要素生产率变化呈现较大波动，秦皇岛市（9.22%）、承德市（7.36%）、天津市（6.96%）、邢台市（6.58%）、沧州市（4.20%）等地区绿色全要素生产率呈现增长态势，张家口市（-6.76%）、唐山市（-2.02%）、邯郸市（-0.92%）近5年平均效率呈现负数，北京市（0.22%）、石家庄市（0.46%）近5年效率水平波动数值不大，处于稳步增长状态。

表5.5 京津冀各市农业绿色发展动态效率

年份	北京市	天津市	石家庄市	保定市	沧州市	承德市	邯郸市	衡水市	廊坊市	秦皇岛市	唐山市	邢台市	张家口市
2000—2001	1.027	1.026	1.011	0.988	1.193	1.313	1.016	1.105	1.051	1.024	0.996	1.017	0.867
2001—2002	1.024	1.048	1.004	1.055	1.071	0.971	1.035	1.060	1.078	1.014	0.963	1.089	1.134
2002—2003	1.088	1.111	0.981	0.907	0.885	0.895	0.953	0.944	0.977	0.897	0.863	0.955	1.075
2003—2004	1.007	0.989	1.152	1.139	1.295	1.226	1.085	1.036	1.115	1.075	1.002	1.147	1.322
2004—2005	1.051	1.036	1.096	1.104	1.050	1.221	1.020	1.024	1.050	1.016	1.031	1.068	1.052
2005—2006	1.019	0.905	1.111	0.885	0.737	1.080	1.043	0.869	1.022	1.014	1.109	0.842	1.207
2006—2007	1.130	1.024	1.154	1.037	1.058	1.172	1.074	1.027	1.071	1.239	1.124	1.081	0.933
2007—2008	1.184	1.050	1.025	1.038	1.081	1.034	1.032	1.041	1.034	1.118	1.091	1.002	1.264
2008—2009	1.104	0.993	1.094	1.054	1.063	0.994	1.062	1.060	1.062	1.251	1.012	1.031	1.065
2009—2010	1.026	1.115	1.174	1.080	1.077	1.094	1.145	1.206	1.052	1.079	1.153	1.102	1.165
2010—2011	1.069	1.059	1.036	1.044	1.087	1.095	1.043	1.060	1.015	1.096	1.121	1.078	1.070
2011—2012	1.080	0.996	1.058	1.051	1.050	1.097	1.083	2.480	1.120	1.134	1.053	1.065	1.133
2012—2013	1.158	1.142	1.048	1.095	1.052	1.278	1.043	0.430	1.042	1.298	1.037	1.060	1.142
2013—2014	0.984	1.051	0.994	1.014	0.994	1.048	1.000	0.998	1.005	0.995	0.870	1.032	0.938
2014—2015	1.050	1.047	1.035	1.018	1.002	1.008	1.020	0.976	1.011	1.009	1.130	1.021	0.980
2015—2016	1.038	1.058	0.986	1.208	0.977	1.088	2.142	1.052	1.122	1.397	1.232	1.002	1.160
2016—2017	1.026	1.034	0.838	0.867	0.910	0.933	0.430	0.978	0.966	0.978	0.759	1.028	0.787
2017—2018	0.926	1.056	1.071	1.026	1.074	1.146	1.043	1.035	1.059	1.156	1.031	1.080	0.995
2018—2019	0.981	1.055	1.049	1.111	1.055	1.060	1.061	1.044	1.038	1.112	1.046	1.048	1.067
2019—2020	1.029	1.158	1.033	1.004	1.092	1.080	1.065	1.091	1.041	1.069	1.038	1.085	1.083
2020—2021	1.049	1.045	1.032	1.076	1.079	1.149	1.063	1.050	1.007	1.146	1.025	1.088	1.022
平均	1.050	1.047	1.047	1.038	1.042	1.094	1.069	1.075	1.045	1.101	1.033	1.044	1.069

资料来源：模型测算结果。

5.3.2 京津冀农业绿色发展动态效率分解

表5.6为京津冀农业绿色发展动态绩效分解与考虑环境因素和不考虑环境因素的对比表。MI为全要素生产率；EC度量了决策单元的效率变化，衡量了经济间的追赶效应；TC测度了前后两期内技术水平的变化，TC大于1，表明京津冀农业绿色发展存在技术进步，TC小于1则说明科技水平存在倒退。为进一步分析技术进步在投入要素群、产出要素群之间是否存在组间偏向，仿照Fare（1997）的研究，将TC指数进一步分解为中性绿色技术进步、投入偏向性绿色技术进步以及产出偏向性绿色技术进步。

MATC为中性绿色技术进步，衡量两期内技术进步在去除偏向成分后的幅度。IBTC为投入偏向性绿色技术进步，刻画其在投入要素群的组间偏差程度，若IBTC大于1，则说明技术进步在不同投入要素间的偏向促进了全要素生产率的提高，IBTC小于1则说明技术在投入要素间的偏向导致了技术退步。OBTC是对产出要素群组间偏向性绿色技术进步的衡量，为产出偏向性绿色技术进步，若OBTC大于1则说明技术在各产出及非期望产出间的偏向推动了生产率的提高，反之则为抑制。IBTC指数和OBTC指数分别从投入端和产出端衡量了绿色技术进步的组间偏向程度。

研究2000—2021年绿色全要素生产率（GTFP）分解情况，发现大部分年份全要素生产率（MI）的增长动力为技术水平（TC），也就是说技术进步是京津冀农业绿色全要素生产率增长的主要动力，对京津冀农业全要素生产率影响较大。一般来说，农业绿色效率的变化主要表现为田间管理方式、农户决策行为、农业管理制度等改进或变革，农业绿色技术变化是农业技术创新程度，包括自主创新、模仿引进，或者包括新品种的应用、新的农业绿色生产方法、新的原材料等。京津冀地区尤其北京、天津地区，不断增加对农业绿色生产的技术创新方式的研究和推广，在良种选育、节水技术、绿色施肥技术等方面处于全国领先地位。

横向对比“考虑环境的全要素生产率（GTFP）”与“不考虑环境的全要素生产率（TFP）”的测算结果，显示不考虑环境要素时存在对全要素生产率高估的情况，大部分年份TFP的测算结果高于GTFP，主要表现为对TC的高估，进一步对TC进行分解发现，京津冀考虑环境因素的全要素生产率的

IBTC 指数和 OBTC 指数，大于不考虑环境因素的，也就是说“非期望产出”导致投入偏向性绿色技术进步、产出偏向性绿色技术进步小于 1，即技术在投入，以及各产出和非期望产出间的偏向抑制了生产率的提高，应该减少“非期望产出”，也就是说减少农业碳排放的产生。

表 5.6　京津冀农业绿色发展动态效率

年份	考虑环境的全要素生产率（GTFP）						不考虑环境的全要素生产率（TFP）					
	MI	EC	TC	OBTC	IBTC	MATC	MI	EC	TC	OBTC	IBTC	MATC
2000—2001	1.028	0.996	1.032	0.964	0.960	1.127	1.028	0.978	1.052	0.921	0.918	1.320
2001—2002	1.027	1.011	1.016	0.961	0.965	1.108	1.051	1.026	1.025	0.917	0.925	1.276
2002—2003	1.073	1.030	1.043	0.956	0.960	1.152	1.170	1.093	1.076	0.906	0.920	1.390
2003—2004	1.024	0.987	1.038	0.968	0.967	1.115	1.044	0.944	1.105	0.913	0.940	1.329
2004—2005	1.040	1.002	1.038	0.960	0.961	1.137	1.090	1.004	1.086	0.913	0.916	1.373
2005—2006	0.991	1.023	0.969	0.961	0.970	1.047	0.991	1.018	0.978	0.930	0.932	1.166
2006—2007	1.079	1.022	1.056	0.981	0.972	1.113	1.127	1.027	1.099	0.929	0.945	1.280
2007—2008	1.090	1.044	1.044	0.948	0.986	1.125	1.139	1.036	1.099	0.908	0.954	1.318
2008—2009	1.050	1.002	1.047	0.952	0.959	1.152	1.089	1.012	1.076	0.910	0.916	1.329
2009—2010	1.088	1.018	1.069	0.944	0.968	1.173	1.171	1.036	1.131	0.900	0.932	1.370
2010—2011	1.066	0.995	1.071	0.943	0.956	1.194	1.111	0.996	1.116	0.897	0.912	1.414
2011—2012	1.047	0.971	1.079	0.960	0.953	1.185	1.064	0.937	1.143	0.925	0.911	1.395
2012—2013	1.122	1.028	1.095	0.931	0.970	1.215	1.222	1.138	1.087	0.885	0.953	1.308
2013—2014	1.012	0.994	1.019	0.937	0.951	1.154	1.031	1.017	1.013	0.877	0.893	1.371
2014—2015	1.035	0.994	1.041	0.939	0.942	1.190	1.052	0.986	1.067	0.876	0.888	1.451
2015—2016	1.044	0.929	1.136	0.977	0.938	1.250	1.094	0.920	1.198	0.908	0.915	1.517
2016—2017	0.999	1.072	0.942	0.925	0.991	1.043	1.013	1.065	0.960	0.877	0.930	1.258
2017—2018	1.017	0.869	1.176	0.953	0.962	1.289	1.036	0.811	1.276	0.929	0.917	1.553
2018—2019	1.020	0.966	1.056	0.965	0.970	1.138	1.005	0.929	1.082	0.933	0.945	1.268
2019—2020	1.090	1.015	1.074	0.959	0.984	1.152	1.174	1.016	1.154	0.926	0.978	1.321
2020—2021	1.046	0.953	1.098	0.967	0.967	1.182	1.071	0.944	1.137	0.941	0.935	1.331

5.4 京津冀农业绿色全要素生产率区域差异测算

为了进一步摸清京津冀三地在全国绿色发展中的状况，对全国 31 个省（自治区、直辖市）2020—2022 年的农业绿色全要素生产率进行测算，结果如表 5.7 所示。

表 5.7　2020—2022 年我国各省份平均农业绿色全要素生产率及其分解

省份	GTFP 全要素	GEFCH 技术效率	GTECH 技术进步
安徽	1.0682	0.9972	1.0709
北京	0.8311	0.8173	1.0171
福建	1.0657	0.9887	1.0785
甘肃	1.0808	1.0028	1.0779
广东	1.0640	0.9866	1.0804
广西	1.0687	0.9872	1.0819
贵州	1.0355	0.9590	1.0807
海南	1.1373	1.0525	1.0819
河北	1.0832	1.0062	1.0770
河南	1.0326	0.9538	1.0825
黑龙江	0.9994	0.9481	1.0524
湖北	1.0667	0.9856	1.0826
湖南	1.0865	1.0056	1.0820
吉林	1.0843	1.0105	1.0740
江苏	1.0840	1.0010	1.0828
江西	1.0662	0.9956	1.0715
辽宁	1.0394	0.9601	1.0824
内蒙古	1.0662	1.0289	1.0363
宁夏	1.0468	0.9920	1.0552
青海	1.1321	1.0530	1.0771
山东	1.0749	0.9927	1.0824
山西	1.0727	0.9995	1.0725
陕西	1.0792	0.9970	1.0829

续表

省份	GTFP 全要素	GEFCH 技术效率	GTECH 技术进步
上海	1.0082	0.9570	1.0541
四川	1.0471	0.9690	1.0811
天津	1.0724	1.0020	1.0698
西藏	1.3221	1.2239	1.0943
新疆	1.0631	1.0049	1.0578
云南	1.0675	0.9858	1.0819
浙江	1.0468	0.9754	1.0741
重庆	1.0586	0.9790	1.0814
平均	1.0662	0.9941	1.0728

2020—2022 年我国 31 个省（自治区、直辖市）中除了黑龙江、北京以外，其他 29 个省份近两年农业绿色全要素生产率呈现进步状态，其中西藏、海南、青海农业绿色全要素生产率最高，说明这几个地区 2020—2022 年绿色全要素生产率进步较快；京津冀三地中，河北省（8.32%）、天津市（7.24%）2020—2022 年农业绿色发展均处于中等的状态，北京市（-16.89%）处于下降状态。在促进农业绿色全要素生产率进步的同时，甘肃、海南、河北、湖南、吉林、江苏、内蒙古、青海、天津、西藏、新疆各省份在 2020—2022 年实现并提高了技术进步和技术效率，安徽、福建、广东、广西、贵州、河南、湖北、江西、辽宁、宁夏、山东、山西、陕西、上海、四川、云南、浙江、重庆 18 个省份完全由技术进步促进全要素生产率，技术进步大于 1，保持稳定态势，但同时技术效率小于 1，说明这 18 个省份是由于技术的进步促进了农业绿色全要素生产率的增长态势。从整体上看，农业绿色全要素生产率的进步或倒退，技术进步起着关键作用，可以得出技术进步对提升农业绿色全要素生产率具有重要促进作用。

5.5 京津冀农业绿色全要素生产率影响因素研究

通过对京津冀农业绿色全要素生产率进行测算，发现京津冀农业生产绿色全要素生产率发展不平衡，静态效率处于较低水平，技术管理效率和技术创新进步方面也存在影响较大差异。本节基于多元回归模型，分别分析京津冀全样本、北京市、天津市、河北省的不同因素对农业绿色全要素生产率的影响。

5.5.1 农业绿色全要素生产率影响机制分析

在分析我国农业绿色全要素生产率影响社会因素的时候我们不能仅仅考虑投入要素和技术管理效率，还需要考虑国家经济政策、对外开放水平等因素。根据以往的研究，影响农业绿色全要素生产率的因素较多，影响因素比较复杂，没有分析框架能够涵盖农业绿色全要素生产率的所有影响因素，本书从第二三产业发展水平、地区财政支出水平、对外开放水平、科技创新水平、机械化水平等指标来研究农业绿色全要素生产率的影响因素。

（1）第二三产业发展水平

各地区第二三产业发达会对第一产业发展产生影响。从劳动力流动角度，第二三产业将吸引农业生产要素外流，不利于农业生产的长远发展，但技术溢出会对农村生产发展产生积极的外部影响，进而产生积极的影响。因此根据各地区第二三产业增加值占 GDP 的比重，测度其对农业绿色全要素生产率的影响方向。

（2）地区财政支出水平

财政支出水平可以表示地区农业生产政策导向，预期支持水平高的地区对农业生产影响较大，财政政策可以指导农业生产的健康发展，提高农村劳动力的积极性，为农民提供有利的资金支撑，近些年国家大力推行绿色可持续化生产，预期政策环境影响大的地区农业绿色全要素生产率的增长速度相对更快。

（3）对外开放水平

对外开放水平以各地区进出口贸易总额占地区 GDP 的比重表示。扩大对外开放，加强区域合作交流，有利于推动区域间农业生产经验交流和学习，促进农业绿色生产观念和农业绿色生产技术的传播，提高区域资源配置效率。但同时也可能导致农产品生产与消费地域失衡，削弱当地农产品的相对优势，降低农民生产积极性，在一定时期内会不利于农业综合生产能力提高。

（4）科技创新水平

对比传统的农业生产模式，农业绿色生产需要更前沿的新技术支撑，预期地区科技创新水平高低会对农业绿色生产方式和效率产生影响。可以测度科技创新水平（R&D）的指标有许多，如研究与试验发展（R&D）经费投入、经费投入占 GDP 比重、R&D 人员当量、当年专利情况或成果转化情况等。

（5）机械化水平

以各地区农业机械总动力表示，农业机械化是实现农业现代化的必然选择，促进农业机械化可以减少劳动力投入，用更少的人力物力收获更大的利益，改善农业设施的设备条件，提高机械化水平。但另一层面，机械对能源需求量较大，尤其是柴油等资源，会增加非期望产出数量。

5.5.2　模型设定和数据说明

综上，对于各影响因素指标，构建以下模型：

$$GT_{i,t}=\beta_0+\beta_1 FE_{i,t}+\beta_2 IS_{i,t}+\beta_3 OP_{i,t}+\beta_4 RD_{i,t}+\beta_5 \ln ML_{i,t}+\mu_i+e_{i,t}$$

其中，i 代表不同区域，t 代表不同时间，μ_i 是各区域没有办法计算到的固定效应，$e_{i,t}$为不确定扰动影响因素项，面板数据模型中变量如表 5.8 所示。

表 5.8　变量描述

变量	单位	指标说明
农业全要素生产率（GT）	—	见表 5.4
财政支出水平（FE）	%	农林水财政支出占总财政支出比重
第二三产业发展水平（IS）	%	第二三产业 GDP 占比
对外开放水平（OP）	%	进出口总额占地区 GDP 比重
科技创新水平（R&D）	%	R&D 经费投入占 GDP 比重
机械化水平（ML）	万千瓦/千公顷	每单位面积农业机械总动力

以上变量指标中，大部分基础指标来源于知网大数据平台、国家统计局网站、中国统计年鉴、河北经济统计年鉴、河北科技年鉴、北京统计年鉴及地方统计年鉴等资料。GT 代表农业绿色全要素生产率累积增长指数。

5.5.3　回归结果分析

运用 Stata 软件，基于多元回归模型对 2000—2022 年京津冀农业绿色全要素生产率影响因素进行分析，分别对京津冀全样本、北京市、天津市、河北省进行回归，以考察京津冀各区域农业绿色效率影响因素的差异，分析结果如表 5.9 所示。

表 5.9　京津冀农业绿色全要素生产率影响因素回归分析

	京津冀	北京市	天津市	河北省
财政支出水平（FE）	-0.099 (-0.25)	-1.030 (-0.31)	-2.444 (-0.51)	-0.080 (-0.07)
第二三产业发展水平（IS）	0.116 (0.36)	0.899 (0.23)	0.456 (0.19)	-0.443 (-0.43)
对外开放水平（OP）	0.006 (0.25)	0.023 (0.38)	-0.143 (-0.17)	0.704 (0.93)
科技创新水平（R&D）	0.004 (0.49)	-0.012 (-0.30)	0.014 (0.55)	0.027 (0.45)
机械化水平（ML）	-0.086** (-2.06)	-0.194 (-1.61)	0.015 (0.15)	0.027 (0.27)
C	1.047*** (3.73)	0.471 (0.13)	0.866 (0.40)	1.286 (1.70)

注：括号内为 T 统计量，**、***分别表示为在 5%、1%的统计水平上显著。

分析研究结果如下：

（1）财政支出水平对京津冀全样本农业绿色全要素生产率有负向作用影响。虽然农业财政支出对农业技术创新、农业设施完善和农村劳动力水平提高具有重要作用，也会有粮食直补等生产者直接支持，但数据显示 2000—2022 年农林水财政支出占总支出比重越高农业绿色全要素生产率越低，可能的原因是农林水财政支出在 20 年间并非对绿色农业的支持，反而更多地体现在对农业生产者等直补或者基础设施支持，近些年国家绿色发展战略出台后才倾向于对农业绿色生产的财政支持。按地区划分，财政支出用于北京市、天津市、河北省的全要素生产率水平变化与整体数据一致，后续希望通过相关部分数据获取，单独研究绿色技术支持政策的影响。

（2）第二三产业发展水平对京津冀全样本农业绿色全要素生产率有正向作用影响。促进京津冀第二三产业发展的因素很多，农业生产和技术溢出效应相对明显，尤其北京地区对天津地区的技术溢出影响。分区域来看，第二三产业结构对河北省农业绿色全要素生产率具有负向影响，而对北京市和天津市农业绿色全要素生产率影响作用是正向的，可能是北京市和天津市经济发展能力水平较高，从而提高农业一二三产业的融合水平。

（3）对外开放水平对京津冀全样本农业绿色全要素生产率具有正向作用影响。自从我国加入世界贸易组织，基本形成开放农业的模式，北京市、天津市、河北省地理条件优越，整体能力强，能应对竞争激烈的国际市场。分区域发展来看，对外开放经济水平对北京市、河北省农业绿色全要素生产率具有促进作用，这说明对外开放程度会影响农业绿色生产，这种影响可能通过国际绿色农产品市场的激励来体现，但天津市相反。

（4）科技创新水平对京津冀全样本农业绿色全要素生产率有正向作用影响。测度科技创新水平的指标为科技创新内部经费支出占地区 GDP 的比重，可以看出从京津冀整体角度出发，地区科技创新占比越高对农业绿色生产促进作用越强。绿色农业具有科技水平高、数字水平高等特征，尤其具有推广应用价值的绿色技术，因此发展科技是促进农业绿色发展的主要路径。

（5）机械化水平对京津冀全样本农业绿色全要素生产率有显著负向作用影响。碳排放的主要污染源之一就是机械动力，即汽油、柴油引发的二氧化碳的排放，因此农机是农业“非期望产出”的主要来源之一，在没有使用新能源动力的前提下，机械化水平对农业绿色全要素生产率有负向影响。分地区发展来看，机械化水平对北京市有显著的负向影响，在一定程度上反映了北京市绿色生态农技装备水平不高，但机械化水平对天津市和河北省的影响并不显著，可能的原因是天津市和河北省的机械化管理水平不高。

5.6 本章小结

第一，2000—2021 年京津冀农业绿色发展静态平均效率为 0.8593，属于非完全有效状态，离生产前沿面有一段距离，说明京津冀农业绿色发展静态平均效率处于比较低的水平，仍具有提高的空间，因此京津冀地区实行“区域协同绿色发展”十分必要。

第二，动态效率层面，考虑环境约束时京津冀地区 13 市绿色全要素生产率，2000—2021 年平均增长 4.7%，农业绿色全要素生产率由高到低排名情况为北京市（5.01%）、天津市（4.74%）、河北省（4.48%），对比近 3 年农业绿色动态效率的变动情况，京津冀绿色全要素生产率呈现了较高水平的增长速度。对动态绩效进行分解，研究发现技术进步是京津冀农业绿色全要素生产率增长的主要动力，对京津冀农业全要素生产率影响较大。横向对比“考虑环境的全要素生产率（GTFP）”与“不考虑环境的全要素生产率（TFP）”的测算结果，显示不考虑环境要素时存在对全要素生产率高估的情况，大部分年份 TFP 的测算结果高于 GTFP，主要表现为对 TC 的高估。

第三，对京津冀农业绿色全要素生产率影响因素分析，研究发现科技创新、对外开放水平、第二三产业发展水平对京津冀全样本农业绿色全要素生产率有正向影响；财政支出水平、机械化水平对京津冀全样本农业绿色全要素生产率有负向影响。促进京津冀第二三产业发展的因素很多，农业生产和技术溢出效应相对明显，发展科技是促进农业绿色发展的主要路径；碳排放的主要污染源之一就是机械动力，即汽油、柴油引发的二氧化碳的排放，因此农机是农业“非期望产出”的主要来源之一，在没有使用新能源动力的前提下，机械化水平对农业绿色全要素生产率有负向影响。

6 京津冀农业绿色协同发展研究

Anselin（1988）提出，忽视地区间的空间相关性会导致模型设定的偏误，使空间计量方法受到了学术界的广泛关注。空间因素对于环境问题研究的意义在于：传统的研究假定地区间的污染排放是相互独立的，即一个地区的经济发展只对本地区的环境质量产生影响而不会对周边地区的环境和经济产生影响，这显然与现实并不相符。由于风向、水流以及相对地理位置等客观因素，一个地区的环境质量必然会受到邻近地区污染排放的影响，此外，由于贸易和产业转移产生的跨境污染以及环境投入等公共政策的外溢性（Spillover Effect）所产生的“搭便车”（Free-Riding）行为，使地区间环境质量和经济发展的空间联动性进一步增强。环境问题的研究，空间因素将显现出越来越重要的作用。目前，在实证方面，学者们对空间计量在环境经济学上的运用主要集中于对环境库兹涅茨曲线的扩展方面。

现有对于我国的研究大多针对我国31个省份（不包括中国港澳台地区），仅有少数研究关注京津冀地区的空间效应，且大部分将河北省看作一个整体进行空间互动研究。而对于河北省而言，其主要由11个城市（秦皇岛、承德、唐山、张家口、石家庄、保定、廊坊、衡水、邢台、邯郸、沧州）构成，河北省各城市对北京市、天津市的空间影响，由于地理区位及产业关联的不同，空间互动故而不同，笼统地将这些城市归为一体，研究与京津的互动，将“淹没”京津冀地区各城市间的不同特性。鉴于此，本章以北京市、天津市以及河北省11个城市为研究对象，运用空间计量方法探寻京津冀地区绿色协同发展的演进历程。

6.1 京津冀农业生态环境与经济发展水平的关系分析

Grossman 等（1991）对世界不同国家进行研究，发现环境污染与经济增长的长期关系为倒“U”形，即当经济发展水平处于较低阶段时，环境污染较轻；随着人均收入增加，环境日益恶化；当经济发展水平达到某个临界点或拐点后，随着人均收入进一步提高，环境污染又由峰值下降，环境质量逐渐得到改善，研究两者关系的学者将其称为环境库兹涅茨曲线。

我国京津冀地区是我国重要的区域经济体，也是农业碳中和重要的需求体，农业经济发展与农业二氧化碳排放关系、农业经济发展是否能与二氧化碳排放相脱离，这是京津冀地区当前急需掌握解决的现实性难题。农业经济发展与农业二氧化碳排放关系由 EKC 体现，可以侧面反映当前节能减排政策的有效性，研究京津冀农业 EKC 曲线可以为地区碳减排现状把握和政策制定提供借鉴。

因此本章借助库兹涅茨曲线对收入不平等与经济发展之间存在倒“U”形曲线关系的描述，认为京津冀农业经济增长与农业绿色发展之间也存在类似的曲线关系，利用 EKC 简约式方程验证其存在性，模型一次、二次、三次形式如下：

$$y_{it}=\beta_0+\beta_1 x_{it}$$

$$y_{it}=\beta_0+\beta_1 x_{it}+\beta_2 x_{it}^2+\varepsilon$$

$$y_{it}=\beta_0+\beta_1 x_{it}+\beta_2 x_{it}^2+\beta_3 x_{it}^3+\varepsilon$$

其中，i 代表不同市区；t 代表年份；y 为主要污染物的碳排放、面源污染中的主要来源化肥、面源污染中的主要来源农药；x 为经济增长水平的度量指标，本章用人均 GDP 来表征；β_0 为截距项，β_1、β_2、β_3 为模型的系数；ε 为随机误差项，表示无法关注到的其他因素，分别从碳排放、化肥施用水平、农药使用水平 3 个角度，分析其与经济发展水平的关系。

6.1.1 京津冀农业环境质量与经济发展水平的关系分析

（1）京津冀地区农业环境质量与经济发展水平 EKC 模型构建

京津冀地区是我国的“首都经济圈”，是我国北方经济规模最大、最具活力的地区。由表 6.1 可知，2000 年京津冀地区 GDP 为 9489 亿元，占全国经济总量比重为9.47%，2022年京津冀地区GDP为99661亿元，占全国经济总量比重为8.27%，京津冀地区经济占全国比重呈现下降的趋势，农业碳排放数量下降的趋势弱于经济增长比重下降的趋势。

表6.1 2000—2022年京津冀地区GDP及占全国比重

年份	北京市		天津市		河北省		京津冀	
	GDP（亿元）	全国占比（%）	GDP（亿元）	全国占比（%）	GDP（亿元）	全国占比（%）	GDP（亿元）	全国占比（%）
2000	3278	3.27	1592	1.59	4628	4.62	9498	9.47
2001	3862	3.48	1757	1.58	5063	4.57	10681	9.63
2002	4526	3.72	1927	1.58	5519	4.53	11972	9.84
2003	5267	3.83	2258	1.64	6334	4.61	13859	10.08
2004	6253	3.86	2621	1.62	7589	4.69	16462	10.17
2005	7150	3.82	3159	1.69	8773	4.68	19082	10.19
2006	8387	3.82	3538	1.61	10043	4.58	21968	10.01
2007	10426	3.86	4158	1.54	12153	4.50	26737	9.90
2008	11813	3.70	5182	1.62	14200	4.45	31196	9.77
2009	12901	3.70	5710	1.64	15307	4.39	33917	9.73
2010	14964	3.63	6831	1.66	18004	4.37	39798	9.66
2011	17189	3.52	8113	1.66	21385	4.38	46686	9.57
2012	19025	3.53	9043	1.68	23078	4.28	51145	9.50
2013	21135	3.56	9945	1.68	24260	4.09	55340	9.33
2014	22926	3.56	10641	1.65	25209	3.92	58776	9.13
2015	24779	3.60	10880	1.58	26398	3.83	62057	9.01
2016	27041	3.62	11477	1.54	28474	3.81	66993	8.98
2017	29883	3.59	12451	1.50	30641	3.68	72974	8.77
2018	33106	3.60	13363	1.45	32495	3.53	78964	8.59
2019	35445	3.59	14056	1.42	34979	3.55	84479	8.56
2020	35943	3.55	14008	1.38	36014	3.55	85965	8.48
2021	41046	3.57	15685	1.36	40397	3.52	97128	8.45
2022	41541	3.45	16132	1.34	41988	3.49	99661	8.27

资料来源：国家统计局数据库。

从经济增长的总量分析（见表6.2），2022年北京地区经济水平为2000年的12.67倍，人均国内生产总值为2000年的7.60倍，而碳排放数量下降了57.33%，北京地区已经率先实现了碳达峰水平；同比分析天津地区，GDP 2000年为1592亿元，2022年为16132亿元，是2000年的10.13倍，人均GDP为2000年的7.26倍，碳排放数量下降了5.14%，天津地区碳排放水平下降的程度较为缓慢，但是也过了碳排放的最高水平；对于河北地区来说，2000年GDP为4628亿元，2022年为41988亿元，是2000年的9.07倍，河北地区经济增长速度是京津冀三地最低水平，2000年人均GDP为6966元/人，2022年为56481元/人，是2000年的8.11倍，农业碳排放水平下降了2.69%，京津冀三地均过了农业碳排放的最高水平。

表6.2　2000—2022年京津冀地区人均GDP　　单位：元/人

年份	北京市	天津市	河北省	全国
2000	25014	16236	6966	7942
2001	28097	17523	7572	8717
2002	32231	19161	8216	9506
2003	36583	22371	9380	10666
2004	42402	25761	11178	12487
2005	47182	30567	12845	14368
2006	53438	33411	14609	16738
2007	63629	37976	17561	20494
2008	68541	45242	20385	24100
2009	71059	47497	21831	26180
2010	78307	54053	25308	30808
2011	86246	61458	29647	36277
2012	92758	66517	31844	39771
2013	100569	71345	33346	43497
2014	106732	74960	34507	46912
2015	113692	75868	35994	49922
2016	123391	79647	38688	53783
2017	136172	87280	41451	59592

续表

年份	北京市	天津市	河北省	全国
2018	150962	95689	43808	65534
2019	161776	101557	47036	70078
2020	164158	101068	48302	71828
2021	187526	113660	54181	81370
2022	189988	117925	56481	85310

资料来源：国家统计局数据库。

为了进一步分析三地经济发展水平与农业碳排放之间的关系，建立 EKC 模型：

$$CO_2=\beta_0+\beta_1 perGDP+\beta_2 perGDP^2+\varepsilon$$

经初步测算，京津冀地区农业碳排放与人均生产总值（perGDP）符合曲线回归检验，经拟合回归，二次模型拟合度优于三次模型，回归曲线模型 R^2 很高，调整后 R^2 可以很好地解释因变量的变异；回归曲线模型方差分析 F 检验的显著性均通过 1%的检验，基于此，二次回归模型结果如表 6.3 所示。

表 6.3　EKC 模型结果

变量	京津冀		北京市		天津市		河北省	
	Coef.	t	Coef.	t	Coef.	t	Coef.	t
gdp	-88.26***	-4.55	-1.06***	-4.40	5.77***	6.34	121.20***	3.89
gdp^2	3.26***	3.01	-0.01	-0.88	-0.57***	-8.19	-24.67***	-4.82
c	565.74***	8.44	33.98***	31.44	28.23***	11.26	495.29***	12.46
Prob>F	0.0000		0.0000		0.0000		0.0000	
R-squared	0.3838		0.9674		0.8648		0.6472	

构建 EKC 模型如下：

$$JJCO_2=565.74-88.26perGDP+3.26perGDP^2+\varepsilon$$

$$BJCO_2=33.98-1.06perGDP-0.01perGDP^2+\varepsilon$$

$$TJCO_2=28.23+5.77perGDP-0.57perGDP^2+\varepsilon$$

$$HBCO_2=495.29+121.20perGDP-24.67\beta_2 perGDP^2+\varepsilon$$

（2）EKC 结果分析

图 6.1 为京津冀、北京市、天津市、河北省农业环境质量与经济发展曲线图（本章环境质量用农业碳排放水平表示）。计量模型回归结果显示，京津冀农业环境质量与地区经济发展呈“U”形曲线关系，但由于京津冀差异较大，因此散点图显示分布较分散［见图 6.1（a）］，如果剔除散点图中拟合为直线的下部数据，仅考虑左上部分数据，是符合 EKC 假说的倒“U”形曲线关系。由回归结果研究发现不同地区农业环境质量优化的转折点对应的人均 GDP 不同，最高点为临界值，在临界值左侧，农村环境质量随着人均 GDP 的增加而不断恶化；在临界值右侧，两者呈负相关关系，即随着人均 GDP 的增长，农村环境质量逐渐得到改善。目前国外学者计算的各类污染物 EKC 转折点为 3000～10000 美元（1985 年美元不变价格），国内计算的结果多在 10000～50000 元出现转折，比发达国家更早（周静等，2007；蒋黎、王晓君，2019）。

将京津冀地区人均 GDP 与临界值对比发现，北京地区约为 4 万元/人，天津地区约为 6 万元/人，河北地区约为 3 万元/人，从碳排放指代的 EKC 曲线来看，选取的样本区域均超过临界值达到这一门槛。图 6.1 描述了上述地区农业环境质量与人均 GDP 的曲线，可以看出，北京市目前处于倒“U”形曲线右侧后半部，随着经济水平发展，农业环境质量一直在持续变好，这与北京市近几年对农业种植结构进行调整，转变农业发展目标有关系。天津市、河北省刚过转折点，随着经济水平发展，农业环境质量开始好转。农业环境质量实际转折点还可能与地区环境治理政策、农村环境污染现状紧密相关，从图 6.1 可以看出样本地区的转折点基本在人均 GDP 达到 5 万元/人左右时出现。

综上所述，北京市、天津市、河北省农业碳排放与经济发展水平存在倒“U”形关系的 EKC，但是 EKC 形态表达形式不完全一致，但 EKC 回归模型均通过了 1%显著性水平检验，三地 EKC 因变量的生长模型拟合度较优，经测算，2012 年北京地区已出现拐点，2016 年天津地区出现拐点，河北地区于 2018 年出现拐点，说明北京地区已率先达到了经济发展过程中碳排放的峰值，天津与河北地区也陆续到达，因此在后续研究中，我们要关注的研究领域为如何实现碳中和，各地区农业领域碳排放的峰值不是我们研究的重点，而通过减少高碳农业生产产品的产出，或者通过增加碳消耗量大的农业产品的产出，实现碳排放与碳消耗的平衡，需要我们进一步讨论。

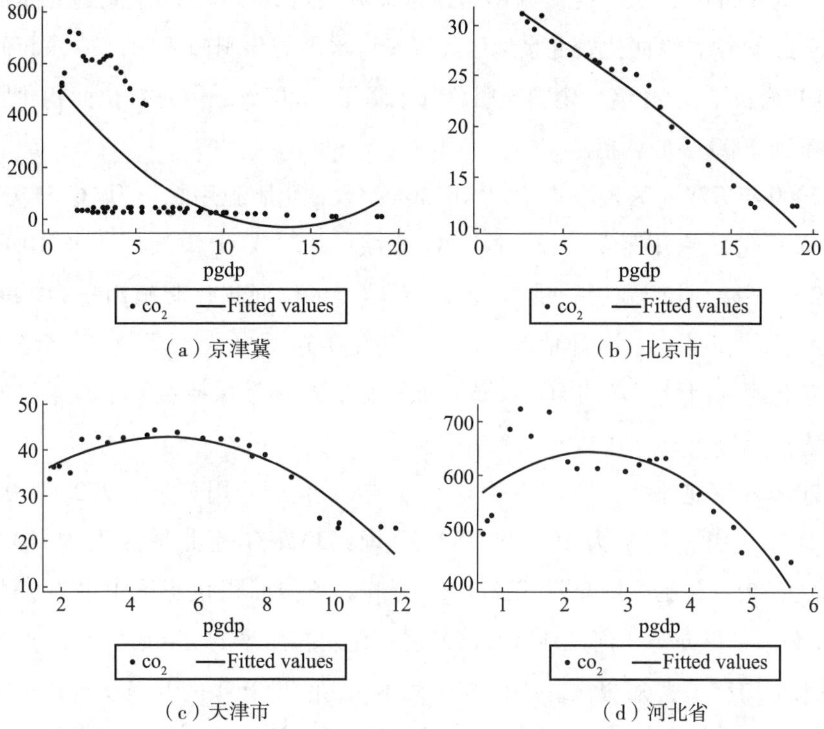

注：图中横轴代表人均 GDP（万元/人），纵轴代表碳排放量（万吨）。

图 6.1　京津冀农业环境质量与经济发展的 EKC 模型

京津冀地区是我国蔬菜生产规模较大的区域，也是化肥、农药使用量较大的区域。农业生产过程中碳排放最严重的环节就是化肥、农药使用、分解的环节，而现阶段我国出现严重的化肥、农药过量使用的情况，不仅造成了温室气体排放的增加，而且造成了严重的面源污染，对土地生产和生态环境都造成了严重的影响，基于此我们分别分析化肥、农药使用量与经济发展的关系，从而为确定减肥减药政策实施节点提供依据。

6.1.2　京津冀化肥施用量与经济发展水平的关系分析

（1）京津冀地区化肥施用量与经济发展水平 EKC 模型构建

如表 6.4 所示，2000 年北京地区人均 GDP 为 25014 元/人，同年全国平均水平为7942元/人，化肥施用总量为17.90万吨，单位面积化肥施用量为391.45千克/公顷；2022年北京地区人均GDP为189988元/人，同年全国平均水平为85310元/人，化肥施用总量为6.61万吨，单位面积化肥施用量高于700千克/公顷，纵向比较北京地区经济发展水平与化肥施用量，20多年间人均GDP增长了6.60倍，化肥施用总量下降了63.07%，但是单位面积化肥施用量不到2000年的2倍。

2000年天津地区人均GDP为16236元/人，化肥施用总量为16.64万吨，单位面积化肥施用量为312.11千克/公顷；2022年天津地区人均GDP为117925元/人，化肥施用总量为15.52万吨，单位面积化肥施用量为349.94千克/公顷，纵向对比天津地区经济发展与化肥施用的变化情况，经济增长速度快于化肥施用量下降的速度，单位面积化肥施用量保持在一个较平稳的增长状态。

2000年河北地区人均GDP为6966元/人，化肥施用总量为270.62万吨，单位面积化肥施用量为299.88千克/公顷；2022年河北地区人均GDP为56481元/人，化肥施用总量为271.64万吨，单位面积化肥施用量为334.78千克/公顷，纵向对比河北地区经济发展与化肥施用量的关系，两个时点经济发展水平均有了大幅变化，2022年人均GDP是2000年的8倍多，化肥施用总量增长幅度较小，单位面积化肥施用量稍高于总量的变动，这也体现出了我国农业，尤其园艺类作物减肥政策实施的效果，为了进一步分析三地经济发展水平与化肥施用量之间的关系，建立EKC模型：

$$fertilizer = \beta_0 + \beta_1 \mathrm{perGDP} + \beta_2 \mathrm{perGDP}^2 + \varepsilon$$

表6.4　2000—2022年京津冀化肥施用情况　　单位：万吨

年份	北京市	天津市	河北省
2000	17.90	16.64	270.62
2001	15.69	17.31	273.38
2002	14.88	17.59	278.80
2003	14.32	17.80	283.31
2004	14.46	22.85	289.88
2005	14.84	23.29	303.39

续表

年份	北京市	天津市	河北省
2006	14.84	24.56	304.89
2007	13.99	25.82	311.87
2008	13.63	25.88	312.40
2009	13.82	25.96	316.17
2010	13.67	25.54	322.86
2011	13.84	24.39	326.28
2012	13.67	24.45	329.33
2013	12.78	24.34	331.04
2014	11.64	23.27	335.61
2015	10.53	21.78	335.49
2016	9.65	21.36	331.79
2017	8.55	18.01	322.00
2018	7.29	16.95	312.40
2019	6.17	16.24	297.27
2020	6.06	15.29	285.71
2021	6.30	15.66	276.87
2022	6.61	15.52	271.64

资料来源：国家统计局数据库。

经检验，京津冀地区化肥施用量与人均GDP符合曲线回归检验，经拟合回归，二次模型拟合度优于三次模型，回归曲线模型 R^2 很高，调整后的 R^2 可以很好地解释因变量的变异（见表6.5）；回归曲线模型方差分析 F 检验的显著性均通过1%的检验，基于此，二次回归模型为：

$$JJfertilizer=280.50-41.03\text{perGDP}+1.44\text{perGDP}^2+\varepsilon$$

$$BJfertilizer=17.48-0.49\text{perGDP}-0.01\text{perGDP}^2+\varepsilon$$

$$TJfertilizer=13.04+3.97\text{perGDP}-0.35\text{perGDP}^2+\varepsilon$$

$$HBfertilizer=233.41+62.21\text{perGDP}-10.02\beta_2\text{perGDP}^2+\varepsilon$$

表 6.5 化肥 EKC 模型结果

变量	京津冀		北京市		天津市		河北省	
	Coef.	*t*	Coef.	*t*	Coef.	*t*	Coef.	*t*
gdp	-41.03***	-3.97	-0.49**	-0.40	3.97***	6.44	62.21***	18.25
gdp^2	1.44**	2.50	-0.01	-3.10	-0.35***	-6.94	-10.02***	-17.93
c	280.50***	7.85	17.48***	20.93	13.04***	7.28	233.41***	53.68
Prob>*F*	0.0000		0.0000		0.0000		0.0000	
R-squared	0.3451		0.9325		0.7447		0.9434	

（2）EKC 结果分析

图 6.2 为京津冀、北京市、天津市、河北省整体农业化肥施用量与地区经济发展曲线图。对比京津冀地区人均 GDP 临界值发现，北京地区约为 4 万元/人，天津地区约为 7 万元/人，河北地区约为 4 万元/人，从化肥施用量指代的 EKC 曲线看，选取的样本区域均超过临界值达到这一门槛，且临界值出现的人均 GDP 数值与 6.1.1 节部分计算结果相近。

因此基于图 6.2 描述的北京市、天津市、河北省农业化肥施用量与人均 GDP 的曲线，可以看出北京、天津地区目前处于倒“U”形曲线右侧后半部，随着经济水平发展，农业化肥施用量一直在持续减少。河北地区刚过转折点，随着经济水平发展，农业化肥施用量开始减少。农业化肥施用量的减少与地区环境治理政策、农村环境污染现状紧密相关，更与地区农业生产结构调整相关。但是计量模型回归结果显示，京津冀三地整体农业化肥施用量与地区经济发展拟合的曲线关系效果并不好，说明三地整体内部存在较大的差异性。

综上所述，北京市、天津市、河北省农业化肥施用量与经济发展水平存在倒“U”形关系的 EKC，回归模型均通过了 1%显著性水平检验，三地 EKC 因变量的生长模型拟合度较优。经测算，北京市、天津市、河北省农业化肥施用量与经济发展水平拐点分别为 2011 年、2013 年、2016 年，比碳排放与经济发展水平测算的结果提前，一定程度上证明化肥对农业碳排放的影响程度较大，农业碳减排中化肥减施是重点研究项目。

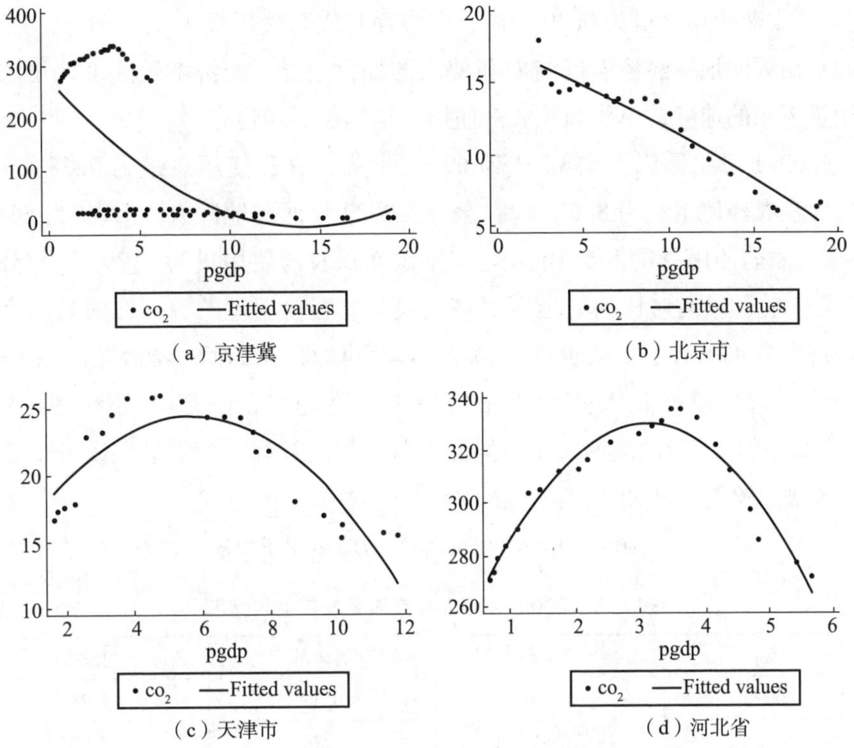

注：图中横轴代表人均 GDP（万元/人），纵轴代表化肥施用量（万吨）。

图 6.2　京津冀农业化肥施用量与经济发展的 EKC 模型

6.1.3　京津冀农药使用量与经济发展水平的关系分析

（1）京津冀地区农药使用量与经济发展水平 EKC 模型构建

除了化肥以外，农药作为另一重要碳排放源与面源污染源，对食品安全与生态环境影响同样十分关键，因此下面分析农药使用量与经济发展水平的关系。

2000 年北京地区人均 GDP 为 25014 元/人，同年全国平均水平为 7942 元/人，农药使用总量为 0.54 万吨，单位面积农药使用量为 11.81 千克/公顷；2022 年北京地区人均 GDP 为 189988 元/人，同年全国平均水平为 85310 元/人，农药使用总量为 0.20 万吨，单位面积农药施用量为 13.91 千克/公顷，纵向比较北京地区经济发展水平与农药使用量，20 多年间人均 GDP 增长了 6.60 倍，农药使用总量下降了 62.96%，但是单位面积农药使用量仍然较高。

2000 年天津地区人均 GDP 为 16236 元/人，农药使用总量为 0.36 万吨，单位面积农药使用量为 6.75 千克/公顷；2022 年天津地区人均 GDP 为 117925

元/人，农药使用总量为 0.20 万吨，单位面积农药使用量为 4.51 千克/公顷，纵向对比天津地区经济发展与农药使用的变化情况，经济增长速度快于农药使用量下降的速度，单位面积农药使用量也呈现下降趋势。

2000 年河北地区人均 GDP 为 6966 元/人，农药使用总量为 7.28 万吨，单位面积农药使用量为 8.07 千克/公顷；2022 年河北地区人均 GDP 为 56481 元/人，农药使用总量为 5.10 万吨，单位面积农药使用量为 6.29 千克/公顷（见表 6.6）。纵向对比河北地区经济发展与农药使用量的关系，前后两个时点经济发展水平有了大幅提高，2022 年人均 GDP 是 2000 年的 8 倍多，农药使用总量与单位面积农药使用量均呈现下降趋势，降幅分别为 29.95%、22.08%，政府推行的减药政策在河北省落实情况较好，为了进一步分析三地经济发展水平与农药使用量之间的关系，建立 EKC 模型：

$$pesticide=\beta_0+\beta_1 \mathrm{perGDP}+\beta_2 \mathrm{perGDP}^2+\varepsilon$$

表 6.6　2000—2022 年京津冀农药使用情况　　单位：万吨

年份	北京市	天津市	河北省
2000	0.54	0.36	7.28
2001	0.45	0.28	7.38
2002	0.47	0.25	7.47
2003	0.52	0.25	7.52
2004	0.54	0.31	7.57
2005	0.47	0.33	8.08
2006	0.47	0.34	8.12
2007	0.37	0.35	8.35
2008	0.39	0.38	8.51
2009	0.40	0.38	8.65
2010	0.40	0.37	8.46
2011	0.39	0.38	8.30
2012	0.39	0.38	8.48
2013	0.39	0.36	8.67
2014	0.36	0.36	8.63
2015	0.32	0.35	8.33
2016	0.30	0.33	8.17
2017	0.27	0.24	7.76

续表

年份	北京市	天津市	河北省
2018	0. 26	0. 22	6. 15
2019	0. 23	0. 22	5. 73
2020	0. 21	0. 20	5. 43
2021	0. 23	0. 17	5. 27
2022	0. 20	0. 20	5. 10

资料来源：国家统计局数据库。

经检验，京津冀地区农药使用量与人均 GDP 符合曲线回归检验，经拟合回归，二次模型拟合度优于三次模型，回归曲线模型 R^2 很高，调整后的 R^2 可以很好地解释因变量的变异；回归曲线模型方差分析 F 检验的显著性均通过 1%的检验（见表 6. 7），基于此，二次回归模型为：

$$JJJpesticide = 7.832 - 1.176\text{perGDP} + 0.044\text{perGDP}^2 + \varepsilon$$

$$BJpesticide = 0.578 - 0.025\text{perGDP} + 0.0003\text{perGDP}^2 + \varepsilon$$

$$TJpesticide = 0.191 + 0.065\text{perGDP} - 0.006\text{perGDP}^2 + \varepsilon$$

$$HBpesticide = 6.018 + 2.076\text{perGDP} - 0.420\beta_2\text{perGDP}^2 + \varepsilon$$

表 6. 7　农药 EKC 模型结果

变量	京津冀		北京市		天津市		河北省	
	Coef.	t	Coef.	t	Coef.	t	Coef.	t
gdp	-1. 176 ***	-4. 64	-0. 025 ***	-4. 26	0. 065 ***	6. 50	2. 076 ***	7. 27
gdp^2	0. 044 ***	3. 12	0. 0003	0. 99	-0. 006 ***	-7. 88	-0. 420 ***	-7. 84
c	7. 832 ***	8. 43	0. 578 ***	21. 76	0. 191 ***	6. 88	6. 018 ***	10. 19
Prob>F	0. 0000		0. 0000		0. 0000		0. 0000	
R-squared	0. 3835		0. 9209		0. 6960		0. 7956	

（2）EKC 结果分析

图 6. 3 为京津冀、北京市、天津市、河北省整体农业农药使用量与地区经济发展曲线图。对比京津冀地区人均 GDP 临界值发现，北京地区约为 4 万元/人，天津地区约为 6 万元/人，河北地区约为 2. 5 万元/人，从农药使用量指代的 EKC 曲线看，选取的样本区域均超过临界值达到这一门槛，且临界值出现的人均 GDP 数值与碳排放、化肥施用量部分计算结果相近，临界值差异相对较小。

因此基于图 6.3 描述的北京市、天津市、河北省农业农药使用量与人均 GDP 的曲线，可以看出，北京地区目前处于倒“U”形曲线右侧后半部，随着经济水平发展，农业农药使用量一直在持续减少。天津、河北地区刚过转折点，随着经济水平发展，农业农药使用量开始减少。农业农药使用量的减少与地区环境治理政策、农村环境污染现状紧密相关，更与地区农业生产结构调整相关。但是计量模型回归结果显示，京津冀三地整体农业农药使用量与地区经济发展拟合的曲线关系效果并不好，说明三地整体内部存在较大的差异性。

综上所述，北京市、天津市、河北省农业农药使用量与经济发展水平存在倒“U”形关系的 EKC，回归模型均通过了 1%显著性水平检验，三地 EKC 因变量的生长模型拟合度较优。经测算，北京市、天津市、河北省农业农药使用量与经济发展水平拐点分别为 2011 年、2016 年、2015 年，测算结果拐点较化肥施用量的靠后，一定程度上说明农药减施行为受到减肥行为的影响。

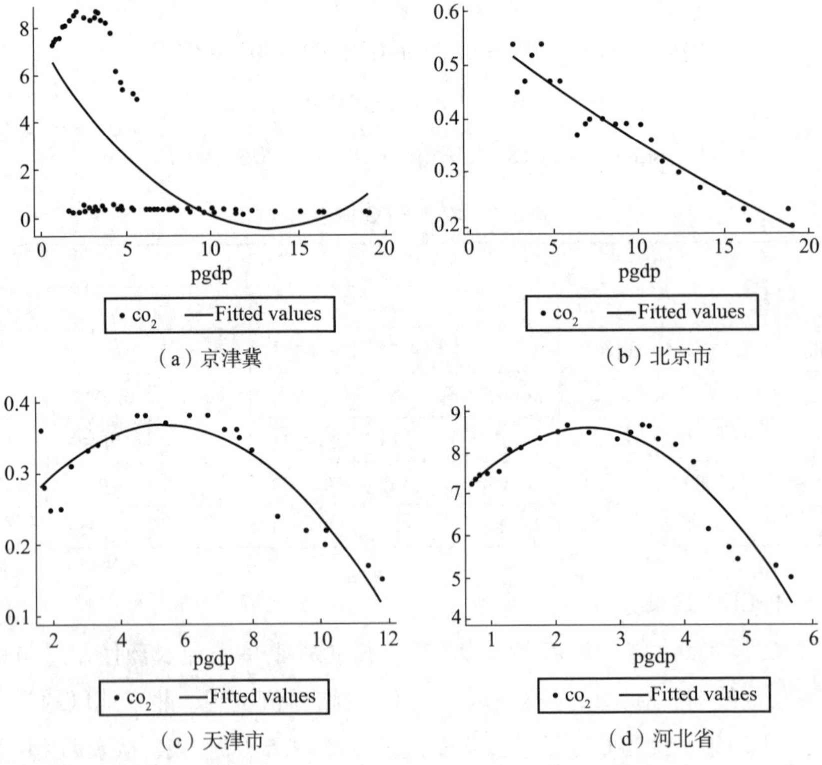

注：图中横轴代表人均 GDP（万元/人），纵轴代表农药使用量（万吨）。

图 6.3 京津冀农业农药使用量与经济发展的 EKC 模型

6.2 京津冀农业绿色全要素生产率空间协同与效应分析

Anselin（1988）提出，忽视地区间的空间相关性会导致模型设定的偏误，使空间计量方法受到了学术界的关注。传统的研究假定地区间的污染排放是相互独立的，即一个地区的经济发展只对本地区的环境质量产生影响而不会对周边地区的环境和经济产生影响，这显然与现实并不相符。由于风向、水流以及相对地理位置等客观因素，一个地区的环境质量必然会受到邻近地区污染排放的影响。环境问题的研究，空间因素将显示出越来越重要的作用。本节以北京市、天津市以及河北省 11 个城市为研究对象，探寻京津冀地区农业绿色协同发展的演进历程。

6.2.1 京津冀农业绿色全要素生产率空间协同分析

（1）京津冀农业绿色全要素生产率全局自相关

为印证环境因素对全要素生产率产生的内在影响，运用 Moran's I 指数分别对京津冀地区 13 个市环境全要素生产率的全局与局域空间自相关性进行检验，以判定在 2000—2021 年京津冀地区环境全要素生产率是否存在相关性与协同现象。判断京津冀各城市地区农业绿色发展的空间相关性，可通过测算全局 Moran's I 指数进行检验。其计算公式为：

$$I = \frac{\sum_{i=1}^{n}\sum_{j=1}^{n} w_{ij}(A_i - \bar{A})(A_j - \bar{A})}{S^2 \sum_{i=1}^{n}\sum_{j=1}^{n} w_{ij}}$$

Moran's I 指数取值范围是［-1，1］，当 $I>0$ 趋近 1 时，表明指标值具有正空间自相关性，空间地理现象呈现相似的协同集聚态势；当 $I<0$ 趋近-1 时，表明指标值存在负空间自相关性，空间地理现象呈现相异的集聚态势；Moran's I 指数逼近 0 时，表明指标值不存在空间自相关性。本小节利用 stata17.0 软件计算 2001—2021 年京津冀地区农业绿色全要素生产率的全域 Moran's I 指数及其显著性，结果如表 6.8 所示。

表 6.8　2001—2021 年京津冀农业绿色全要素生产率的全域 Moran's *I* 检验结果

年份	Moran's *I*	标准差	*Z* 值	*P* 值
2001	-0.223	0.159	-0.876	0.190
2002	-0.088	0.109	-0.043	0.483
2003	-0.039	0.155	0.288	0.387
2004	-0.147	0.150	-0.427	0.335
2005	0.031	0.121	0.950	0.171
2006	-0.175	0.117	-0.787	0.216
2007	0.107	0.143	1.332	0.091
2008	-0.322	0.149	-1.607	0.054
2009	-0.012	0.135	0.530	0.298
2010	0.116	0.152	1.313	0.095
2011	-0.154	0.153	-0.463	0.322
2012	0.001	0.062	1.355	0.088
2013	0.010	0.090	1.038	0.150
2014	-0.283	0.139	-1.443	0.075
2015	-0.306	0.159	-1.401	0.081
2016	0.143	0.159	1.419	0.078
2017	-0.333	0.154	-1.623	0.052
2018	-0.255	0.127	-1.352	0.088
2019	-0.193	0.143	-0.769	0.221
2020	-0.093	0.148	-0.064	0.475
2021	-0.127	0.154	-0.283	0.389

从整体来看，考虑环境因素的京津冀农业绿色全要素生产率的全域 Moran's *I* 指数呈现出分段变化的态势，在不同阶段呈现正负交替现象。2007 年前 Moran's *I* 指数未通过显著性检验，说明京津冀地区 2007 年前农业绿色全要素生产率可能不存在或者存在交叉的空间相关关系，农业协同发展的关联情况不明确。2007 年后 Moran's *I* 指数大部分年份均通过了 10%的显著性检验，一定程度反映了这一阶段京津冀农业绿色布局出现相似的集聚态势，京

津冀农业绿色一体化发展取得一定的实质性进展。依据相关性水平将京津冀农业绿色全要素生产率的全域 Moran's *I* 指数分为 2007—2009 年、2010—2013 年、2014—2018 年、2019—2021 年 4 个阶段，研究发现 Moran's *I* 指数在第一阶段、第三阶段、第四阶段主要呈现出一定的负空间自相关性，Moran's *I* 指数在第二阶段主要呈现出一定的正空间自相关性，2009 年、2011 年、2013 年以及 2019—2021 年没有通过显著性检验，这说明该阶段京津冀农业绿色全要素生产率空间集聚关系可能存在着交叉分布，且存在的空间依赖具有动态性或仅部分地区存在空间相关性，全域 Moran's *I* 指数划分的 4 个阶段也印证了这个结论。由于全域 Moran's *I* 指数无法刻画绿色全要素生产率空间集聚的具体区域和变化特征，因此，需要对京津冀农业绿色全要素生产率的局域空间自相关性进行进一步检验。

（2）京津冀农业绿色全要素生产率局部自相关

基于全域 Moran's *I* 指数的变化趋势，考察局域空间自相关时，以 2010 年为界，通过等距的方法选取 2001 年、2011 年、2021 年以及 2001—2021 年环境全要素生产率 Moran 散点图，来考察京津冀农业绿色全要素生产率近 20 年发生的变化，揭示考虑碳排放环境约束的市域间京津冀农业绿色全要素生产率的局域空间关联类型（见图 6.4、表 6.9、表 6.10）。

对京津冀农业绿色全要素生产率局部自相关分析，如图 6.4 所示，不同时间节点与不同时间段农业绿色全要素生产率的协同形式不同，2001—2021 年整体分析，京津冀农业绿色发展具有正向自相关性，呈现一体化趋势。首先分别找出高—高集聚区（H-H 型）、低—高集聚区（L-H 型）、高—低集聚区（H-L 型）、低—低集聚区（L-L 型）。从近 20 年动态演变上看，13 个样本市的环境全要素生产率的局域空间发生了明显的变化。

北京市从 2001 年的 H-L 型变化为 2011 年的 H-H 型，再变化为 2021 年的 L-H 型，表示北京市的农业绿色全要素生产率的空间关联经历了高生产率被低生产率包围（2001 年）—高生产率被高生产率包围（2011 年）—低生产率被高生产率包围（2021 年），显示北京市的农业绿色全要素生产率水平整体呈现回落趋势，而北京市周围区域农业绿色全要素生产率水平不断提升。承德市变动水平较小，一直处于 H-H 型状态，即承德市农业绿色全要素生产率的空间关联一直处于高生产率被高生产率包围的状态，周边地区受到承德市影响，对农业绿色生产具有更高的认知和行为。石家庄市从 2001 年的 L-H 型变化为 2011 年的 H-L 型，再变化为 2021 年的 L-L 型，变动幅度较大，现今农业绿色发展呈现低生产率被低生产率包围状态，农业绿色发展协同性不足。

2001—2021 年位于 Moran's *I* 散点图中第一象限的城市有北京、承德、秦皇岛、天津、张家口，其表现为高生产率的区域被高生产率的区域所包围（H-H 型）；位于第二象限的城市有廊坊、唐山，其表现为低生产率的区域被高生产率的区域所包围（L-H 型）；位于第三象限的城市有保定、沧州、邯郸、衡水、石家庄、邢台，其表现为低生产率的区域被低生产率的区域所包围（L-L 型）；没有城市处于第四象限。由于大部分城市处于第一、第三象限，说明从整体趋势分析 2001—2021 年农业绿色发展已经呈现出一定的空间聚集效应，农业协同一体化程度取得了一定成效，但是从年份分解情况分析，近几年空间聚集效应减弱，京津冀农业协同一体化程度下降。

表 6.9　2001—2021 年京津冀农业绿色全要素生产率的空间关联类型

年份	第一象限（H-H）	第二象限（L-H）	第三象限（L-L）	第四象限（H-L）
2001	承德市	邯郸市、廊坊市、石家庄市、唐山市、张家口市	保定市、沧州市、衡水市、秦皇岛市	北京市、天津市、邢台市
2011	北京市、承德市、秦皇岛市、张家口市	保定市、唐山市、天津市、邢台市	沧州市、衡水市、廊坊市	邯郸市、石家庄市
2021	承德市	北京市、沧州市、廊坊市、秦皇岛市、唐山市	邯郸市、衡水市、石家庄市、邢台市	保定市、天津市、邢台市
2001—2021	北京市、承德市、秦皇岛市、天津市、张家口市	廊坊市、唐山市	保定市、沧州市、邯郸市、衡水市、石家庄市、邢台市	

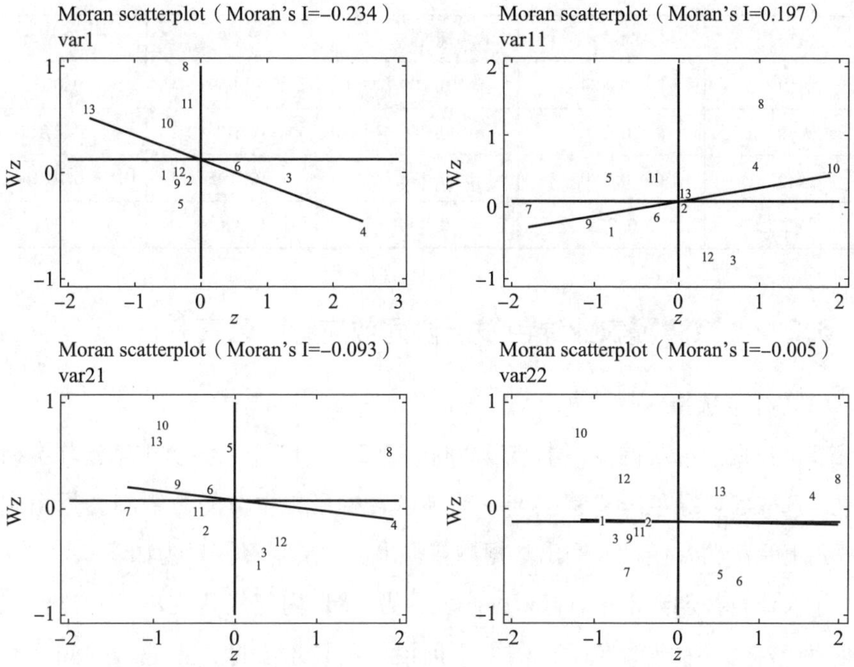

注：1—保定市；2—北京市；3—沧州市；4—承德市；5—邯郸市；6—衡水市；7—廊坊市；8—秦皇岛市；9—石家庄市；10—唐山市；11—天津市；12—邢台市；13—张家口市。四张图片分别显示2000年、2010年、2018年、2000—2018年京津冀农业绿色全要素生产率均值的Moran's *I*散点图。

图6.4 京津冀农业绿色全要素生产率均值的Moran's *I*散点图

表6.10 2000—2021年京津冀农业绿色全要素生产率的局部Moran's *I*检验结果

城市	Moran's *I*	标准差	*Z*值	*P*值
保定	0.156	0.297	0.804	0.211
北京	0.065	0.297	0.498	0.309
沧州	0.251	0.409	0.817	0.207
承德	0.172	0.346	0.737	0.231
邯郸	-0.370	0.936	-0.306	0.380
衡水	-0.581	0.409	-1.217	0.112
廊坊	0.415	0.409	1.220	0.111
秦皇岛	0.536	0.635	0.976	0.165
石家庄	0.150	0.496	0.471	0.319

续表

城市	Moran's I	标准差	Z 值	P 值
唐山	-0.884	0.409	-1.959	0.025
天津	0.129	0.346	0.612	0.270
邢台	-0.180	0.496	-0.195	0.423
张家口	0.075	0.496	0.320	0.374

6.2.2 京津冀农业绿色发展协同效应影响因素分析

（1）样本选择

基于数据的可获得性，本节以2000—2021年13个京津冀市辖区作为研究对象，选取农业绿色全要素生产率为被解释变量，本节的被解释变量由碳排放视角下京津冀农业投入产出数据测算得出。本节解释变量为如下：

①农业科技创新水平（R&D），表示为R&D内部经费支出，对比传统的农业生产模式，农业绿色生产需要更前沿的新技术支撑，且地区空间受科技溢出影响，进而影响各地区绿色全要素生产率。

②经济发展水平（AGDP）。经济发展水平的提高会推动农业生产环境进一步改善，是影响农业绿色发展水平的重要因素。经济发展水平可使用GDP总值、人均GDP、农村居民收入等指标衡量，本节选用人均GDP指标衡量地区经济发展水平。

③政府干预（GOV）。政府鼓励政策的实施以及资金的投入等都会对农业绿色发展产生影响。政府规模大小从一定程度上可以反映政府对市场的干预程度，可用京津冀各市农业财政预算支出占本地区农业GDP的比重进行衡量。

④产业结构调整（AT）。农业发展水平占地区总经济水平的比重会影响农业绿色发展效率，用农业GDP占地区总GDP比重表示产业结构。

⑤机械化水平（JX）。以各地区农业机械总动力表示，农业机械化是实现农业现代化的必然选择。农业机械化可以减少劳动力投入，用更少的人力物力收获更大的利益，改善农业设施的设备条件，提高机械化水平。但与此同时，农业机械对能源需求量较大，尤其是柴油等资源，会增加非期望产出数量。

（2）模型设定

京津冀农业绿色发展水平的空间关联性客观存在，因此在模型设定时需采用充分考虑空间因素的空间计量模型。实证研究中通常构建更具一般性的空间杜宾模型（SDM）进行分析，其模型的面板数据形式设定如下：

$$GTFP_{it} = \delta \sum_{j=1}^{n} WGTFP_{it} + \beta X_{it} + \theta \sum_{j=1}^{n} WX_{it} + \gamma_i + \lambda_t + \varepsilon_{it}, \ \varepsilon_{it} \sim N(0, \sigma^2 I)$$

其中，i 代表不同区域；t 代表不同时间，被解释变量 $GTFP$ 表示样本地区的农业绿色全要素生产率；βX_{it} 为一系列解释变量，由前面内容介绍，具体为农业科技创新水平、经济发展水平、政府干预、产业结构调整（SRU）；δ、θ 分别为被解释变量和解释变量的空间滞后项系数；参数向量 β 表示各解释变量对被解释变量的影响；W 为空间权重矩阵，$\sum_{j=1}^{n} WGTFP_{it}$ 表示被解释变量与相邻空间单元被解释变量之间的交互效应；ε_{it} 为空间误差项；γ_t 和 γ_i 分别表示时间效应和个体效应。若 $\theta = 0$，上述模型将退化为空间滞后模型（SAR），考察因变量是否在地区之间存在空间溢出影响；若 $\theta + \delta\beta = 0$，则退化为空间误差模型（SEM），探究没有包含在解释变量中的遗漏变量，或不可观测随机冲击带来的空间影响。

（3）空间效应结果分析

依据 Elhorst（2014）的检验，首先采用非空间面板数据模型判断空间滞后项或者空间误差项是否应该置入模型。结果显示，在混合回归与包含空间和时间固定效应的模型中，经典的 LM 检验与稳健的 LM 检验均在1%的显著性水平上通过了检验，然而在空间固定效应和时间固定效应的回归中，当使用传统 LM 检验时，不能拒绝没有空间相关误差项的原假设。因此，模型应该包含空间滞后项，而是否应该包含空间误差项则需要检验。进一步进行似然比 LR 检验，P 值均小于 0.01，确认拒绝随机效应模型。因此本节采用空间杜宾模型，对京津冀 13 个样本区域的面板数据进行回归分析，并将研究时间分为 2005—2013 年、2014—2021 年两阶段，估计各解释变量对被解释变量的直接效应和间接效应，回归结果见表 6.11。

表 6.11　京津冀时空固定效应 SDM 模型估计结果

	2005—2021 年			2005—2013 年			2014—2021 年		
	直接效应	间接效应	总效应	直接效应	间接效应	总效应	直接效应	间接效应	总效应
R&D	0.047 (0.71)	0.101 (0.73)	0.149 (0.89)	0.401** (2.02)	1.411* (1.71)	1.812** (1.92)	−0.040 (−0.66)	0.003 (0.02)	−0.036 (−0.24)
GOV	−0.017 (−0.18)	0.533* (1.88)	0.516* (1.90)	0.064 (0.39)	0.415 (1.36)	0.479** (1.86)	0.123** (0.88)	0.680** (1.99)	0.803** (2.48)
AGDP	−0.005 (−0.32)	−0.016 (−0.47)	−0.021 (−0.79)	−0.017 (−0.39)	0.011 (0.19)	−0.006 (−0.16)	0.033 (1.16)	−0.034 (−0.70)	0.001 (0.00)
AT	2.204* (1.75)	1.296 (1.36)	3.500** (2.13)	10.024*** (2.70)	4.810** (2.40)	14.833*** (2.87)	0.420 (0.63)	−0.360 (−0.40)	0.061 (0.06)
JX	−0.282 (−1.27)	−0.079* (1.79)	−0.361 (−1.57)	−0.129 (−1.09)	−1.070*** (−2.86)	−1.199*** (−3.62)	0.485* (−1.77)	−0.210 (−1.16)	−0.695** (−2.09)

2005—2021 年京津冀农业科技创新水平对京津冀农业绿色发展表现出正向影响，说明从整体层面京津冀农业科技创新水平上升，对相邻地区及区域农业绿色全要素生产率发展均有促进作用。通常来说直接效应表示地区某要素对该地区另一要素的影响，而对其他地区的影响由间接效应表示。考虑到研究时间段较长，且其间有重大政策推行，进行分时间段空间效应分析，分解相关效应。为了探讨科技创新水平、经济发展水平、政府干预、产业结构、机械化水平对京津冀农业绿色发展的相关效应在时间维度上的变化，依据京津冀农业绿色全要素生产率全局自相关结果分段，将样本分为 2005—2013 年、2014—2021 年两个阶段分别进行回归。由表 6.11 显示，科技创新水平仅在 2005—2013 年阶段通过显著性检验，说明科技创新对农业绿色生产的作用在这个阶段影响作用明显。

政府干预的间接效应和总效应为正向且通过显著性检验，京津冀各地农业政府干预对相邻地区农业绿色发展存在显著溢出效应，强有力的地方政府惠及相邻地区农业绿色发展，但政府干预对本地直接效应为负且不显著，可能的原因是京津冀地方支持偏向对农业公共事务而并非单纯的支持绿色发展。从阶段性发展的角度分析，2014—2021 年政府干预对相邻地区农业绿色发展的促进作用更强，呈现较强的正向显著性影响，说明这一阶段农业政策倾向发生变化，绿色生产成为主要方向。

经济发展水平的直接效应、间接效应和总效应均没有通过显著性检验，说明地区经济发展水平上升，对相邻地区及区域整体农业绿色全要素生产率发展促进作用不显著，这一结果也表明京津区域内的不同产业存在竞争效应，一二三产业绿色融合效应不明显。

产业结构的直接效应与总效应显著为正，对于农业发达的地区，其周边地区的农业绿色水平较低，对相邻地区及区域整体农业绿色全要素生产率发展也有抑制作用，可能的原因是以质量促进农业发展的产业发展模式还没有形成，经济越发达的地区，农业经济越相对较弱，但消费市场更发达，绿色发展反而更容易推进，也更容易影响附近地区农户进行绿色生产，这种效应在第一阶段影响更明显。

机械化水平的间接效应通过显著性检验，且呈现负向影响，机械化水平高的地区对本地和周边绿色生产负向影响，可能的原因是机械对能源需求量较大，尤其是柴油等资源，会增加非期望产出数量，且机械化水平高的地区以大田作物生产为主，大田作物绿色化生产水平相对较低。

6.3 京津冀农业绿色协同发展的制约因素

第一，区域农业绿色发展分工合理性有待改进，尤其是北京市与天津市、天津市与河北省之间。从绿色农业产业结构相似系数以及主导行业发展来看，北京市与天津市农业服务业结构高度相似，天津市与河北省工业结构尤其是高污染行业工业结构高度相似，河北省各市农业生产服务业结构高度相似。虽然相似的产业结构有利于发挥区域集聚效应，但是在现阶段京津冀区域内跨区域的产业集群尚未完全形成，集群间产业链短，高度相似的产业结构容易导致恶性竞争，使规模效应被抵消。

第二，地方专业化、区域多样化的绿色农业集聚模式在实现上仍存在较大困难。虽然《京津冀农业协同发展规划》中对京津冀农业发展功能进行了定位，但是由于以往较长时期内京津冀区域分工的不合理，造成各地区无法在短期快速实现转型。尤其是天津与河北地区在高质量绿色农产品上的竞争，可能会削弱区域整体竞争力，但如何开展合作又是一个难以在短期内解决的问题。此外，虽然京津冀区域的农业总体规划对主要城市进行了定位，但是，县级地方政府迫于经济发展的压力，在建设农业产业园区过程中对区域农业发展整体利益的考量较少，位于两个县内同一类型的农业产业园区在地理距离上相距过近，造成了资源浪费。

第三，农业区域分工对区域协同发展的推进作用不断减弱，甚至可能阻碍区域产业协同发展，新的驱动力量尚未形成。农业区域分工对区域协同发展的影响主要体现在区域协同发展初期，市场饱和度低，此时建立在分工上的农业产业集聚起到了加强区域联系、促进区域农业发展的作用。但是在农业经济发展的中后期，分工主要来自新技术、新产品的演化。此时，相似的农业结构造成集聚区的同质化，产业链难以延伸，在部分农业产品市场饱和的情况下，农业区域分工水平滞后于市场需求变化。相应地，这一时期农业产能过剩可能使部分行业规模效应对农业污染物排放的影响由负转正，农业区域产业协同发展迫切需要新的驱动力量取代分工。

第四，农业污染物排放量和排放强度呈下降趋势，但来自技术进步以及市场调节作用的驱动力较低。虽然农业碳排放和面源污染强度都呈现下降趋势，但其背后是京津冀区域大量的政府补贴，从长期看却不符合经济发展的客观规律，农业环境外部性效用较强，农业绿色生产难以形成主动性激励，市场没有发挥真正作用。真正实现农业可持续发展还需要经济区域加强协作，在区域产业协同发展过程中通过内在与外在的作用，将以政府为主导的被动的农业绿色调整变为以市场为导向的主动调整。

6.4 原因分析

6.4.1 京津冀区域法律法规不够完善

京津冀协同发展战略提出之后，国家及地方层面的法规政策陆续出台，与生态环境相关的法律法规、规划计划、条例、意见、协议、标准等层出不穷，但还没有出台国家层面的京津冀环境协同发展法律法规，再加上当前法律法规制度的不健全、统筹协调和监督约束力不足，致使各地执法水平差距较大，在具体推动或落实区域协作时存在诸多不确定性和法律冲突，使得京津冀资源环境管理缺少法律保障。例如，新《环境保护法》在污染综合治理区域联防联控上没有明确规定，依法治理在执行方面还缺乏相关经验，导致环境监管的权威性、执行力不足；已出台的《大气污染防治条例》《水污染防治条例》《京津冀及周边地区落实大气污染防治行动计划实施细则》等诸多京津冀环境相关法律政策中，缺失对三地权限和责任的明确表述。

6.4.2 在条块分割的行政管理体制下，行政决策和宏观管理失控

从自然地理环境整体性的角度来看，京津冀三地同属一个自然地理单位，气候条件、生态环境及各种自然资源有很大的相似性和互补性，三地之间存在紧密联系的生态关系。而长期以来，京津冀各自为政的社会经济发展模式，使区域的资源与环境被分割多块，未能作为统一地域进行统筹规划、监测、管理和评价。多头管理现象，也使京津冀内部在资源利用、环境保护、产业配置、城镇体系等方面没有形成较好的区域合作和分工格局。行政体制上的“画地为牢”使地方政府在面对跨域生态环境问题时只能“各自为政”，导致区域生态环境治理存在体制性障碍。目前京津冀府际关系协同的最大瓶颈就是三方的政治地位不平等，这导致三方政治待遇也不同，在一定程度上导致各地政府和部门间缺乏合作。京津冀存在“位势差异”，京津地区行政级别高，河北地区行政级别较低，经济基础也不够好，巨大的发展差距致使三地政府综合运用各种资源的能力不尽相同，这就使京津在区域生态环境治理中处于主导地位，河北扮演的是协同角色，在推进协同治理过程中比较被动，更多的是提供服务，但是有效的协同治理和跨域联合行动只有在各方地位相对平等的前提下才能够顺利实现。

6.4.3 科技支撑和协同创新能力不足

京津冀地区农业科技资源较为密集，聚集着一批高校院所、高新技术企业，但地区间发展不平衡，相关资源主要集中在北京市和天津市，河北省在农业绿色发展科技方面无论是资源总量，还是经费投入、成果转化能力、高端人才等方面都存在一定差距，再加上协同创新机制不完善、创新管理体制不顺畅等，京津两地丰富的农业绿色科技资源并没有在解决区域性环境问题

中发挥真正的支撑作用，三地创新能力梯度差异显著，产业异构明显，协同创新能力亟待提升。这种梯度差异对协同创新带来的后果便是三地间创新链、产业链和服务链的割裂，部分地区技术承接能力不强，创新创业环境不够理想，产业化配套条件不完善。只有通过三地的科技协同创新，才能改善当前环保科技资源区域不平衡现状，加快促进三地创新资源整合，形成创新合力，真正发挥科技创新在京津冀生态环境保护与建设中的支撑引领作用。京津冀地区分属一省两市，由于地方保护主义、行政区划的影响，各地之间的科技合作和交流很难实现真正的合作共赢，各地区政府往往更多顾及自身利益，这为区域科技协同创新带来了诸多困难与障碍。

6.4.4 尚未建立多元主体的系统治理体系

现阶段政府依旧是区域生态治理的主体。京津冀三地的经济社会发展水平与生态环境的承载力存在一定差距，这一客观事实的存在，会间接导致权利和责任不相匹配，各地的综合实力不同，而治理标准又相同，这就导致欠发达地区为了达到统一的治理标准，会采取多种措施参与生态环境治理，付出与回报不成正比，会导致权责失衡，并且生态环境问题本身就具有复杂性特点，无法清楚划分各地政府承担的责任，会导致行政区域间的冲突与对立，影响生态补偿模式的创新。目前，京津冀区域环境协同治理仍处于起步阶段，地方政府、企业、公众在参与过程中仍然力量分散，难以形成整体的协同效应。环境保护与资源利用问题的根源是市场失灵、政府失灵以及公众参与不足等。农业资源环境管理中求得市场机制调节、政府干预和社会公众参与的有机结合与平衡制约是最佳选择。生态环境是一个社会、经济、自然的复合体，政府作为公共事务治理中的重要主体，是公共事务唯一的决策者、建设者和管理者。然而，我国环境制度不完善、无法对政府权力施加约束、环境管理市场机制不够完善，导致区域环境质量日益下降。随着京津冀区域农业资源环境形势严峻，先行治理模式出现多元主体共同参与的局面，但仍然以政府为主导，市场化水平与公民社会的建设程度较低，尚未形成区域内多元主体的环境协同治理体系。

6.4.5 京津冀生态环境补偿存在机制性障碍

当前，虽然三地有关部门对生态补偿都作出了规定，积极创新生态补偿模式，但也仅仅在存在水域相接的地区间采取了部分尝试，而且由于行政区域限制，地区对地区的直接补偿支付比较困难。京津冀三地生态补偿缺少市场化主体参与。虽然各地政府围绕有关政策文件，确定了推动市场化、多元化生态补偿发展的主体框架，但是相应的落实措施较少。现阶段京津冀三地缺乏技术性和市场化的补偿手段，除了这两种常见的补偿形式之外，产业扶持和技术援助等形式更加缺失，生态环境补偿市场化程度不高，缺乏运行机制，限制了市场在生态补偿中的作用。

6.5 本章小结

第一，本章研究京津冀地区农业碳排放与经济发展水平、化肥施用量与经济发展水平、农药使用量与经济发展水平的关系，经测算发现，三者间京津冀地区人均 GDP 临界值拐点位置相近，北京地区约为 4 万元/人，天津地区约为 6 万元/人，河北地区约为 3 万元/人，从碳排放、化肥施用量、农药使用量指代的 EKC 曲线来看，选取的样本区域均超过临界值达到这一门槛。研究结果可以说明两个问题：一是化肥、农药产生的碳排放是农业碳排放主要碳源，对农业碳排放总量影响较大；二是京津冀地区已经在不同时段实现了碳达峰，化肥、农药使用总量也过了峰值，呈现下降趋势，对农业政策制定应该考虑碳源吸收的相关政策，针对“碳中和”实现路径和时点进行研究和预测。

第二，运用 Moran's *I* 指数分别对京津冀地区 13 个市环境全要素生产率的全局与局域空间自相关性进行检验，研究发现 2000—2021 年京津冀地区环境全要素生产率存在一定相关性与协同现象，但近些年协同效应减弱。从整体来看，考虑环境因素的京津冀农业绿色全要素生产率的全域 Moran's *I* 指数呈现出分段变化的态势，在不同阶段呈现正负交替现象。依据相关性水平将京津冀农业绿色全要素生产率的全域 Moran's *I* 指数分为 2007—2009 年、2010—

2013 年、2014—2018 年、2019—2021 年 4 个阶段，研究发现 Moran's *I* 指数在第一阶段、第三阶段、第四阶段主要呈现出一定的负空间自相关性，Moran's *I* 指数在第二阶段主要呈现出一定的正空间自相关性，2009 年、2011 年、2013 年及 2019—2021 年没有通过显著性检验，这说明该阶段京津冀农业绿色全要素生产率空间集聚关系可能存在着交叉分布，且存在的空间依赖具有动态性或仅部分地区存在空间相关性，全域 Moran's *I* 指数划分的 4 个阶段也印证了这个结论。

第三，基于全域 Moran's *I* 指数的变化趋势，考察局域空间自相关。2000—2021 年北京市、承德市、秦皇岛市、天津市、张家口市表现为高生产率的区域被高生产率的区域所包围（H-H 型）；廊坊市、唐山市表现为低生产率的区域被高生产率的区域所包围（L-H 型）；保定市、沧州市、邯郸市、衡水市、石家庄市、邢台市表现为低生产率的区域被低生产率的区域所包围（L-L 型），由于大部分城市处于第一、第三象限，说明从整体趋势分析 2000—2021 年农业绿色发展已经呈现出一定的空间聚集效应，农业协同一体化程度取得了一定成效，但是从年份分解情况分析，近几年空间聚集效应减弱，京津冀农业协同一体化程度下降。

第四，基于空间杜宾模型京津冀农业科技创新水平对京津冀农业绿色发展体现一定显著影响，对相邻地区及区域农业绿色全要素生产率发展也有促进作用。政府干预的间接效应和总效应为正向且通过显著性检验，京津冀各地农业政府干预对相邻地区农业绿色发展存在显著溢出效应。经济发展水平的直接效应、间接效应和总效应均没有通过显著性检验，说明地区经济发展水平上升，对相邻地区及区域整体农业绿色全要素生产率发展促进作用不显著。产业结构的直接效应与总效应显著为正，对于农业发达的地区，其周边地区的农业绿色水平较低。机械化水平的间接效应通过显著性检验，且呈现负向影响，机械化水平高的地区对本地和周边绿色生产负向影响。

7 京郊菜农绿色生产技术采纳意愿及影响因素调研

——以有机肥替代化肥技术为例

有效降低化肥施用量，减少农业面源污染，是农业绿色发展的重要内容。化肥作为重要的农业生产资料，在提高农业生产效率、保障粮食安全等方面为农业经济发展作出了巨大贡献。目前，我国单位面积耕地的化肥施用强度远高于世界平均水平，对于高附加值的蔬菜、水果等经济作物，其化肥施用量普遍更高，其中蔬菜亩均化肥施用量比日本高 12.8 千克、比美国高 29.7 千克、比欧盟高 31.4 千克（农业部，2016）。常年大量低效施用化肥不仅造成土壤板结、农田污染，而且还会导致农产品品质下降。因此，如何降低化肥施用量，实现农业绿色发展是我国农业可持续发展面临的重大现实问题。

有机肥作为一种环境友好型农业生产要素，是当下缓解我国资源环境压力、提升粮食生产、保障食品安全和实现化肥减量目标的最优选择（诸彩虹，2012）。为推动有机肥的实施推广，2017 年的中央一号文件首次提出“有机肥替代化肥”，同年农业部印发《开展果菜茶有机肥替代化肥行动方案》（以下简称《方案》），选择 100 个果茶重点县（市、区）开展有机肥替代化肥示范，利用政策补贴方式激励农民施用有机肥；2019 年的中央一号文件进一步强调“扩大果菜茶有机肥替代化肥试点”，农业农村部将试点规模扩大到 175 个县。然而，受有机肥“费工、费时、费用高”的“三费影响”，农业实际生产过程中农户有机肥施用情况并不乐观。农户作为农业生产经营的直接参与者和决策者，其绿色生产行为对推广和施用有机肥具有重要意义。可以说，降低农户化肥施用量，增施有机肥已成为推进农业绿色发展的重要举措。

设施农业是北京都市型现代农业的重要表现形式，至今已有 70 多年的发展历程，为保障和丰富首都“菜篮子”供应、促进农民就业和持续增收发挥了重要作用。然而，设施农业以集约化生产为主，连茬种植，需肥量大，生产管理不当会导致土壤板结、连作障碍、次生盐渍化等问题。根据北京市土肥站 2012 年的调研数据，京郊保护地中 72%的地块出现了土壤次生盐渍化，其中 50%的地块盐分属低盐度等级，盐分已开始超标，亟须控制肥料投入。近年来，北京市多措并举推进全市化肥负增长行动，2018 年农用化肥施用量较 2015 年减少 3. 92 万吨，下降 37. 23%，科学施肥工作取得积极进展。然而，北京单位面积化肥施用量仍居全国之首，达到 459. 63 千克/公顷，是全国平均水平（298. 79 千克/公顷）的 1. 54 倍，远高于国际公认的施肥上限 225 千克/公顷。2020 年 5 月，北京设施蔬菜产业集群入选优势特色产业集群建设名单，这意味着北京市将进一步发展壮大设施蔬菜。为避免土壤环境进一步恶化，加快推进农业绿色发展，如何有效实现化肥减量替代已成为北京市当务之急。

因此，本章基于京郊有机肥技术实施的现实环境，分析农户有机肥替代化肥技术采纳意愿的主要影响因素，识别菜农化肥减量施用的关键障碍，构建促进菜农有机肥施用的激励机制，以期为有机肥替代化肥技术推广和北京农业绿色发展提供一定的理论和现实指导。

7. 1　京郊菜农有机肥替代化肥技术采纳意愿调研

7. 1. 1　研究区域概况

2022 年，北京市常住人口数量为 2184. 3 万人，常住人口数量庞大，对蔬菜作物的供应需求也极大。根据赵安平等（2023）的测算，北京市全市居民人均每日蔬菜消费量为 1. 142 千克，人均每年蔬菜消费量为 416. 83 千克，北京市蔬菜市场需求量巨大。北京市政府提出将逐步提升蔬菜自给率，计划到“十四五”末期，全市蔬菜自给率将由 10%提升至 20%。京郊是北京蔬菜供应的集中区域，2022 年北京蔬菜及食用菌产量 198. 9 万吨，增长 20. 1%。大兴区作为北京市的“南菜园”，2022 年全区蔬菜及食用菌产量较快增长，实现产量 57. 7 万吨，比 2021 年增长 25. 8%。设施蔬菜复种指数高，产出量大，需要吸收和消耗的养分多，因此施肥量较大，北京市蔬菜高产量的同时，也造成了化肥的长期过量施用。从图 7.1 可知，虽然北京市化肥施用量呈现下降趋势，但伴随其蔬菜播种面积一直降低，化肥施用强度并未降低，反而持续升高。2022 年北京市化肥施用强度为 459.63 千克/公顷，较 2000 年增加了 17.42%。北京市过量施用化肥的问题较为突出，选择京郊菜农作为研究区域与研究对象，可以使问题研究更有针对性。

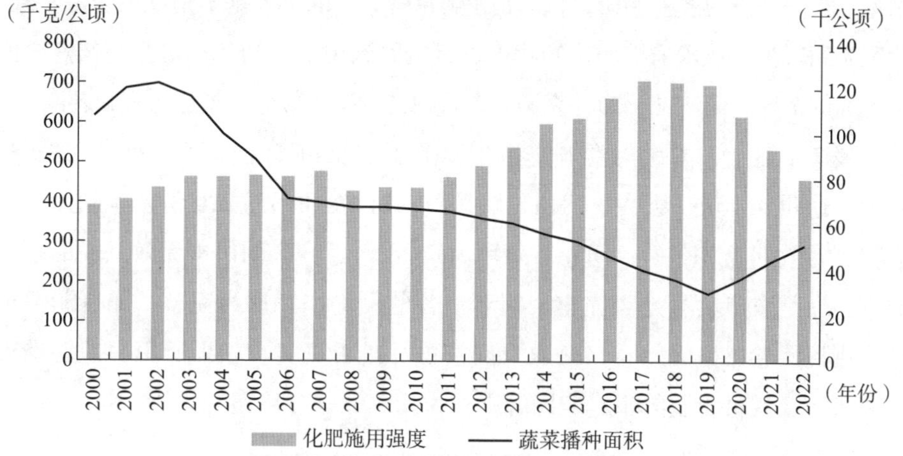

图 7.1 2000—2022 年北京市蔬菜播种面积与化肥施用强度

资料来源：国家统计局数据库。

7.1.2 问卷调查与样本说明

（1）调查问卷设计

本节基于已有研究，综合专家访谈结果，设计了京郊菜农有机肥替代化肥技术采纳意愿的调研问卷（见附录）。本次调查问卷设计包括以下 4 部分。第一部分为菜农个人及家庭基本情况，包括农户的个人信息（性别、年龄、文化程度、家庭收入情况）、蔬菜种植基本情况；第二部分为农户化肥施用行为与技术采纳情况，包括农户施用化肥的基本情况、对过量施用化肥的认知；第三部分为农户有机肥施用及认知相关情况，包括农户对有机肥替代化肥技术了解程度、有机肥施用技术模式等内容；第四部分为农户有机肥受偿意愿调研，包括是否有意愿参与化肥减量施用、不同生态补偿政策下的受偿意愿。通过以上 4 部分的调研，对农户的个人与种植情况有一个把握，从而有助于进一步分析农户对有机肥替代化肥技术采纳意愿的特征，找出可能影响农户对于采纳意愿的影响因素。

（2）样本说明

本次问卷调查时间为2022年12月—2023年1月，调研由3部分组成，第一部分为预调研，采用查阅文献的方法整体了解京郊区域蔬菜种植面积、施肥情况。第二部分为线上调研，目的是了解京郊菜农的个人基本情况及家庭特征、化肥施用行为与技术采纳的认知程度、有机肥施用及认知、有机肥受偿意愿四个方面的情况。第三部分为补充调研，目的是对调研部分数据进行查缺补漏。

表7.1显示，本次问卷调查范围涵盖了北京市8个郊区（昌平、平谷、密云、通州、延庆、大兴、房山、顺义），共计发放问卷220份，剔除无效问卷得到有效问卷213份，问卷有效率为96.82%。本次调研中无效问卷的剔除原则：一是农户填写是否完整。问卷中各题目均作答视为完整，如有漏填现象，则该问卷视为无效；二是农户问卷填写是否真实。如果所填写回答严重偏离事实、逻辑矛盾等不真实回答则视为无效。

表7.1　调研农户的具体分布情况

	区	样本农户（户）	百分比（%）
分类	大兴	44	20.00
	昌平	41	18.64
	房山	33	15.00
	顺义	28	12.73
	门头沟	13	5.91
	怀柔	11	5.00
	密云	17	7.73
	海淀	7	3.18
	通州	8	3.64
	延庆	7	3.18
	丰台	2	0.91
	平谷	4	1.82
	石景山	5	2.27
		220	100%

资料来源：调查问卷整理。

7.1.3 调研样本描述

(1) 京郊菜农个人及家庭基本情况

从表7.2可以看出，菜农性别中，男性偏多，占总样本的60.56%，女性为39.44%；菜农年龄组成方面，50~60岁（不含60岁）的农户有96户，占45.07%，而30岁以下的农户占比仅为7.04%；农户文化程度方面，初中学历的农户最多，有88户，占总样本的41.31%；是否是村干部方面，有208户不是村干部，占97.65%，绝大多数农户不是村干部；在农户是否是农民专业合作社成员及是否是新型农民方面，选择否的农户分别为178户和191户，分别占总样本的83.57%和89.67%；在农户的家庭年均总收入方面，农户收入为5万~10万元（不含10万元）的人数最多，为86户，占40.38%，农户收入为30万元以上（含30万元）的最少，仅有7户，占3.29%；农户种菜收入方面，种菜收入为5万元以下的有65户，占30.52%；在家庭人口方面，农户家庭人口数为3人及5人以上（含5人）的较多，分别有67户、74户，占比分别为31.46%、34.74%；务农人数方面，农户务农人数为2人的最多，占63.85%；农户地块数量方面，地块数量为1块的农户最多，有147户，占69.01%。

表7.2 蔬菜种植户个人及家庭基本情况

名称	类别	样本数（户）	百分比（%）
性别	男	129	60.56
	女	84	39.44
年龄	30岁以下	15	7.04
	30~40岁（不含40岁）	34	15.96
	40~50岁（不含50岁）	45	21.13
	50~60岁（不含60岁）	96	45.07
	60岁及以上	24	11.27
文化程度	小学及以下	15	7.04
	初中	88	41.31
	高中或中专	62	29.11
	大专及以上	48	22.54

续表

名称	类别	样本数（户）	百分比（%）
是否是村干部	是	5	2.35
	否	208	97.65
是否是农民专业合作社成员	是	35	16.43
	否	178	83.57
是否是新型职业农民	是	22	10.33
	否	191	89.67
家庭的年均总收入	5万元以下	15	7.04
	5万~10万元（不含10万元）	86	40.38
	10万~20万元（不含20万元）	74	34.74
	20万~30万元（不含30万元）	29	13.62
	30万元及以上	7	3.29
种菜收入	5万元以下	65	30.52
	5万~10万元（不含10万元）	43	20.19
	10万~20万元（不含20万元）	24	11.27
	20万元及以上	12	5.63
家庭人口	2人	8	3.76
	3人	67	31.46
	4人	61	28.64
	5人及以上	74	34.74
务农人数	1人	30	14.08
	2人	136	63.85
	3人	34	15.96
	4人	10	4.69
	5人及以上	2	0.94
地块数量	1块	147	69.01
	2块	54	25.35
	3块	8	3.76
	4块	2	0.94
	5块及以上	2	0.94

资料来源：调查问卷整理。

由表7.3可知，京郊菜农土壤性质方面，土壤性质一般的农户最多，有

177 户，占 59. 80%，较差的农户最少，仅有 9 户，占 3. 04%。在土壤类型方面，承包地有 235 户，转入地有 67 户，占比分别为 77. 81%和 22. 19%。作物种类方面，种植叶菜类与瓜果类的农户较多，分别有 119 户、113 户，占比分别为 41. 90%、39. 79%，种植食用菌的农户最少，仅有 5 户，占比为 1. 64%。生产类型方面，露地生产的农户较多，有 110 户，占比为 36. 18%，大拱棚生产的农户较少，有 49 户，占比为 16. 12%。

表 7. 3　调研农户施肥现状

名称	选项	样本数（户）	百分比（%）
土壤性质	较好	110	37. 16
	一般	177	59. 80
	较差	9	3. 04
土壤类型	承包地	235	77. 81
	转入地	67	22. 19
作物种类	瓜果类（西红柿、黄瓜、茄子、青椒、冬瓜、南瓜、西葫芦、丝瓜等）	113	39. 79
	叶菜类（白菜、菜花、卷心菜、芹菜、菠菜、快菜、韭菜等）	119	41. 90
	根茎类（萝卜、土豆、山药、洋葱、大蒜、大葱、生姜等）	44	15. 49
	鲜豆类（豌豆、豇豆、四季豆、扁豆等）	8	2. 82
	食用菌	5	1. 64
生产类型	温室	71	23. 36
	中小拱棚	69	22. 70
	大拱棚	49	16. 12
	露地	110	36. 18

资料来源：调查问卷整理。

（2）农户化肥施用行为与技术采纳情况

调查发现，如表 7. 4 所示，农户在如何确定化肥用量方面，多数为“完全凭经验积累”和“按照农技人员的建议”，分别有 124 户、121 户，占比分别为 58. 22%、56. 81%；在农户 2022 年种植蔬菜的施肥类型方面，有 100 户农户选择“以化肥为主，有机肥为辅”的施肥类型，占 46. 95%；在农户 2022 年的施用化肥情况方面，施用 100 ~ 500 斤（不含 500 斤）的农户最多，为 105 户，占 49. 30%；在农户 2022 年的施肥方式方面，“撒施（随意挥洒施用）”是最多农户所选择的施肥方式，占 61.50%。

表 7.4　农户化肥施用行为与技术采纳情况

农户对化肥的认知	选项	样本数（户）	百分比（%）
农户如何确定化肥用量	完全凭经验积累	124	58.22
	按照农技人员的建议	121	56.81
	按农资经销商的建议	78	36.62
	参照其他农户的经验做法	84	39.44
	按照化肥使用说明书用量	77	36.15
2022 年种植蔬菜的施肥类型	全部施用化肥	26	12.21
	以化肥为主，有机肥为辅	100	46.95
	以农家肥为主	39	18.31
	以商品有机肥为主	48	22.54
2022 年施用化肥情况	100 斤以下	32	15.02
	100～500 斤（不含 500 斤）	105	49.30
	500～1000 斤（不含 1000 斤）	29	13.62
	1000～1500 斤（不含 1500 斤）	30	14.08
	1500～2000 斤（不含 2000 斤）	9	4.23
	2000 斤及以上	11	5.16
2022 年的施肥方式	撒施（随意挥洒施用）	131	61.50
	机器喷洒	81	38.03
	条状施肥（呈条状施肥）	60	28.17
	穴状施肥	53	24.88
	水溶浇施	68	31.92
	沟施	37	17.37
	水肥一体化	51	23.94
	其他施肥方式	2	0.94

资料来源：调查问卷整理。

农户对过量施用化肥的认知情况如表 7.5 所示，在认为施用化肥越多，蔬菜产量越高方面，选择“完全不同意”和“不太同意”的农户分别有 18 户、118 户，选择“完全同意”和“比较同意”的农户分别有 24 户、26 户；在认为施用化肥越多，耕地地力越差方面，选择“完全不同意”和“不太同意”的农户分别有 3 户、33 户，选择“完全同意”和“比较同意”的农户分别有39户、46户；在认为施用化肥越多，周围环境越差方面，选择“完全不同意”和“不太同意”的农户分别有7户、27户，选择“完全同意”和“比较同意”的农户分别有42户、50户；在认为过量施用化肥会影响蔬菜品质方面，选择“完全不同意”和“不太同意”的农户分别有2户、10户，选择“完全同意”和“比较同意”的农户分别有71户、104户。

表7.5 农户对过量施用化肥的认知情况

对过量施用化肥的认知	选项	样本数（户）	百分比（%）
认为施用化肥越多，蔬菜产量越高	完全同意	24	11.27
	比较同意	26	12.21
	不确定	27	12.68
	不太同意	118	55.40
	完全不同意	18	8.45
认为施用化肥越多，耕地地力越差	完全同意	39	18.31
	比较同意	46	21.60
	不确定	92	43.19
	不太同意	33	15.49
	完全不同意	3	1.41
认为施用化肥越多，周围环境越差	完全同意	42	19.72
	比较同意	50	23.47
	不确定	87	40.85
	不太同意	27	12.68
	完全不同意	7	3.29
认为过量施肥会影响蔬菜品质	完全同意	71	33.33
	比较同意	104	48.83
	不确定	26	12.21
	不太同意	10	4.69
	完全不同意	2	0.94

资料来源：调查问卷整理。

（3）农户有机肥施用及认知相关情况

从表7.6分析可知，农户在2022年施用有机肥的为182户，占样本的85.45%，未施用有机肥的为31户，占14.55%；在施用有机肥情况方面，施用有机肥在500~5000斤的农户最多，有88户，占41.31%；在农户当前施用有机肥的技术模式方面，选择施用市场销售的成品有机肥的农户为 156 户，占 73.24%，选择“菜—沼”一体化施肥模式的农户较少，有 19 户，占 8.92%；在施用有机肥后，生产成本是否增加方面，157 户农户施用有机肥后，生产成本增加，占 73.71%；在施用有机肥后，蔬菜产量是否增加方面，106 户农户施用有机肥后，蔬菜产量增加，占 49.77%；在是否为有机肥示范户方面，仅有 41 户为有机肥示范户，占 19.25%；在对有机肥替代化肥了解程度方面，非常了解和比较了解的农户分别有 26 户、134 户，占比分别为 12.21%、62.91%；在是否愿意施用有机肥替代化肥方面，113 户农户选择愿意，占 53.05%。

表 7.6　农户有机肥施用及认知情况

农户对有机肥施用及认知	选项	样本数（户）	百分比（%）
2022 年是否施用了有机肥	是	182	85.45
	否	31	14.55
2022 年施用有机肥情况	500 斤以下	57	26.76
	500~5000 斤（不含 5000 斤）	88	41.31
	5000~10000 斤（不含 10000 斤）	22	10.33
	10000~15000 斤（不含 15000 斤）	8	3.76
	15000 斤及以上	26	12.21
目前使用的有机肥技术模式	畜禽粪便等农家肥	94	44.13
	市场销售的成品有机肥	156	73.24
	“菜—沼”一体化	19	8.92
	作物秸秆发酵堆肥	35	16.43
	有机肥+水肥一体化	40	18.78
	有机肥+配方肥	55	25.82
	其他有机肥技术模式	2	0.94
施用有机肥后，生产成本是否增加	是	157	73.71
	否	56	26.29
施用有机肥后，蔬菜产量是否增加	是	106	49.77
	否	107	50.23
施用有机肥后，蔬菜价格是否增加	是	89	41.78
	否	124	58.22
是否为有机肥示范户	是	41	19.25
	否	172	80.75

续表

农户对有机肥施用及认知	选项	样本数（户）	百分比（%）
了解有机肥替代化肥的程度	不了解	53	24.88
	比较了解	134	62.91
	非常了解	26	12.21
是否愿意施用有机肥来替代化肥	是	113	53.05
	否	100	46.95

资料来源：调查问卷整理。

（4）农户有机肥受偿意愿情况

在农户施用有机肥受偿意愿调查中，表7.7显示，在是否获得政府补贴方面，获得政府补贴的有151户，占70.89%；在获得的政府补贴方式方面，获得低价购买有机肥的有95户，占44.6%；是否接受过有机肥施用方面的培训，114户农户接受过有机肥施用方面的培训，占53.52%；在政府补贴对施用有机肥的影响程度方面，选择“影响很大”和“影响较大”的分别有87户、83户，占比分别为40.85%、38.97%。

表7.7　农户有机肥受偿意愿情况

分类	选项	样本数（户）	百分比（%）
是否获得政府补贴	是	151	70.89
	否	62	29.11
政府补贴方式	低价购买有机肥	95	44.60
	免费发放有机肥	32	15.02
	现金补贴	5	2.35
	免费技术培训	17	7.98
	其他补贴方式	2	0.94
是否接受过有机肥施用方面的培训	是	114	53.52
	否	99	46.48
政府补贴对施用有机肥的影响程度	影响很大	87	40.85
	影响较大	83	38.97
	一般	20	9.39
	影响较小	9	4.23
	无影响	14	6.57

资料来源：调查问卷整理。

7.2 京郊菜农有机肥施用意愿分析

7.2.1 个人及家庭基本情况选择意愿描述性分析

由表 7.8 可以看出，在性别方面，男性愿意施用有机肥替代化肥的较多，占 93.02%。在年龄方面，40~50 岁（不含 50 岁）的农户愿意施用有机肥替代化肥的占比达到 100%。在受教育程度方面，初中学历的农户愿意施用有机肥替代化肥的占比最多，为 95.45%。在是否是村干部方面，是村干部的农户愿意施用有机肥替代化肥的比例达到 100%。在是否是农民专业合作社成员方面，不是农民专业合作社成员的农户愿意施用有机肥替代化肥的较多，占 76.4%。在是否是新型职业农民方面，是新型职业农民的农户愿意施用有机肥替代化肥的占 77.27%。在家庭人口方面，家庭人口在 5 人及以上的农户愿意施用有机肥替代化肥的最多，占 82.43%。在务农人数方面，农户家中务农人数在 4 人及以上的愿意施用有机肥替代化肥的占比达到 100%。在地块数量方面，地块数量在 4 块及以上，愿意施用有机肥替代化肥的均达到 100%。

在表 7.8 中，在性别方面，女性不愿意施用有机肥替代化肥的较多，占 9.52%；在年龄方面，30 岁以下的农户不愿意施用有机肥替代化肥的占比最多，占 33.33%；在受教育程度方面，小学及以下、大专及以上的农户不愿意施用有机肥替代化肥的占比较多，分别占 20.00%、14.48%；在是否是村干部方面，不是村干部的农户不愿意施用有机肥替代化肥的较多，占 24.52%；在是否是农民专业合作社成员方面，是农民专业合作社成员的农户不愿意施用有机肥替代化肥的较多，占 25.71%；在是否是新型职业农民方面，不是新型职业农民的农户不愿意施用有机肥替代化肥的最多，占 24.08%；在家庭人口方面，农户家庭人口为 2 人的不愿意施用有机肥替代化肥的较高，占 50%；在务农人数方面，农户家中务农人数为 2 人的不愿意施用有机肥替代化肥的最多，占 25.74%。

表 7.8 农户个人特征及家庭基本情况与选择意愿

个人特征	选项	样本数（户）	愿意百分比（%）	不愿意百分比（%）
性别	男	129	93.02	6.98
	女	84	90.48	9.52
年龄	30 岁以下	15	66.67	33.33
	30~40 岁（不含 40 岁）	34	85.29	11.76
	40~50 岁（不含 50 岁）	45	100.00	0.00
	50~60 岁（不含 60 岁）	96	93.75	6.25
	60 岁及以上	24	91.67	8.33
受教育程度	小学及以下	15	80.00	20.00
	初中	88	95.45	4.55
	高中或中专	62	95.16	4.84
	大专及以上	48	85.42	14.58
是否是村干部	是	5	100.00	0.00
	否	208	75.48	24.52
是否是农民专业合作社成员	是	35	74.29	25.71
	否	178	76.40	23.60
是否是新型职业农民	是	22	77.27	22.73
	否	191	75.92	24.08
家庭人口	2 人	8	50.00	50.00
	3 人	67	77.61	22.39
	4 人	61	73.77	26.23
	5 人及以上	74	82.43	21.62
务农人数	1 人	30	80.00	20.00
	2 人	136	74.26	25.74
	3 人	34	79.41	20.59
	4 人	10	100.00	0.00
	5 人及以上	2	100.00	0.00
地块数量	1 块	147	71.43	28.57
	2 块	54	85.19	14.81
	3 块	8	87.50	12.50
	4 块	2	100.00	0.00
	5 块及以上	2	100.00	0.00

资料来源：调查问卷整理。

7.2.2 农户施用化肥认知与选择意愿描述性分析

从表7.9可以看出，在认为施化肥越多，蔬菜产量越高方面，选择“完全同意”的农户愿意施用有机肥替代化肥的较多，占75%。在认为施化肥越多，耕地地力越差方面，选择“完全同意”和“比较同意”的农户愿意施用有机肥替代化肥的较多，分别占76.92%、80.43%。在认为施化肥越多，周围环境越差方面，选择“完全同意”的农户愿意施用有机肥替代化肥的较多，占88.10%。在认为过量施肥会影响蔬菜品质方面，选择“完全同意”和“比较同意”的农户愿意施用有机肥替代化肥的较多，分别占88.73%、83.65%。

在表7.9中，在认为施化肥越多，蔬菜产量越高方面，选择“不太同意”和“完全不同意”的农户不愿意施用有机肥替代化肥的较多，分别占56.78%、55.56%。在认为施化肥越多，耕地地力越差方面，选择“不太同意”和“完全不同意”的农户不愿意施用有机肥替代化肥的较多，分别占60.61%、66.67%。在认为施化肥越多，周围环境越差方面，选择“完全不同意”的农户不愿意施用有机肥替代化肥的最多，占71.43%。在认为过量施肥会影响蔬菜品质方面，选择“不太同意”的农户不愿意施用有机肥替代化肥的最多，占80.00%。通过以上分析发现，施用化肥产生的各种影响认知对于农户选择施用有机肥替代化肥意愿具有较强的关系。

表7.9 农户施用化肥认知与选择意愿

化肥认知及选择意愿	选项	样本数（户）	愿意百分比（%）	不愿意百分比（%）
认为施用化肥越多，蔬菜产量越高	完全同意	24	75.00	25.00
	比较同意	26	50.00	50.00
	不确定	27	66.67	33.33
	不太同意	118	43.22	56.78
	完全不同意	18	44.44	55.56
认为施用化肥越多，耕地地力越差	完全同意	39	76.92	23.08
	比较同意	46	80.43	19.57
	不确定	92	73.91	26.09
	不太同意	33	39.39	60.61
	完全不同意	3	33.33	66.67

续表

化肥认知及选择意愿	选项	样本数（户）	愿意百分比（%）	不愿意百分比（%）
认为施用化肥越多，周围环境越差	完全同意	42	88.10	11.90
	比较同意	50	78.00	22.00
	不确定	87	82.76	17.24
	不太同意	27	55.56%	44.44%
	完全不同意	7	28.57%	71.43%
认为过量施肥会影响蔬菜品质	完全同意	71	88.73	11.27
	比较同意	104	83.65	16.35
	不确定	26	73.08	26.92
	不太同意	10	20.00	80.00
	完全不同意	2	50.00	50.00

资料来源：调查问卷整理。

7.2.3 农户施用有机肥认知与选择意愿描述性分析

从表7.10可以看出，在施用有机肥后，生产成本是否增加方面，选择“否”的农户愿意施用有机肥替代化肥的意愿较强，占75.00%。在施用有机肥后，蔬菜产量是否增加方面，蔬菜产量因此增加的农户施用有机肥替代化肥的意愿较强，占78.30%。在施用有机肥后，蔬菜价格是否增加方面，蔬菜价格因此增加的农户愿意施用有机肥替代化肥的意愿较强，占87.64%。在是否是有机肥示范户方面，是有机肥示范户的农户施用有机肥替代化肥的意愿较强，占95.12%。在了解有机肥替代化肥程度方面，非常了解与比较了解的农户施用有机肥替代化肥的意愿较强，分别占92.31%、75.37%。

在表7.10中，在施用有机肥后，生产成本是否增加方面，选择“是”的农户不愿意施用有机肥替代化肥的意愿较强，占31.85%。在施用有机肥后，蔬菜产量是否增加方面，蔬菜产量未增加的农户施用有机肥替代化肥的意愿较弱，占28.04%。在施用有机肥后，蔬菜价格是否增加方面，蔬菜价格未增加的农户不愿意施用有机肥替代化肥的意愿较强，占32.26%。在是否是有机肥示范户方面，选择“否”的农户施用有机肥替代化肥的意愿较弱，占

15.70%。在了解有机肥替代化肥程度方面，不了解的农户不愿意施用有机肥替代化肥的意愿较强，占43.40%。

表7.10 农户有机肥施用认知与选择意愿

有机肥认知及选择意愿	选项	样本数（户）	愿意百分比（%）	不愿意百分比（%）
施用有机肥后，生产成本是否增加	是	157	68.15	31.85
	否	56	75.00	25.00
施用有机肥后，蔬菜产量是否增加	是	106	78.30	21.70
	否	107	71.96	28.04
施用有机肥后，蔬菜价格是否增加	是	89	87.64	12.36
	否	124	67.74	32.26
是否是有机肥示范户	是	41	95.12	4.88
	否	172	84.30	15.70
了解有机肥替代化肥的程度	不了解	53	56.60	43.40
	比较了解	134	75.37	24.63
	非常了解	26	92.31	7.69

资料来源：调查问卷整理。

7.2.4 农户有机肥受偿与选择意愿描述性分析

表7.11显示，在施用有机肥是否获得政府补贴方面，选择"是"的农户愿意施用有机肥替代化肥的意愿强，占90.73%。在是否接受过有机肥施用方面的培训方面，接受过有机肥施用方面培训的农户施用有机肥替代化肥的意愿较强，占88.60%。在政府补贴对施用有机肥的影响程度方面，认为影响较大的农户施用有机肥替代化肥的意愿较强，占92.77%。

在表7.11中，在施用有机肥是否获得政府补贴方面，选择"否"的农户不愿意施用有机肥替代化肥的意愿强，占20.97%。在是否接受过有机肥施用方面的培训方面，未接受过有机肥施用方面培训的农户愿意施用有机肥替代化肥的意愿较弱，占21.21%。在政府补贴对施用有机肥的影响程度方面，认为影响较小的农户不愿意施用有机肥替代化肥的意愿较强，占55.65%。

表 7.11　农户获得政府支持与选择意愿

有机肥受偿及选择意愿	选项	样本数（户）	愿意百分比（%）	不愿意百分比（%）
施用有机肥是否获得政府补贴	是	151	90.73	9.27
	否	62	79.03	20.97
是否接受过有机肥施用方面的培训	是	114	88.60	11.40
	否	99	78.79	21.21
政府补贴对施用有机肥的影响程度	影响很大	87	74.71	25.29
	影响较大	83	92.77	7.23
	一般	20	75.00	25.00
	影响较小	9	44.44	55.56
	无影响	14	71.43	28.57

资料来源：调查问卷整理。

7.3　京郊菜农有机肥替代化肥技术采纳意愿影响因素分析

7.3.1　模型构建

本节研究的是京郊菜农有机肥替代化肥技术采纳意愿选择，是否愿意选择有机肥替代化肥是一个二元决策。因此，设定被解释变量 Y，只有“愿意选择”和“不愿意选择”两个取值，取值设定愿意选择 $Y=1$，不愿意选择 $Y=0$。目前针对二元决策运用较为广泛的是二元 Logistic 模型，鉴于此，本节构建二元 Logistic 模型对京郊菜农有机肥替代化肥技术采纳意愿进行分析。二元 Logistic 模型的基本形式是；

$$y=\ln\left(\frac{p}{1-p}\right)=\beta_0+\beta_1x_1+\beta_2x_2+\cdots+\beta_ix_i+\mu \tag{7-1}$$

其中，β_0 为回归截距；x_1、x_2、x_i 是本节有关的自变量；β_1、β_2、β_i 是相应自变量的回归系数；μ 是随机干扰项。

7.3.2 实证研究

(1) 变量选取

本节将菜农有机肥替代化肥技术采纳意愿作为二元 logistic 模型的因变量，只有两种选择，即不愿意与愿意，因变量取值为 0 和 1。将可能影响菜农选择有机肥替代化肥技术意愿的受教育程度、地块数量、务农人数、施用化肥的认知（影响蔬菜产量、耕地质量、周围环境变化）、施用有机肥的认知（有机肥替代化肥技术了解程度、生产成本是否增加、蔬菜产量是否增加）、有机肥受偿意愿（是否获得政府补贴、政府补贴对施用有机肥的影响程度）共 11 个变量为自变量，归纳的影响因素如表 7.12 所示。

表 7.12 中，模型中变量 *X*1、*X*2、*X*3、*X*4、*X*5、*X*6、*X*7、*X*8、*X*9、*X*10、*X*11 分别表示“受教育程度”“地块数量”“务农人数”“施化肥越多对蔬菜产量增加的态度”“施用化肥越多对耕地质量变差的态度”“施用化肥越多对周围环境变差的态度”“有机肥替代化肥技术了解程度”“施用有机肥后，生产成本是否增加”“施用有机肥后，蔬菜产量是否增加”“是否获得政府补贴”“政府补贴对施用有机肥的影响程度”。

表 7.12 影响农户选择意愿的影响因素

	变量	符号	说明
	因变量		
	是否愿意选择	*Y*	0=不愿意选择；1=愿意选择
	自变量	*X*	
农户个人及家庭特征	受教育程度	*X*1	1=小学及以下；2=初中；3=高中或中专；4=大专及以上
	地块数量	*X*2	1=1 块；2=2 块；3=3 块；4=4 块；5=5 块及以上
	务农人数	*X*3	1=1 人；2=2 人；3=3 人；4=4 人；5=5 人及以上
农户施用化肥认知情况	施用化肥越多对蔬菜产量增加的态度	*X*4	1=完全同意；2=比较同意；3=不确定；4=不太同意；5=完全不同意
	施用化肥越多对耕地质量变差的态度	*X*5	1=完全同意；2=比较同意；3=不确定；4=不太同意；5=完全不同意
	施用化肥越多对周围环境越差的态度	*X*6	1=完全同意；2=比较同意；3=不确定；4=不太同意；5=完全不同意

续表

	变量	符号	说明
农户施用有机肥认知情况	有机肥替代化肥技术了解程度	*X*7	1＝非常了解；2＝比较了解；3＝不了解
	施用有机肥后，生产成本是否增加	*X*8	1＝是；0＝否
	施用有机肥后，蔬菜产量是否增加	*X*9	1＝是；0＝否
农户有机肥受偿意愿	是否获得政府补贴	*X*10	1＝是；0＝否
	政府补贴对施用有机肥的影响程度	*X*11	1＝无影响；2＝影响较小；3＝一般；4＝影响较大；5＝影响很大

（2）相关研究假设

根据对国内外有关研究的查阅，本节在农户个人及家庭特征、农户施用化肥认知情况、农户施用有机肥认知情况、农户有机肥受偿意愿 4 个不同层面提出研究假设。

①农户个人及家庭特征

受教育程度：受教育程度与农户选择意愿具有正相关关系。受教育程度高的农户比受教育程度低的农户，其搜集市场信息，接受和理解知识的能力更强，更反映出劳动力的素质。因此，受教育程度高的农户，在化肥和有机肥的施用上更容易选择施用有机肥。

地块数量：地块数量与农户选择意愿具有正相关关系。一方面地块数量多的农户在精力、新型技术等方面投入要比地块数量少的农户多，也就意味需要承担较大的风险。另一方面地块数量越多，意味着农户的总产量越高，获得的利润也越高。施用有机肥可以实现肥沃土地，增产效益的功能，因此地块数量多的农户更愿意施用有机肥。

务农人数：务农人数与农户选择意愿具有正相关关系。务农人数的多少意味农户在蔬菜种植之过程中，是否可以更有效地分配劳动力，从而在采纳施用有机肥替代化肥意愿上具有加强作用。

②农户施用化肥认知情况

施用化肥越多对蔬菜产量增加的态度：与农户选择施用有机肥替代化肥具有正相关关系。过度施用化肥的农户因其土壤肥力受损、土壤板结等问题导致蔬菜产量减小，使得农户认知其负面影响，选择施用有机肥。

施用化肥越多对耕地质量变差的态度：与农户选择施用有机肥替代化肥具有正相关关系。过度施用化肥会导致土壤肥力变差，影响土壤产量，从而促使农户选择施用有机肥替代化肥。

施用化肥越多对周围环境变差的态度：与农户选择施用有机肥替代化肥具有正相关关系。施用化肥越多，不仅破坏土壤肥力，还会影响周围水源水质，进一步影响周围环境，影响农户的生产生活，促使农户选择施用有机肥替代化肥。

③农户施用有机肥认知情况

有机肥替代化肥技术了解程度：与农户选择施用有机肥替代化肥具有正相关关系。对有机肥替代化肥技术越了解，越清楚认知到有机肥对蔬菜产量的提高、增加售卖蔬菜价格、改善土壤质量等正向循环影响，因此，农户会更愿意选择施用有机肥替代化肥。

施用有机肥后，生产成本是否增加：与农户选择施用有机肥替代化肥具有负相关关系。农户作为农业生产行为的决策者，会本能地从规避风险与增加获得利益出发，若施用有机肥，导致农业生产成本增加，会降低农户的施用意愿。

施用有机肥后，蔬菜产量是否增加：与农户选择施用有机肥具有正相关关系。一般认为，施用有机肥后，蔬菜产量增加会增强农户选择继续施用有机肥替代化肥的意愿。

④农户有机肥受偿意愿

是否获得政府补贴：与农户选择施用有机肥替代化肥具有正相关关系。政府补贴力度越大，特别是对施用有机肥的补贴程度越高，农户会更偏向施用有机肥替代化肥。

政府补贴对施用有机肥的影响程度：与农户选择施用有机肥替代化肥具有正相关关系。农户获得政府补贴的情况下，若政府补贴暂停或终止或额度变小，农户会降低施用有机肥替代化肥的意愿。

（3）实证结果

本节运用 SPSS 软件对样本进行二元 Logistic 回归分析。将“是否愿意选择”放入“因变量”，具体结果如表 7.13 所示。

表 7.13 Logistic 回归结果

变量与常量	B（回归系数）	S. E（标准误差）	p（显著性）
受教育程度（$X1$）	1.422	0.342	0.000
地块数量（$X2$）	1.250	0.514	0.015
务农人数（$X3$）	−0.472	1.100	0.667
施用化肥越多对蔬菜产量增加的态度（$X4$）	0.195	0.081	0.019
施用化肥越多对耕地质量变差的态度（$X5$）	0.127	0.422	0.764
施用化肥越多对周围环境越差的态度（$X6$）	0.241	0.369	0.513
有机肥替代化肥技术了解程度（$X7$）	1.325	0.449	0.003
施用有机肥后，生产成本是否增加（$X8$）	−2.375	0.791	0.003
施用有机肥后，蔬菜产量是否增加（$X9$）	0.211	0.176	0.532
是否获得政府补贴（$X10$）	1.228	0.232	0.002
政府补贴对施用有机肥的影响程度（$X11$）	3.697	0.808	0.000
常量	−4.052	0.737	0.000

7.3.3 实证结果分析

根据 Logistic 模型实证分析结果，分析京郊菜农有机肥替代化肥技术采纳意愿的影响因素如下：

（1）农户个人及家庭特征

受教育程度（$X1$）、地块数量（$X2$）、务农人数（$X3$）的回归系数分别为 1.422、1.250、−0.472。受教育程度与地块数量 P 值（显著性）均 <0.05，均呈现显著性，且两个变量的回归系数为正，说明为正相关关系，接受原假设。务农人数 P 值 >0.05，未出现显著性，拒绝原假设。结果表明，农户的受教育程度、地块数量对农户施用有机肥替代化肥意愿有正向促进作用。受教育程度越高，意味着农户能够了解施用有机肥存在的优势，从而选择有机肥替代化肥的意愿越强烈。地块数量越多，意味着农户种植有一定规模水平，土地与种植蔬菜的变动都直接影响农户的收益，因此，选择施用有机肥替代化肥的意愿越明显。

（2）农户施用化肥认知情况

施用化肥越多对蔬菜产量增加的态度（$X4$）、施用化肥越多对耕地质量变差的态度（$X5$）、施用化肥越多对周围环境越差的态度（$X6$）的回归系数分别为 0. 195、0. 127、0. 241。施用化肥越多对蔬菜产量增加的态度 P 值 <0.05，呈现显著性，且为正相关关系，接受原假设。施用化肥越多对耕地质量变差的态度 P 值 >0.1，未出现显著性，拒绝原假设。施用化肥越多对周围环境越差的态度 P 值 >0.1，未出现显著性，拒绝原假设。结果表明，对于农户来说，虽然施用化肥能提高蔬菜产量是普遍认知，但农户也清晰地知道，施用化肥越多，并不代表蔬菜产量会无限增加。因此，对施肥量和蔬菜产量关系有正确认知的农户更愿意采纳有机肥替代化肥技术。而农户对化肥和耕地质量、周围环境关系的认知与农户有机肥替代化肥技术采纳意愿之间无相关关系。

（3）农户施用有机肥认知情况

有机肥替代化肥技术了解程度（$X7$）；施用有机肥后，生产成本是否增加（$X8$）；施用有机肥后，蔬菜产量是否增加（$X9$）的回归系数分别为 1. 325、-2. 375、0. 211。有机肥替代化肥技术了解程度；施用有机肥后，生产成本是否增加两个变量的 P 值均 <0.05。施用有机肥后，蔬菜产量是否增加的 P 值 >0.05。因此，有机肥替代化肥技术了解程度呈现显著性，且为正相关关系，接受原假设。施用有机肥后，生产成本是否增加呈现显著性，且为负相关关系，接受原假设。施用有机肥后，蔬菜产量是否增加未出现显著性，拒绝原假设。结果表明，农户越了解有机肥替代化肥技术，越愿意选择施用有机肥替代化肥。同时，农户作为经济人，若因施用有机肥造成生产成本增加，农户施用有机肥替代化肥的意愿则会降低。

（4）农户有机肥受偿意愿

是否获得政府补贴（$X10$）、政府补贴对施用有机肥的影响程度（$X11$）的回归系数分别为 1. 228、3. 697。是否获得政府补贴、政府补贴对施用有机肥的影响程度两个变量的 P 值均 <0.05，说明均呈现显著性，且两个变量的回归系数为正，说明均为正相关关系，均接受原假设。结果表明，获得政府补贴的农户施用有机肥替代化肥的意愿明显，而没有获得有机肥施用方面的培训的农户，不施用有机肥替代化肥的可能性更大。政府补贴对施用有机肥的影响程度的回归系数为 3. 697，说明政府补贴对农户有机肥替代化肥技术采纳意愿影响较大，如果政府提供有机肥补贴，农户就更愿意采用有机肥替代化肥技术。

7.4 京郊菜农有机肥受偿额度分析

结合实证分析结果可以看出，是否获得政府补贴及政府补贴对施用有机肥的影响程度两个变量与农户施用有机肥替代化肥的意愿具有明显的正相关关系。因此，为促进农户施用有机肥替代化肥技术采纳意愿及保障施用有机肥后的意愿水平不下降，需要政府给予一定的补贴金额。

条件价值评估法是从消费与获益的意愿角度出发，主要运用于被研究对象对于某些环境商品的支付或者受偿意愿。因此，本节通过收集整理问卷中有关问题数据，利用条件价值评估法（CVM）测算菜农在化肥减量10%、30%、50%3种水平上的每亩受偿额度。受偿意愿（WTA）值的计算采用数学期望公式如式（7-2）所示：

$$E_{\mathrm{WTA}} = \sum_{i=0}^{K} \beta_i \delta_i \tag{7-2}$$

其中，β_i 表示为被调查农户选择的第 i 个受偿额度的金额，δ_i 表示被调查农户愿意接受第 i 个受偿金额的概率，K 表示受偿额度的分档数。本节对于每个区间的农户希望的受偿额度，采取区间中值进行计算，由此计算得出菜农化肥减量水平下受偿额度情况（见表7.14）。

表7.14 菜农化肥减量水平下受偿额度情况

化肥减量水平	农户希望每年最低补偿（元/亩）	样本数（户）	百分比（%）	实际受偿额度（元/亩）
如果化肥减量10%	1~50	17	7.98	176.88
	51~100	68	31.92	
	101~150	33	15.49	
	151~200	31	14.55	
	201~300	34	15.96	
	301~400	9	4.23	
	401~500	7	3.29	
	501~600	14	6.57	

续表

化肥减量水平	农户希望每年最低补偿（元/亩）	样本数（户）	百分比（%）	实际受偿额度（元/亩）
如果化肥减量30%	1~50	6	2.82	223.84
	51~100	27	12.68	
	101~150	47	22.07	
	151~200	39	18.31	
	201~300	46	21.60	
	301~400	19	8.92	
	401~500	14	6.57	
	501~600	15	7.04	
如果化肥减量50%	1~50	4	1.88	279.71
	51~100	20	9.39	
	101~150	25	11.74	
	151~200	46	21.60	
	201~300	49	23.00	
	301~400	10	4.69	
	401~500	15	7.04	
	501~600	44	20.66	

资料来源：问卷整理。

根据表7.14分析可知，如果化肥减量10%，选择希望每年最低补偿51~100元/亩的农户有68户，是8个补偿范围内选择最多的，占31.92%；如果化肥减量30%，选择希望每年最低补偿101~150元/亩的农户有47户，占22.07%；如果化肥减量50%，选择希望每年最低补偿201~300元/亩的农户最多，有49户，占23.00%。

根据式（7-2）及表7.14中数据测算得出：如果化肥减量10%，菜农在此减施水平受偿额度为176.88元/亩；如果化肥减量30%，菜农在此减施水平受偿额度为223.84元/亩；如果化肥减量50%，菜农在此减施水平受偿额度为279.71元/亩。

7.5　促进京郊菜农有机肥替代化肥技术采纳意愿的对策建议

7.5.1　提高农户对绿色生产技术的认知水平

在问卷数据与实证分析中，农户认知对施用有机肥意愿具有显著的正向影响。农户在生产过程中，更注重短期经济效益，对过度施用化肥带来的影响蔬菜产量、蔬菜品质、耕地地力、周围环境等认知存在不清楚的情况，对有机肥替代化肥技术、施用有机肥带来的好处也不够了解，加上过度施用化肥的危害与积极施用有机肥的利处具有一定的滞后性，进一步导致农户的认知较弱。因此，应加强农户对施用有机肥与过度施用化肥所产生影响的认知教育，学习有关施肥知识，增强农户有机肥替代化肥技术采纳意愿。

7.5.2　健全有机肥市场机制，提高有机肥利用率，降低农户施用成本

根据实证分析发现，施用有机肥后造成生产成本增加是影响农户施用有机肥意愿的重要因素。因此，政府在推进有机肥应用过程中，除了增加有关资金投入及补贴外，应优化有机肥供给侧结构，鼓励肥料企业发挥带动作用，利用企业市场优势，增强施用有机肥的实用性，提高有机肥利用率水平，以此避免农户施用有机肥带来的生产成本增加问题，减轻农户施用有机肥生产成本增加的后顾之忧，增强农户施用有机肥意愿。

7.5.3　合理设置农户施用有机肥受偿额度

虽然施用有机肥的正外部性非常明显，但目前市场上，有机肥价格普遍高于一般化肥的价格。当前属于有机肥推广应用阶段，政府要充分发挥职能作用，在不同减施水平下，合理对农户施用有机肥替代化肥进行受偿补贴，这样可以使农户在降低生产成本的同时，提高其施用有机肥的意愿强度，推动农户施肥结构趋于合理化。

7.6 本章小结

本章以京郊8个区域为调研对象，设计了涵盖4部分的调查问卷，根据问卷数据进行收集整理，运用描述性统计分析目前京郊菜农的个人及家庭特征情况、施用化肥认知情况、施用有机肥认知情况、有机肥受偿意愿情况，以及对以上4部分进行意愿描述性分析。

本章主要通过二元Logistic回归分析模型证实京郊菜农有机肥替代化肥施用意愿与影响因素的显著性与相关性，利用条件价值评估法测算菜农在化肥减量10%、30%、50%3种水平上的农户每亩受偿额度。分析发现，11个自变量中共有7个变量具有显著性，其中受教育程度、地块数量、施用化肥越多对蔬菜产量的态度、有机肥替代化肥技术了解程度、是否获得政府补贴、政府补贴力度对施用有机肥的影响程度在菜农有机肥替代化肥技术采纳意愿上呈现正相关关系，施用有机肥后生产成本是否增加呈现负相关关系。在化肥减施水平为10%、30%、50%的情况下，菜农每亩受偿额度分别为176.88元/亩、223.84元/亩、279.71元/亩。

第一，京郊菜农有机肥施用意愿方面。农户个人特征及家庭基本情况、农户施用化肥认知、农户施用有机肥认知、农户有机肥受偿意愿共4部分，均与农户有机肥替代化肥施用意愿有关。

第二，京郊菜农有机肥替代化肥技术采纳意愿影响因素方面。二元Logistic模型结果表明，在农户有机肥替代化肥技术采纳意愿的影响因素中，共有7个变量呈现显著性。其中，受教育程度、地块数量、过量施用化肥对蔬菜产量的影响、有机肥替代化肥技术了解程度、施用有机肥蔬菜产量是否增加、是否获得政府补贴、政府补贴对施用有机肥替代化肥的影响程度表现为正相关性；施用有机肥后生产成本是否增加表现为负相关性。

第三，京郊菜农有机肥受偿意愿额度方面。根据条件价值评估法测算结果表明，如果化肥减量10%，菜农在此减施水平下，受偿额度为176.88元/亩；如果化肥减量30%，菜农在此减施水平受偿额度为223.84元/亩；如果化肥减量50%，菜农在此减施水平受偿额度为279.71元/亩。

8 京津冀地区农业绿色发展典型案例

推进农业绿色发展是一项长期任务、系统工程。近年来，京津冀三地农业农村部门切实提高政治站位，加强统筹协调，持续发力、久久为功，推动农业发展全面绿色转型。

8.1 北京市顺义区：创新机制，强化举措，聚力打造都市优质农产品供应新高地

顺义区位于北京市东北部，辖区总面积 1021 平方千米，耕地面积 30.6 万亩，是首批国家农业绿色发展先行区。顺义区长期承担北京市粮食生产和“菜篮子”重要农产品稳产保供、首都重大活动优质安全农产品保障任务，有着“京郊粮仓”的美誉。近年来，顺义区落实农业绿色发展总体要求，在资源节本、技术增产、环境提质、链条增值、转化溢价增效上全面发力，大力发展设施农业、生态农业、休闲农业、科技农业，在实现稳产保供的同时，擦亮“顺绿农”绿色生态农业金字招牌，推动构建了农业绿色发展新格局。全区粮食、生猪产量保持北京市第一，蔬菜生产连续多年保持北京市前三。

8.1.1 重机制、出政策，健全支撑体系高质高效

创建区级协调考核机制。组建以主管副区长为组长、12 家区级单位主管负责同志为成员的领导小组，成立乡村生态振兴专班，将农业农村绿色发展重点任务全部纳入生态振兴考核中，不断完善会商、督导考核、信息报送制度。创建人才服务机制。成立正处级农业技术综合服务中心，在岗在编技术人员 100 余名，具有正高、副高、中级职称人员达 67%；同时，创新院地合

作机制，与中国农业科学院、北京农学院等合作，打造农业绿色发展技术服务基地，为顺义区实现农业农村绿色发展提供了组织保障和技术支撑。创建政策支持机制。顺义区从耕地保护、农业面源污染防治等方面编制了一系列政策与制度，累计安排专项经费 10 余亿元用于国家农业绿色发展先行区建设。同时，构建顺义区“田长制”组织体系，设立区、镇、村三级田长，耕地保有率达到 100%，耕地质量等级 3.97，位列北京市第一。

8.1.2 重产地、强保护，高效利用资源节本增效

深入推进农业节水。以资源承载力为底线，持续深化农业结构调整，调减高耗水农作物种植面积，强化农艺节水与工程节水相结合，建成高效节水粮田和菜田 18 万亩，农田灌溉水有效利用系数达到 0.78。强化农田有机质提升。优化土地利用结构与布局，加强田间基础设施，累计建成高标准农田 20.96 万亩。推行免耕少耕、秸秆覆盖还田等保护性耕作制度，全区土壤有机质含量逐年提升为 2.5%。深入推进化肥农药减量使用。推广测土配方施肥、推广水肥一体化技术，加大区级财政投入用于有机肥替代，控制化肥施用量，化肥利用率达到 42%。推广绿色防控产品应用，减少化学农药使用量，农药利用率提高到 45.28%，病虫害绿色防控覆盖率达到 85.82%。推行全域农田废弃物循环利用。推行菜田废弃物“复合腐熟菌剂+翻倒好氧发酵”处理、秸秆“一还两收”、畜禽养殖场粪污生态消纳，建立“政府引导、市场主导、农户参与、专业机构处置”的废旧农膜和农药包装废弃物回收处置体系，全区秸秆、畜禽粪污综合利用率分别达到 99.83%、95%以上，农膜回收率 92%。

8.1.3 重科技、强转化，推广绿色技术增产增效

全面提高农业机械装备水平。顺义区持续提升农业机械科技装备水平，安装农用北斗作业监测终端和北斗导航农机驾驶系统终端，实施无人驾驶智能谷物精量播种，促进节种节肥、省工省力、降低劳动强度，实现稳产高产、节本增效。全区主要粮食农作物耕种收综合机械化率达到 99.66%。大力发展数字农业。通过物联化、智能化等手段对传统菜田智慧升级，推动 5G、大数据等技术在农业生产中的应用，实施数字化种田、标准化远程管理，打开手机，即可开启云端种田模式，大大提高现代农业生产效率。目前全区累计建

成数字菜田2.6万亩，覆盖全区菜田的50%以上。开展长期固定观测。依托中国农业科学院农业环境与可持续发展研究所顺义基地，累计投入300余万元启动农业绿色发展长期固定观测试验站建设，建立长期性基础性数据及技术展示服务平台，逐步健全以绿色技术体系。依托完整的产业链和科学的食品安全控制管理体系，圆满完成2022年冬奥会、冬残奥会、中共二十大、历届全国两会、北京市两会等重要活动供应。

8.1.4 重生态、提涵养，打造绿色链条增值增效

推进农业生态保护。全区建立土壤环境质量监测网络，制定耕地质量分类管理清单，受污染耕地安全利用率100%。推动绿化造林，积极做好拆违腾退土地的农业种植增绿工作，逐步构建点线面、带网片、林园水相结合的森林生态系统，森林覆盖率32.63%。统筹实施两个“三品一标”。全域实施农产品“三品一标”和农业生产“三品一标”提升行动，围绕生猪养殖和设施农业探索全域绿色种养循环试点。打造全程农业标准化基地，全面推进农业标准化生产，畜禽标准化养殖场比重87.95%，水产标准化健康养殖比重72%，农产品质量安全例行监测总体合格率100%，核心指标均高于全国平均水平。推动“农业+文旅”深入融合。大力发展休闲农业和乡村旅游，开展休闲农业“十百千万”畅游行动，成功创建市级休闲农业星级园区50余家，逐步形成乡村特色旅游产业。

8.1.5 重质量、强品牌，强化价值转化溢价增效

强化农产品质量安全监管。建立基层农产品质量安全网格化三级监管体系，划定19个监管网格，打造464人管理队伍，2022年共核查、录入、审核主体7846个。农产品样本检测合格率达到100%，建设农业标准化基地162家。探索构建全区农业品牌矩阵。打造“顺义种猪”“顺义樱桃”等区域优势产业集群带动乡村产业振兴发展，形成以“顺绿农”为牵头的“1+2+3”顺义农业品牌矩阵，“全区农业综合品牌+区域农产品优势公用品牌+区域农业社会化服务优势品牌+镇村域特色品牌+企业和产品主体品牌”体系基本形成，品牌数量位居北京市首位。促进绿色产业增效。推进传统农业与精深加工、文旅、康养等产业结合，形成“农业+”多业态发展态势。积极探索“龙头

企业+中小企业+合作社”农业产业化联合体模式，推动顺义区优势绿色农产品生产、储存、加工和销售一体化发展。

8.2 天津市武清区：构建绿色种养循环体系，协同推进农业稳产高产与生态环境保护

天津市武清区是天津市种植大区和养殖大区，耕地面积 137 万亩，粮食播种面积 108 万亩、蔬菜种植面积 33 万亩、水果种植面积 4.55 万亩，全区养殖业年产畜禽粪污约 145 万吨，农作物秸秆、尾菜、果树残枝总数约 125 万吨。近年来，武清区坚持“绿水青山就是金山银山”的理念，立足本地农业资源禀赋条件，以资源环境承载力为基准，不断优化种养结构，加快发展绿色种养循环农业，构建农业生态循环链条，推广生态种养模式，推进畜禽粪污还田利用，促进农业资源环境的合理开发与有效保护，探索出一条种养结合循环农业发展的农业绿色发展新路子。通过粪污资源循环利用，武清区土壤肥力稳步提升，每年可增产粮食 8840 吨、蔬菜 48000 吨，每亩为农民节约化肥支出 110 元。2022 年，全区粮食、蔬菜产量分别达到 52 万吨、96 万吨，小麦、蔬菜亩产分别增加 1.7%、5%，实现保供给与保生态的“双赢”目标。

8.2.1 加强组织领导，创新示范引领机制

成立工作领导小组。成立区长任组长、分管副区长任副组长的绿色种养循环项目工作领导小组。领导小组下设办公室和技术指导小组，区农业农村委员会负责日常工作推进和技术指导工作。领导小组定期召开联席会议，会商项目实施工作进展，协调解决有关重大问题，检查督办项目任务清单落实情况，确保按期保质完成项目目标。加大资金支持力度。根据粪污类型、运输距离、施用方式、还田数量等合理测算各环节补贴标准，制定第三方处理收费服务标准。2021 年，武清区开始实施绿色种养循环试点区项目，进一步优化种植业、养殖业结构，搭建农业内部循环链条，投入 1000 万元补贴资金，整区开展粪肥就地消纳、就近还田奖补试点，用于对试点运行绿色种养循环模式较好的新型经营主体和社会化服务组织进行奖励。全面加强环保执

法监管。区人民政府建立畜禽粪污治理长效管理机制，各部门分工负责，保证畜禽污染防治效果。区生态环境部门负责畜禽养殖污染防治的统一监督管理，区国土部门负责协调落实项目用地，区农业部门负责畜禽粪污综合利用的指导和服务，区循环经济发展综合管理部门负责畜禽养殖循环经济工作的组织协调，区其他有关部门依照规定和各自职责，负责畜禽养殖污染防治相关工作，镇街人民政府协助有关部门做好本行政区域的畜禽养殖污染防治工作。

8.2.2 健全废弃物利用设施，夯实种养循环基础

改造提升规模养殖场粪污贮存设施。指导全区规模畜禽养殖场（小区）按照“三改两分再利用”、种养一体化等模式处理畜禽粪污，建设粪污贮存、收集、处理、转运等设施。累计投入财政及自筹资金4亿多元，实现所有规模畜禽养殖场户全部配套建设粪污处理设施。养殖密集区建设粪污集中处理中心。依托2个种植/养殖大户和1个蚯蚓有机肥厂，建设2个畜禽废弃物资源化利用中心和1个蚯蚓有机肥厂，形成武清区“2个肥水消纳中心，1个粪便消纳中心”的畜禽废弃物资源化利用格局。构建大型养殖场种养结合模式。筛选出30余家种养循环示范场，增加建设防渗膜污水储存囊8.67万立方米，并配套相应设施设备，加快构建“存得住、用得了”武清区种养结合模式。

8.2.3 健全粪肥还田模式，提升耕地地力

推行粪肥还田综合利用。结合作物需肥特点、不同地力条件、不同产量目标，设置粪肥还田利用示范点，重点明确固体粪肥和液体粪肥两种粪肥还田模式。严格落实“源头减量—过程控制—末端利用”畜禽粪污资源化利用途径，加强对畜禽粪肥还田方式、时间、用量等方面的指导，推动畜禽粪污就地就近全量还田。年消纳畜禽粪便13.5万立方米、粪水3.5万立方米以上，相当于1379吨尿素和727吨普钙磷肥，项目区化肥施用量减少3%以上。发展粪肥还田社会服务。发展养殖场户、服务组织和种植主体紧密衔接的粪肥还田全链条组织运行模式，通过社服组织和生产企业实现畜禽粪污资源化利用达17万立方米，服务各类型种植作物面积超过10万亩，带动全区种养结合、畜禽养殖粪污循环利用模式的推广应用，推动武清区农业绿色高质量

发展。建立粪肥还田监测制度。对实施粪肥还田利用的第三方服务机构应对粪肥养分进行定期检测，每年不少于两次，重点监测氮、磷指标并提供检测报告。同时做好施肥地块的土壤养分检测工作，及时了解土壤氮、磷含量水平，根据作物养分需求和粪肥中氮、磷含量水平确定粪肥施用量。全区 23 个点位监测数据显示，土壤有机质提升 7.67%，全磷提高 8.93%，耕地地力明显提升。

绿色种养循环产业模式的大面积推广，促进全区畜禽粪污等农业废弃物综合利用，培养了种植主体积造有机肥、施用有机肥的良好习惯，改善农村人居环境，助力美丽乡村建设，促进形成产业布局合理、产品绿色生态、资源利用高效、生产全程清洁、环境持续优化的现代农业发展格局。

8.3 河北省黄骅市：突出生态改良和产业带动打造盐碱地上的“绿色粮仓”

黄骅市位于河北省东南部，地处京津冀经济圈和环渤海经济圈，年平均降水量 544 毫米，是旱作雨养区、盐渍化土壤集聚的典型地区。全域耕地以中轻度盐碱地为主，土壤盐度在 1‰~3‰，有机质含量低，同时有未开发盐碱地 15.6 万亩。近年来，黄骅市积极探索盐碱地农业绿色发展模式，通过科技创新改造盐碱地，加强耐盐碱良种推广利用，耕地面积从 1980 年的 77 万亩增加到目前的 141 万亩，旱碱麦总产约 14.6 万吨，小麦年加工能力接近 50 万吨，形成集订单农业、收储中转、面粉加工、食品生产等功能于一体的全产业链小麦产业，让昔日“十年九不收”的盐碱地渐成沃野良田，有效促进了农业资源保护利用水平和粮食生产能力双提升。

8.3.1 构建技术体系，促进盐碱地绿色改良

推行工程措施盐碱降盐。通过开挖排水沟，利用夏季雨水量大并且集中，通过排水沟把淋洗后的盐分排出去，达到降低耕作层土壤盐分的目的，实现淋盐压碱。通过深松、深耕增加土壤蓄墒能力，通过免耕减少土壤中水分蒸发，减缓盐分向地表转移，实现降盐蓄墒。推行农艺措施提高肥力。通过测

土配方施肥、有机肥和无机肥配合施用等措施，达到科学合理施肥，提高化肥施用效率。推行秸秆覆盖，起垄覆膜，有效减少地表蒸腾，可提高地温，集雨蓄水，抑制盐碱含量上升。推行科学选种耐盐耐碱。选择盐碱地适宜种植的作物，如旱碱麦、高粱、苜蓿、冬枣等。实施苜蓿、旱碱麦轮作耕种，一般耕种 4~5 年，可以有效改良盐碱地，再耕种两年旱碱麦，通过轮作方式改良盐碱地，提升农民收益。建设高标准农田完善设施。积极争取上级资金，完成高标准农田建设，实现集中连片、设施配套、高产稳产、生态良好、抗灾能力强。通过推广“秸秆还田+深耕深翻+增施有机肥”和“秸秆还田+增施有机肥+增施土壤调理剂”等技术模式，全市耕地质量等级提升到 6.47，累计退化耕地治理 4.8 万亩，新增高标准农田 8.5 万亩，有效改善了耕地质量和农业生产条件。

8.3.2 优化种植技术，提升盐碱地生产效益

强化技术创新。强化科技项目、创新基地和农业科技人才统筹衔接，组建旱碱麦、谷子、黄骅冬枣等种植技术创新团队，加大绿色技术研发力度。实施了全国小麦（黄骅旱碱麦）绿色高质高效项目、渤海粮仓科技示范工程项目，研发、示范、推广一批绿色高产的新品种、新技术。选育耐盐碱良种。在冀麦 32 的基础上，历经数次选种与改良，先后选育出抗旱、耐盐、耐碱、抗病的捷麦 19、捷麦 20 等品种，亩产可达 200 千克以上，增产成效显著，为全国旱碱麦种植推广、深挖盐碱地开发利用潜力提供了示范样本。打造高产示范。2022 年，全市建设百亩田 20 个，千亩方 20 个，万亩片 5 个，标准化种植面积 20 万亩以上。全市旱碱麦收获面积达到 60.98 万亩，亩产达 240.1 千克，最高亩产达 401 千克，创造黄骅市最高亩产纪录。

8.3.3 建立丰产示范基地，强化技术推广应用

集成应用示范技术。联合沧州市农林科学院，专门聘请 11 名农业科研专家，在示范基地研发示范具有科学性和实用性的绿色种植技术，促使技术研发与推广能够取得实际成果。培训种植专业主体。在示范基地中将理论知识的讲述和实践练习进行有效融合，从多个角度培养种植主体的种植水平，在示范基地中培养出一批高素质人才队伍。激发经营主体活力。加强政银企合

作对接，争取金融部门低息贷款资金30亿元，扶持新型经营主体开展旱碱麦种植生产。遴选34个家庭农场、农民合作社等经营主体，参与实施绿色高质高效行动，承担新品种新技术新模式示范任务，提升规模化、组织化生产水平。强化政策扶持。创建省级旱碱麦精品创新驿站，支持规模托管、流转土地模式下的新型农业经营主体，开展旱碱麦种植保险、收获期火灾保险和价格保险，提供约5000万元风险保障。

8.3.4 健全政策机制，促进盐碱地绿色产业发展

壮大龙头企业。全市扶持打造大型面粉加工企业5家，年加工能力达到20万吨以上。天宝面业“誉天宝”、振学面业“振学”牌面粉获评“AAAA”级河北优品牌，黄骅面花入选河北省非物质文化遗产名录和全国特色食品目录。金麦面业、振学面业、帝鉴面业3家企业纳入河北省农产品监管追溯平台，4个产品获绿色食品认证，荣获第十七届、十八届、二十届中国绿色食品博览会金奖。提升仓储物流能力。支持大仓、海盛源、天源、如诚4家大型粮食仓储物流企业，建设大型烘干塔6座，可实现仓容16万吨，年均收储销售小麦7万吨。拓展销售路径。推动供销农翼、新林坡、三星福瑞等多家企业，运营推广旱碱麦加工产品线上销售，与北京市40余家大型商超、电商开展深入合作，将面粉、面花、挂面等黄骅旱碱麦加工产品销往京津冀、黑龙江、吉林、辽宁、山东、山西、内蒙古等地，有效促进农业增效、农民增收。

8.4 本章小结

本章选取了2023年农业农村部向全国推介的京津冀区域内的农业绿色发展典型案例，梳理了3个典型地区推进农业绿色发展的实践经验和重要举措，可以得出以下共性特征：

一是加强顶层设计和组织领导。为深入贯彻落实习近平总书记关于京津冀协同发展的重要指示要求，将生态文明理念转变为京津冀协同发展的共同意志、共同行动，各地都做了相应部署和安排，同时也基本构建了高层次、全方位统筹推进机制，将生态文明建设和绿色发展融入经济社会发展各领域

和全过程。

二是聚焦科技创新需求，赋能农业绿色发展。历史和实践证明科技进步带来的环境问题必须要通过科技创新来破解，科技创新是解决京津冀资源与环境问题的重要支撑。三地通过农业绿色科技创新与集成推广，积极引导科研组织和高等院校以及参与农业生产绿色的各企业等，突破绿色技术发展瓶颈，重点在特色农业、化肥农药、农业废弃物、新型肥料等方面努力，着力科技创新，有效实行科学施肥与合理用药、生态修复和土壤保育等技术措施，维护良好生态环境，推进农业绿色发展。

三是构建农业绿色发展多元参与机制。京津冀三地都重视联农带农的利益联结机制，积极引导企业等市场主体参与到农业绿色发展当中，为绿色农产品标明产地和生产者，整合科研院校、科技推广等资源，以科技创新、成果孵化与推广形成新质生产力，联合园区、企业、合作社、农场、农户等构建产学研利益共同体，提高农业的市场经济活力，畅通农业生产资料和农产品的流通渠道，实现农业绿色化、规模化、品牌化经营，进而促进农业绿色高质量发展。

9 促进京津冀农业绿色协同发展的建议

9.1 发达国家农业绿色发展政策举措

发达国家根据不同时期的发展特征和规律，实施了大量的举措促进农业绿色发展，同时也制定了一系列政策进一步推动农业绿色发展在本国的应用，对京津冀地区乃至我国未来较好地推进农业绿色发展具有一定的启示作用。

9.1.1 完善的法律体系是推进农业绿色发展的后盾

发达国家尽可能运用法律手段对农业绿色发展的相关内容进行强制性管理，保障农业绿色发展在某些原则性内容上的落实程度；同时，政府在发展过程中对农业绿色发展的相关规定不断更新、突破，根据本国农业发展现状不断调整，逐步提升绿色发展理念在农业发展中的地位和重要程度。例如，美国在推进农业绿色发展时颁布了大量的法律规定给与支撑，1983 年就制定了相关的有机农业法律，1990 年美国政府又制定了《有机食品生产法》，成立了国家“有机标准委员会”，1991 年制定《有机食品证书管理法》，2000 年 12 月，美国联邦农业部制定了美国有机农业条例，2011 年 1 月，美国总统奥巴马签署《FDA 食品安全现代化法案》；欧盟各国在发展生态农业时，都运用行政和法律等手段加强对生态农业的领导、管理，早在 1988 年就出台了比较完善的生态农业支持法规，用于激励和保护农业企业从事生态农业生产，瑞典 1999 年颁布了一部完整的《农业保护法》，对农药、化肥、水等自然资源的使用通过法律手段进行保障，并在法律中特别强调了政府的监督作用；日本目前为止出台了《食物、农业、农村基本法》《可持续农业法》《堆肥品质管理法》《食品废弃物循环利用法》4 部生态农业法律，确定了日本 21 世纪绿色生态农业发展的基本方针。

9.1.2 强大的财政支撑是促进农业绿色发展的保障

农业本身是一个具有较高自然风险和市场风险的产业，农业的绿色发展要兼顾生态环境的承载力和保护程度，难度更为增加，因此在发展过程中财政的支撑显得十分重要。发达国家普遍对农业绿色发展的补贴力度较大，尤其是在快速发展阶段，补贴额度快速增长。在发达国家推进农业绿色发展过程中，普遍采取财政补贴的方式对农户进行直接支持。1987 年，OECD 提出的《国家政策与农业贸易》报告第一次提出了以生产者补贴等值及其相关指标为基础的农业政策评价体系，并且应用该评价体系对 OECD 各成员国的农业政策进行评价。美国早在 2002 年签署了《年农场安全及农村投资法》，包括 10 个方面的补贴，其中商品计划补贴占首位，达 290 亿美元，占总增加补贴支出的 50%，其次是生态保护，达到了 171 亿美元，占总增加补贴支出的 30%，两项合计达 80%；法国为进一步鼓励农业绿色生产，于 2008 年颁布了“生态农业 2012 年规划”，旨在提高生态农业产量，同时将生态农业面积扩大 3 倍，力争达到耕地面积的 6%，用于农业环境的资金到 2001 年已高达 3. 7 亿欧元；德国更是从生产、营销和绿色生态农业合作社 3 个方面进行了全方位的财政补贴和税收优惠；日本农林水产省规定，对审查合格的环保型农户、银行可以提供额度不等的无息贷款，贷款时间最长可达 12 年，在设施农业建设上，政府或协会提供 50% 的资金扶持，在税收上第一年可减免 7%~30%，往后 2~3 年内还可酌情减免税收；1999 年，韩国政府开始引进并实施亲环境农业直接补贴制度，对获得亲环境农产品认证证书的农民，直接支付补助金，并且从 2004 年开始对参与亲环境畜产发展计划的农民补偿因参与而导致的收入减少情况。

9.1.3 先进的科学研究是保证农业绿色发展的支撑

农业技术是农业绿色发展的基础和条件，是农业绿色发展实施效果的决定性因素。因此在发达国家推进农业绿色发展过程中，农业技术政策的推进是重中之重。与工业相比，农业在开发和应用先进技术上有较大困难，各个发达国家在推行农业技术政策过程中都形成了一定的体系。欧美发达国家非常重视科学技术向绿色生态农业应用的转化，也取得很多丰厚的成果。依照

1990年农业法，美国农业部农业研究局（ARS）会同美国农业部的其他部门合作制订了六年项目执行计划（1992—1998年），即每隔两年左右，农业研究局必须调整或重新制订战略计划，并将上次计划中尚未完成的项目纳入新的计划中，保证项目的持续性。日本在生态农业研究方面则体现出特有的整合性和系统性。例如，早稻田大学对生态农业从社会学上的人与自然、人与食品系统等方面，开展不间断的从理论到实践的研究，为政府决策管理提供科学依据。中央农业综合研究中心近30年来先后与国际国内就生态农业建设中的生态环境保护、农产品安全等重大技术课题开展协作研究，从水、土、气、工业废物等方面，到工程措施、生物措施、物力措施、机械措施等方面开展多部门、多学科的系统研究，取得了较好成效。1995年，韩国成立农业研究和发展促进中心，共向3000余个项目投资3910亿韩元，同时为了更好地给农民提供农业生产技术，韩国政府实行了“区域政府集合计划”为农业科学研究、地方政府以及农业机构之间建立连接网络，增加各个区域农业技术的投入。

9.1.4 配套的标准体系是农业绿色发展的质量关口

认证标准是产品质量是否可靠、企业品牌是否可信、消费市场是否认可的关键。因此，标准的认证体系对于绿色生态产品来说，在生产信息高度不对称的农产品消费市场中，是保证生态农产品能否顺利完成从生产到流通过程，完成实物补偿和价值补偿，实现可持续发展的身份证。美国认证机构制定了有机农产品标：土地上的有机农作物在认证前，必须停止使用禁用物质3年，在进行有机栽培时符合有机计划的，申请发照的生产经营者，必须向认证机构递交一份有机农作物生产计划，包括生产过程、如何维护土壤肥力、如何实施轮作制度以及不采用某些施肥措施，从事生产的农民需要记录所有栽培过程，并保持该记录5年。德国根据《欧洲有机法案》制定了有机食品的统一标准，对有机食品的生产过程、各种生产资料的使用、原料的使用、单位畜禽的最小饲养面积、单位面积上的畜禽数量、监控操作程序、登记和标签内容等均规定了标准。日本于2000年4月制定了有机农业标准，同一时间日本还出台了有机农产品加工标准。

9.2　国内外跨区域生态环境协同治理实践经验

生态是绿色发展的治理对象，生态治理是国家治理体系与治理能力现代化的一个重要方面，需要协调利益机制以解决不平衡发展问题，创新治理模式以形成持久的协同发展动力，让区域相关利益者公平地共享良好的公共环境这一福祉。跨域治理理论发源于西方的公共治理理论，核心是强调构建政府、市场和社会之间的平等互动关系，通过去中心化和分权化，缩小政府的权力，跨越行政区域、跨越政府层级和不同的组织类型，构建持久的网络型合作关系。借鉴跨域治理理论，在建设生态协同发展的公共治理体系过程中，应适度发挥我国政府长期以来形成的政治制度优势，构建中国特色的京津冀生态协同发展的跨域治理模式，更有利于推进民主法治社会建设，有利于促进市场主体发育，有利于提升社会公众参与公共治理的成熟度。

9.2.1　完善生态环境治理的相关法律法规

在公共行政背景下，法律通常是有效的权威保障和赋权工具，同时也是一种管理手段。20 世纪 30 年代，田纳西流域是美国最贫穷的地区之一。1933 年，美国国会通过了《田纳西河流域管理局法》，经过多年努力，流域自然生态环境得到改善，经济飞速发展，实现了良性循环。根据《田纳西流域管理局法》的规定，田纳西流域管理的主要机构是田纳西河流域管理局，其职能包括：统一指挥流域内的水电工程、洪水控制、土地保护、植树造林、土地复耕、河流净化、通航以及多种小工业的建设；有权为开发流域自然资源而征用土地，并以联邦政府机构的名义进行管理；有权在田纳西河干支流上建设水库、大坝、水电站、航运设施等水利工程；有权将各类发电设施联网运行；有权生产农用肥料等。

自“长江三角洲区域一体化”发展上升为国家战略之后，《长三角生态绿色一体化发展示范区总体方案》出台，指出“加强生态环境综合治理”。2020 年 7 月 7 日，生态环境部常务会议审议并原则通过《长江三角洲区域生态环境共同保护规划》，进一步强调要协同推动流域水环境治理、强化太湖等重点湖泊治理与保护。2024 年 3 月 27 日、29 日，上海、江苏、浙江两省一市人大常委会分别表决通过了《促进长三角生态绿色一体化发展示范区高质量发展条例》，三地的条例共同于 2024 年 5 月 1 日起施行。这是继 2020 年三地人大常委会协同作出《关于促进和保障长三角生态绿色一体化发展示范区建设若干问题的决定》后，三地人大以协同立法服务国家重大战略的又一重要举措；也是《立法法》修改明确区域协同立法制度后，三地协同出台的第一部创制性立法，将几年来示范区一体化高质量发展探索形成的做法和经验总结上升为制度，并回应了区域治理的现实需求。

9.2.2 构建跨区域生态协同管理与机制

根据《田纳西河流域管理局法》组建的田纳西河流域管理局（Tennessee Valley Authority，TVA）是一个专门的、统一的流域管理机构。TVA 定位为一个既享有政府的权力，又具有私人企业的灵活性和主动性的公司型美国联邦一级机构。TVA 领导机构为 3 人组成的董事会，经总统提名，国会通过后任命，总统指定董事长。每位董事任期 9 年，每 3 年更换 1 名董事。董事会行使 TVA 的一切权力，直接向总统和国会负责。该机构一方面是总统领导下的政府职能机构，董事会直接向总统和国会负责；另一方面，又是一个独立核算的大企业，具有独立法人资格，独立行使人事权，直接从事全流域各种开发项目的营运。这种双重职能的政策，使管理局既能作为联邦政府机构行使流域内经济发展及综合治理和管理的职能，同时又使管理局能够利用市场机制，充分发挥流域内各种生产要素的作用，促进全流域经济的发展。实践证明，TVA 这种双重职能不仅保证了管理局各项开发工作和移民的工作顺利进行，还使田纳西河流域开发成了计划手段与市场手段有机结合的典范。

跨区域松花江流域水资源环境管理体制改革的总体思路是构建“松花江水资源环境管理的大流域政府”，从国家层面来说，生态环境部成立流域保护督查中心，负责我国各大流域水系的环境保护。由国务院牵头水利部及其下属松辽水利委员会、生态环境部流域保护督查中心成立“松花江流域水资源环境综合管理委员会”，下设流域水资源管理机构、生态环境保护机构、应急管理机构、流域信息服务和协调机构，全面负责松花江流域水资源的规划利用、生态环境保护、突发事件等工作，对松花江流域水资源和生态环境事故实施统一监督管理。同时，该委员会实行跨区域流域水资源环境联席会议制度，成员包括国务院主管领导，水利部、生态环境部、国家其他机关部委，黑龙江省、吉林省和内蒙古自治区相关主管领导，实现流域水资源和流域生态环境的统一规划、统一监管、统一防治和统一协调，有效解决跨区域、跨部门之间的利益冲突，最大限度协调各方行为。在省级层面，分别成立包括以主管副省长为组长、水利厅和生态环境厅主管副厅长为副组长的黑龙江省、吉林省与内蒙古自治区“水资源环境综合管理办公室”，主持本省（区）、水资源利用和流域生态环境的统一规划、统一监管和统一协调，统一处理水资源利用和水环境污染的突发事故。具体来说，黑龙江省、吉林省和内蒙古自治区的水利厅河长制工作处负责各省（区）的水资源规划和利用，黑龙江省、吉林省和内蒙古自治区的省（区）生态环境厅流域水环境管理处负责各省（区）松花江段的流域生态环境保护具体工作。省（区）级其他相关部门对涉及的工作积极参与或给予协助。在市县级层面组建水资源环境管理机构统一管理各地区水资源利用和生态环境保护。此外，社会公众在松花江流域水资源利用与生态环境保护监督和管理方面也发挥着积极的作用。

9.2.3 形成多元主体参与的生态协同治理体系

党的十九大报告提出建立“政府为主导，企业为主体，社会组织与公众共同参与的环境治理体系”。跨区域生态问题的治理裹挟着各方主体利益关系，“不仅需要府际间协同，还要激发公众个人、社会组织及市场主体活力，以顶层制度为支撑，以利益驱动为抓手，以路径引领为保障，促进流域生态环境多主体协同治理”。按照利益相关者理论，治理区域资源环境问题仅仅依靠政府的仿真政策以及市场、技术上的措施是不够的。区域资源与环境治理是一项复杂的系统工程，需要政府、企业（市场）、公众和环保组织等多主体之间的密切协作。日本跨行政区水污染治理模式由国家行政机构、半官方组织和社会组织构成，充分利用社会组织力量协调各方关系；英国跨行政区水污染治理模式由国家及污水处理公司组成治理机构，通过成立专门的政府管理部门及政府购买企业服务相结合的方式进行治理。

近年来，欧盟在农村生态环境保护中注重多元主体参与，不断调动各级政府、社会组织、社区、居民等多元主体参与的积极性，尤其是重视发挥农村的主导作用。欧盟为促进公众参与生态环境治理，实施了一系列政策措施，如出台了《奥尔胡斯协定》《关于公众获得环境信息的指导方针》等规范文件，明确公众获得环境信息的权利和渠道。欧盟及主要成员国赋予基层政府、社区、农村等灵活的自主参与权和决策权，通过“农村地区发展行动联合”、地方行动小组等方式动员和联合农村地区多元主体的参与，推动农业农村政策和项目的顺利实施，鼓励村民、企业、社会团体等多元主体参与到农村经济、环境建设中。同时，鼓励地方利益相关方参与到发展决策和实施过程中，建立多元化的投资体制，将经济工具作为农村生态环境建设的重要工具。

9.2.4 健全多维长效跨域生态补偿机制

国际上通常通过环境服务付费或生态系统服务付费的方式，采取政府、市场、法律等手段，促进区域合作和公众参与，对水源涵养、水土调节等服务功能的付费进行了探索。美国纽约市与上游的清洁供水交易，也是通过环境服务交易实现流域环境和经济“双赢”的成功案例。20 世纪 90 年代，纽约市改善饮用水水源的水质，对上游卡茨基尔河和特拉华河的农场主进行了补偿，并要求采用环境友好的生产方式以改善水质，保障了纽约市清洁用水的同时也使流域内多方利益相关者受益。另外，哥斯达黎加于 20 世纪 90 年代就开始进行环境服务支付项目，成为全球环境服务支付项目的先导，1997 年以 200 万美元的价格向挪威售卖 2 亿吨碳当量，还每年售卖 5.4 万吨碳当量给世界银行生物碳基金。

新安江流域水环境生态补偿，是我国首个跨省流域生态补偿改革试点，新安江是一条跨越皖浙两省的河流，更是长三角地区重要的生态屏障。为了保护好一江清水，2012 年，安徽、浙江两省以水质“约法”，共同设立新安江生态补偿资金，安徽水源保护工作做得好，浙江将为此“付费”，这一做法被称为“新安江流域生态补偿机制”。按照“保护优先，合理补偿；保持水质，力争改善；地方为主，中央监管；监测为据，以补促治”的基本原则，设立新安江流域水环境补偿资金，主要用于安徽省内两省交界区域的污水和垃圾，特别是农村污水和垃圾治理。经过三轮改革试点，走出了一条“上游主动强化保护、下游支持上游发展”的互利共赢之路。在制度保障下，新安江成为全国水质最好的河流之一，下游千岛湖水质稳定保持为优。

9.3 对策建议

京津冀协同发展作为国家的一项重大战略，2014 年以来，三地推进生态环境联治顶层设计，协同实施生态环境综合治理，区域生态环境质量得到改善，生态环境协同治理方面取得了明显成效，但与人民对美好生活的追求标准仍有一定差距。在协同推进区域农业绿色发展过程中，遇到了生态环境联治存在体制性障碍、联治理念存在认知性障碍及生态补偿存在机制性障碍等困境，制约了京津冀农业生态环境治理的高质量发展。京津冀三地应进一步携起手来，深化农业生态环境协同治理，强化农业生态环境联治理念，健全区域长效化补偿机制，系统推进京津冀区域内农业绿色发展、寻求共赢。

9.3.1 创新一体化协调机制，推进区域农业绿色协同发展

京津冀农业要实现整体发展，需要规避无序低效竞争、产业同构、重复生产、分散经营等问题，各区域要找准自身定位，按照各自的比较优势、发展基础、战略突破条件确定最优的发展模式，实现生产稳定发展，资源持续利用，生态环境友好。实证研究显示，京津冀农业绿色发展的空间关联度不高，尚未完全摆脱旧有发展模式，应进一步深化一体化发展，同时开展务实性的跨界区域规划。京津冀发展涉及的主体较多，包括 3 个省（市）的众多城市节点，省际、城际、城乡关系多种多样，政府与企业、社会组织的利益关系纵横交叉。目前而言，在京津冀发展建设中，发挥主导作用的还是以隶属为特征的行政上下级关系。随着京津冀绿色发展的不断升级，过往单一的行政上下级关系，难以满足区域大保护的总体目标需求。因此，亟须通过创新体制机制，建立和完善紧密型利益链接机制，推动多方共同参与，是推动京津冀农业绿色发展的动力之源。

一是要突破本位主义，强化农业生态治理联治观念。农业生态环境治理是一项系统工程，需要各方的共同努力才能逐步实现治理目标，这就需要树立整体利益观念，加快突破固化的区划限制，从区域全局利益上做谋划，要先注重整体利益，再考虑局部利益。二是深化区域合作机制，优化区域互助

机制，平衡协调各地差异化利益诉求，调动区域各省市的积极性，彻底打破长期以来行政区划禁锢、行业垄断、地方保护及城乡二元结构影响制约行程的体制机制障碍。三是建立区域跨界规划机构。综观欧美、日本等发达国家全球城市群区域跨界治理的实践发现，根据不同需要设置不同性质的城市区域跨界规划机构或组织，是实现区域发展政策目标的关键手段。依法赋予跨界机构相应的规划权利，并针对农业绿色发展中面临的突出跨界矛盾和问题，开展务实性的区域规划工作，制定农业区域性的总体战略规划，引导京津冀向区域农业绿色一体化发展。四是强化生态行政理念。京津冀三地政府要强化生态行政理念，稳步改变以“GDP 至上”的政绩考核方式，将地方政府跨域生态环境治理行为及其成效纳入干部政绩考核评价之中，以生态治理为基础完善绿色生态考核指标体系，实现区域内的生态平衡和稳定。

9.3.2 转变农业补贴方式，加强对京津冀区域农业绿色生产的补贴

为促进粮食生产、提高农民收入，2006 年以前，我国农业补贴政策形成了以良种补贴、农机具购置补贴、粮食直接补贴和农业生产资料综合补贴为主的“四项补贴”农业补贴政策体系。这些补贴大多没有和环境保护挂钩，补贴政策产生的收入效应有可能导致农户过度使用化肥和农药，造成农业面源污染，存在破坏生态平衡的可能和地力下降。在资源趋紧、生态环境日趋脆弱的背景下，我国农业补贴政策的目标从以“保供给”与“保增收”为主转变为以绿色发展为主，相应的政策工具从“四项补贴”转变为农业支持保护补贴，逐渐形成了重在转变农业发展方式、增强农业可持续发展能力的绿色农业补贴政策体系。

推进京津冀农业绿色发展，要进一步完善以绿色生态为导向的农业补贴制度。一是加强对从事农业绿色生产行为的农业生产者的补贴。增强农业生产者对绿色生产技术的采纳意愿、提升绿色生产技术采纳率是推动农业绿色发展的关键。由于农业绿色生产具有外部性，在缺乏外部激励的情况下，当前农业绿色生产方式的普及程度和绿色生产技术采纳率仍处于较低水平，需要政府给予相应补贴，将绿色生产行为的正外部性充分内部化，引导农业生产者改变农业生产方式，实施有利于农业绿色发展的生产行为。二是加强对

从事资源环境友好生产行为的企业补贴。加大对商品有机肥生产企业或有机农产品生产企业的补贴力度，从税收和信贷上对该类企业给予支持，在技术创新、设施引进及产品销售方面给予指导，带动有机肥在农业生产中的使用，促进有机农产品消费市场发展，从需求和供给两个方面推动区域农业实现资源节约和环境保护。三是平衡生态利益，健全区域长效化补偿机制。长效化的生态补偿机制能够调解区域生态利益冲突，推进京津冀农业生态环境联建联防联治。在协同发展的过程中，京津冀三方应以公平公正、利益共享为原则，统筹财政收入、经济发展特点和人口分布，合理确定农业生态补偿标准和补偿方式，要让生态补偿标准满足生态环境保护损失方的实际支出，以平衡双方生态利益。三地要强化现代农业协作和持续共赢的发展理念，打破行政限制，统筹考虑跨区域协作资金融通、政策统筹、资源分配和收益分配，建立粮食主产区与主销区之间的利益补偿机制，京津对河北在农产品生产、生态方面要进行合理的补偿，实现域内农业协同发展。同时，要积极引导利益相关方参与补偿工作，加大公众参与力度，调动社会资本参与，拓宽市场化补偿方式，推动单一补偿形式向多元补偿形式的转变，加快建立起补偿主体，包括政府、企业、社会组织及公众等多元化生态补偿机制。

9.3.3 强化跨区域科技合作交流，以新质生产力激发京津冀农业绿色发展新动能

农业绿色科技是农业绿色发展的核心动力。推进农业绿色发展，推动农业绿色科技创新，需要依托生物、数字、先进装备制造等技术手段融合协同，加快发展新质生产力，以最小的资源投入、最小的生态环境代价，实现农业最好的产出、最好的效率、最好的收益。习近平总书记在主持中共中央政治局第十一次集体学习时强调，发展新质生产力是推动高质量发展的内在要求和重要着力点，必须继续做好创新这篇大文章，推动新质生产力加快发展。新质生产力是创新起主导作用，摆脱传统经济增长方式、生产力发展路径，具有高科技、高效能、高质量特征，符合新发展理念的先进生产力质态，以全要素生产率大幅提升为核心标志。

实证研究显示，京津冀地区的农业绿色全要素生产率还有较大的提升空间，地理因素对农业绿色全要素生产率具有显著影响，一个地区的农业绿色

全要素生产率水平在一定程度上依赖与之具有相似空间特征的邻近地区的农业绿色全要素生产率水平。因此，对于京津冀农业绿色全要素生产率的长远发展而言，要进一步强化措施促进跨区域的经济技术交流，加快先进地区向落后地区的技术扩散进程，提高落后地区农业绿色全要素生产率水平。因此，一是要发挥京津科技创新带动作用，优化科技创新环境。京津地方政府不仅需持续优化农业科研基础设施，降低科研投入成本，还应引导社会资本进入科研领域，推进企业自主研发，且为其提供良好的法律制度环境。二是加强高素质农业人才的培育与引进。农业绿色发展是一个涉及农业资源投入、生产、加工、消费、环境等全产业链协同发展的系统工程，不同系统单元内以及系统界面之间都存在复杂的互作效应，京津冀农业绿色技术研发型人才培养应以高层次复合型人才培养为抓手，以国内国际联合培养、多学科交叉培养、理论与实践结合培养为宗旨，建立一支能有效解决京津冀农业绿色发展关键技术问题的高水平研究队伍。三是鼓励落实先进技术的实际应用，提升农业绿色技术的推广效率，引导科技资源向农业绿色发展领域配置。要以提高资源利用效率和生态环境保护为核心，以节地、节水、节肥、节药、节能和农业生态环境建设为重点，加大科技攻关和技术组装配套集成力度，不断研发和推广节约型的耕作、播种、施肥、施药、灌溉与旱作农业、减少农业废弃物生成、注重水土保持等低碳农业技术。同时，引进低碳农业的各种技术，相应的设备、知识和人才，争取相关高校、科研单位和社会组织的指导和培训，等等，大力推广应用节水灌溉技术和节能耕作技术、测土配方施肥等低碳农业技术。通过科技创新和推广，使现代农业科技成为农业过程中实现减碳增汇的重要支撑力。

9.3.4 进一步优化农业产业结构和布局，提高区域农业综合竞争力

推进京津冀高质量发展是一项系统工程，京津冀各地区、各领域、各环节的关联性、耦合性、互动性非常强，整体推进，才能统筹协调，把握发展大局。京津冀农业绿色协同发展不仅涉及产业协同、市场协同、科技协同、生态协同，还涉及城乡协同和体制机制协同，需要用供给侧结构性改革的思路，依靠制度创新、技术创新和管理创新，构建京津冀现代农业产业体系，

最大限度地推进三地农业资源统筹配置和农业全产业链一体化发展。在确保粮食安全的前提下，进一步调整优化京津冀区域农业生产结构，不断优化区域布局和农产品种植结构，通过“减量化、再利用、资源化”的农业生产方式，实现资源利用节约化、生产过程洁净化和废物循环再生化。根据前文分析的京津冀农业碳排放呈现的异质性，三地应扬长避短，找到效率最大化的发展策略，从而实现整个地区农业低碳经济的快速发展。

一是根据现实发展需求，优化农业产业结构。京津冀地区要打造成以首都为核心的世界级城市群，无论是从土地资源配置来看，还是从现代城市发展需求来看，京津冀地区传统的大宗农产品生产规模将相对缩小，现代高效农业、休闲农业、都市农业将快速发展。当前，京津冀地区农业生产中，一般性产品、大路产品相对较多、供给过剩，但优质农产品、安全农产品、功能专用农产品相对较少、供给不足，不能满足人民群众日益升级的食品消费需求。京津冀地区要切实转变区域内农业发展方式，由“产量优先、质量合格”的基本保障型发展方式转变为“品质优先、质量安全、产量稳定”的绿色、健康、可持续发展方式。二是按照各自发展定位和比较优势，优化农业产业布局。京津冀地区农业布局要“一体规划”，打破既有条块分割，以自然地理和资源禀赋为基础，围绕区域特色主导产业，因地制宜打造成方连片的农业特色区域经济板块，形成规模优势、集群优势，提升区域农业的整体竞争力。北京市、天津市应进一步压缩基本农产品生产，重点发展休闲、观光和生态景观型的都市农业，以及农业技术研发、营销设计等知识密集型农业。河北省作为京津农业生产的纵深腹地，应以承接京津都市型农业扩散和转移、强化区域农产品供应保障、促进农业转型发展为主要方向，重点发展高效、优质、生态、品牌农业，积极发展现代化的农产品生产、加工和物流产业，积极推动一二三产业融合发展，努力成为京津高端优质农产品生产基地和供应基地，着力打造引领现代农业发展的示范区。三是推动跨区域的合作交流，提高区域整体农业绿色生产率水平。虽然实证研究发现京津冀三地农业绿色全要素生产率不存在显著的绝对收敛，三地农业绿色生产率的差距将会一直客观存在，但一个地区的农业绿色生产率水平在一定程度上依赖于与之相似空间特征的邻近地区的农业绿色生产率水平。因此，对于农业绿色长期发展而言，要进一步强化措施促进跨区域的经济技术交流，加快先进地区向落后地区的技术扩散进程，提高落后地区农业绿色生产率水平。

9.3.5 创新农业绿色产业链协作模式，促进京津冀农业市场协同

农业全产业链是联结产前、产中、产后的一个有机整体，京津冀区域要以绿色发展为导向，坚持生态优先理念，以推进农业农村发展和乡村振兴战略为抓手，促进农业全产业链绿色化，构建布局合理、分工合作和上中下游联动的农业产业链区域协作模式，延长产业链条，促进三产融合。进一步完善京津冀农产品流通体系、市场信息体系、农产品质量检测和市场准入体系，实现市场对接，努力构建统一市场。

一是合理布局农产品产地市场与区域农产品集散中心，完善冷链物流、直销配送体系，逐步实施统一的农业标准化体系，开辟京津冀农产品绿色通道，构建环京津 1 小时鲜活农产品物流圈。通过培育产销一体化经营组织，发展产销一体化经营，借助“互联网+农业”等新型业态，采取订单农业、农超对接等经营形式，真正实现产销对接。高度重视农产品质量安全问题，建立一体化的农产品质量安全监管机制和统一的农产品质量安全监测体系，完善区域农产品质量安全监管信息共享机制，实现农产品质检手段一致、内容统一、结果互认、处置明确。二是依托京津的消费需求，依托农业龙头企业在河北省建设农产品生产和加工基地，促使京津两市的产后环节与河北省的农业生产环节实现对接与融合；京津两市的高效、先进的农业生产资料（科技、信息、种业、人才、管理等）优势，也可以促使京津两市的生产示范环节与三地尤其是河北省的农业生产环节融合。三是组建跨区域经营的农业产业化联合体。农业产业化联合体是将不同利益主体有效连接，以龙头企业为核心、农民合作社为纽带、家庭农场和专业大户为基础，串接千万农户的新型农业经营组织联盟，通过产业连接、要素连接和利益连接，发挥各自优势，实现多方共赢，保证农产品质量，提升农业竞争力。京津两地的农业产业化龙头企业拥有资金、技术、信息等综合优势，利用京津冀龙头企业联盟平台，支持鼓励京津农业产业化龙头企业和农业投资企业以收购、控股、联合、兼并、委托生产等多种方式，整合连接河北省各类农业经营主体，形成分工明确、利益共享、区域一体的农业产业化联合体。四是完善产业链协同机制，

包括产业链的分工与合作机制，制定农业生产标准化体系、公平的农业扶持政策、市场供需及价格信息平台、产销对接机制、统一质量检测标准及互认制度、农产品质量安全信息共享平台等。

9.4 本章小结

推进绿色农业发展是助推乡村振兴的有力之举，是中国式现代化发展的必然要求，是实现共同富裕的重要保障。本章在梳理发达国家的绿色农业发展经验和共性做法的基础上，借鉴国内外跨区域生态环境协同治理实践经验，并结合京津冀区域的实际情况，提出了推动京津冀农业绿色发展的相关对策建议：一是创新一体化协调机制，推进区域农业绿色协同发展；二是转变农业补贴方式，加强对京津冀区域农业绿色生产的补贴；三是强化跨区域科技合作交流，以新质生产力激发京津冀农业绿色发展新动能；四是进一步优化农业产业结构和布局，提高区域农业综合竞争力；五是创新农业绿色产业链协作模式，促进京津冀农业市场协同。

参考文献

[1] VALIN H, HAVLíK P, MOSNIER A, et al. Agricultural productivity and greenhouse gas emissions: trade-offs or synergies between mitigation and food security[J]. Environmental Research Letters, 2013, 8(3): 035019.

[2] SAHIM A J. 经济发展与环境保护的关系[D]. 合肥：中国科学技术大学，2019.

[3] 孙久文，张红梅. 京津冀一体化中的产业协同发展研究[J]. 河北工业大学学报(社会科学版)，2014，6(3)：1-7.

[4] 王少剑，方创琳，王洋. 京津冀地区城市化与生态环境交互耦合关系定量测度[J]. 生态学报，2015，35(7)：2244-2254.

[5] 田云，张俊飚，李波. 中国农业碳排放研究：测算、时空比较及脱钩效应[J]. 资源科学，2012，34(11)：2097-2105.

[6] 李波，张俊飚，李海鹏. 中国农业碳排放时空特征及影响因素分解[J]. 中国人口·资源与环境，2011，21(8)：80-86.

[7] 梁强. 人口与经济、环境协调发展问题研究[D]. 大连：东北财经大学，2010.

[8] 王涛，吕昌河，于伯华. 基于 WOFOST 模型的京津冀地区冬小麦生产潜力评价[J]. 自然资源学报，2010，25(3)：475-487.

[9] DUTTA S, LANVIN B, WUNSCH-VINCENT S. The global innovation index 2017: innovation peoding the world[J]. WIPO Magazine, 2017(3): 432.

[10] 孙芳，刘明河，刘立波. 京津冀农业协同发展区域比较优势分析[J]. 中国农业资源与区划，2015，36(1)：63-70.

[11] RÓTOLO G C, MONTICO S, FRANCIS C A. How land allocation and technology innovation affect the sustainability of agriculture in Argentina Pampas: an expanded life cycle analysis [J]. Agricultural Systems, 2015, 141(12): 79-93.

[12] 陆大道．京津冀城市群功能定位及协同发展[J]．地理科学进展，2015，34(3)：265-270.

[13] THOMAS B L，VINCENT B，INGRID C. Barriers to the adoption and diffusion of technological innovations for climate-smart agriculture in Europe：evidence from the Netherlands，France，Switzerland and Italy [J]. Journal of Cleaner Production，2016，112(20)：9-21.

[14] 薄文广，陈飞．京津冀协同发展：挑战与困境[J]．南开学报(哲学社会科学版)，2015(1)：110-118.

[15] ASHLEE-ANN E P，GORDON M H，LAURENS K. Beyond agricultural innovation systems? Exploring an agricultural innovation ecosystems approach for niche design and development in sustainability transitions[J]. Agricultural Systems，2018，164：116-121.

[16] 黎鹏．区域经济协同发展及其理论依据与实施途径[J]．地理与地理信息科学，2005(4)：51-55.

[17] MGUMIA A H，MATTEE A Z，KUNDI B A T. Characteristics of agriculture technology and application innovation system in Tanzania [J]. African Journal of Science，2015(2)：115.

[18] 乔轶娟，王颖．京津冀协同发展框架下的休闲农业潜力分析[J]．中国农业资源与区划，2018，39(3)：207-211，236.

[19] VETTER S H，SAPKOTA T B，HILLIER J，et al. Greenhouse gas emissions from agricultural food production to supply Indian diets：implications for climate change mitigation[J]. Agriculture，Ecosystems and Environment，2017，237(2)：234-241.

[20] 叶娟惠．环境规制与中国经济高质量发展的非线性关系检验[J]．统计与决策，2021，37(7)：102-108.

[21] 黄承梁．习近平新时代生态文明建设思想的核心价值[J]．行政管理改革，2018(2)：22-27.

[22] 叶兴庆．新时代中国乡村振兴战略论纲[J]．改革，2018(1)：65-73.

[23] 孔祥智，程泽南．京津冀农业差异性特征及协同发展路径研究[J]．

河北学刊，2017，37(1)：115-121.

［24］张敏，苗润莲，卢凤君，等．基于产业链升级的京津冀农业协作模式探析[J]．农业现代化研究，2015，36(3)：407-411.

［25］蕾切尔·卡逊．寂静的春天[M]．许亮，译．北京：北京理工大学出版社，2015.

［26］陆大道．京津冀城市群功能定位及协同发展[J]．地理科学进展，2015，34(3)：265-270.

［27］杨光宇．区域一体化视角下的京津冀产业协同发展研究[D]．兰州：兰州大学，2015.

［28］MAZUR-WIERZBICKA E. Progress in implementing the sustainable development concept into socioeconomic development in Poland Compared to other Member States [J]. Folia Oeconomica Stetinensia，2015，15(1)：139-150.

［29］孙芳，刘明河，刘立波．京津冀农业协同发展区域比较优势分析[J]．中国农业资源与区划，2015，36(1)：63-70.

［30］VIKTORIJA S，INTA O，ELITA J. Evaluation of sustainable development in rural territories in Latgale Region (Latvia) by Using the Conception of Smart Specialization [J]. Journal of Teacher Education for Sustainability，2017，19(1)：82-105.

［31］薄文广，陈飞．京津冀协同发展：挑战与困境[J]．南开学报(哲学社会科学版)，2015(1)：110-118.

［32］DIETER R，MAIK S. Method for assessing the proportion of ecologically，culturally and provincially significant areas(OELF) in agrarian spaces used as a criterion for environmental friendly agriculture[J]. Agriculture，Ecosystems and Environment，2003，98(1-3)：435-441.

［33］ANTONELI C，QURTRARO F. The effects of biased technological change on total factor productivity：empirical evidence from a sample of OECD countries [J]. Journal of Technology Transfer，2010，35(4)：361-383.

［34］王金南．环境友好型社会的内涵与实现途径[J]．环境保护，2006(5)：42-45.

［35］HARANGZO G. Environmental management practices in the manufacturing sector[J]. Journal of East European Management Studies，2010，4(2)：312-348.

[36] 孙才志，王雪利，王嵩．环境约束下中国技术进步偏向测度及其空间效应分析[J]. 经济地理，2018，38(9)：38-46.

[37] 张意翔，成金华，汤尚颖，等．技术进步偏向性、产权结构与中国区域能源效率[J]. 数量经济技术经济研究，2017，34(8)：72-88.

[38] PETER C，HELMING K，NENDEL C. Do greenhouse gas emission calculations from energy crop cultivation reflect actual agricultural management practices? A review of carbon footprint calculators[J]. Renewable and Sustainable Energy Reviews，2017，67(1)：461-476.

[39] 李小平，李小克．偏向性技术进步与中国工业全要素生产率增长[J]. 经济研究，2018，53(10)：82-96.

[40] 黄志斌，姚灿，王新．绿色发展理论基本概念及其相互关系辨析[J]. 自然辩证法研究，2015(8)：108-113.

[41] CHEN P，YU M. Total factor productivity growth and directions of technical change bias：evidence from 99 OECD and non-OECD countries [J]. Annals of Operations Research，2014，214(1)：143-165.

[42] 王班班，齐绍洲．中国工业技术进步的偏向是否节约能源[J]. 中国人口·资源与环境，2015，25(7)：24-31.

[43] ROLING，NIELS. From causes to reasons：the human dimension of agricultural sustainability [J]. International Journal of Agriculture Sustainability，2003(1)：73-88.

[44] PENG J，XIAO J，WEN L，et al. Energy industry investment influences total factor productivity of energy exploitation：a biased technical change analysis [J]. Journal of Cleaner Production，2019，237：117847

[45] 裘孟荣，袁飞．论农业技术创新与扩散的宏观管理[J]. 农业技术经济，1996(1)：21-24.

[46]顾海英．农业技术创新的界定[J]. 科学管理研究，1997，15(5)：31-35.

[47] 王维国，范丹．中国区域全要素能源效率收敛性及影响因素分析——基于 Malmqulist-Luenberger 指数法[J]. 资源科学，2012，34(10)：

1816-1824.

[48] 王燕，谢蕊蕊．能源环境约束下中国区域工业效率分析[J]．中国人口·资源与环境，2012，22(5)：114-119.

[49] SONG M，WANG S. Measuring environment-biased technological progress considering energy saving and emission reduction [J]. Process Safety and Environmental Protection，2018，116：745-753.

[50] DING L L，YANG Y，WANG W，et al. Regional carbon emission efficiency and its dynamic evolution in China：a novel cross efficiency-Malmquist productivity index [J]. Journal of Cleaner Production，2019，241：118260

[51] HAKI P，ERWIN B，ADEWALE A. Do decentralized innovation systems promote agricultural technology adoption? experimental evidence from Africa [J]. Food Policy，2014，44(2)：227-236.

[52] 陈松文，刘天奇，曹凑贵，等．水稻生产碳中和现状及低碳稻作技术策略[J]．华中农业大学学报，2021，40(3)：3-12.

[53] 原伟鹏，孙慧，闫敏．双重环境规制能否助力经济高质量与碳减排双赢发展？——基于中国式分权制度治理视角[J]．云南财经大学学报，2021，37(3)：67-86.

[54] 刘华军，李超，彭莹．中国绿色全要素生产率的地区差距及区域协同提升研究[J]．中国人口科学，2018(4)：30-41，126.

[55] BLOOM N，DRACA M，VAN REENEN J，et al. Trade induced technical change? The impact of Chinese imports on innovation，it and productivity [J]. The Review of Economic Studies，2016，83(1)：87-117.

[56] JAFFE，A B，PAMLER K. Environmental regulation and innovation：a plane data study[J]. Review of Economics and Statistics，1997，4(79)：18-26.

[57] ACEMOGLU D，GANCIA G，ZILIBOTTI F，et al. Offshoring and directed technical change [J]. American Economic Journal：Macroeconomics，2015，7(3)：84-122.

[58] BRUCE D A. Social contract for biotechnology：shared visions for risky technologies[J]. Journal of Agricultural and Environmental Ethics，2002，15 (3)：279-289.

[59] JAY S S, VIMAL C P. Efficient soil microorganisms: a new dimension for sustainable agriculture and environmental development [J]. Agriculture, Ecosystems and Environment, 2011, 140 (7): 339-353.

[60] SUDI A, ERHAN A. Global competitiveness in the EU through green innovation technologies and knowledge production [J]. Procedia-Social and Behavioral Sciences, 2015, 181(11): 207-217.

[61] DU B S, LIU Q, LI G P. Coordinating leader-follower supply chain with sustainable green technology innovation on their fairness concerns [J]. International Journal of Environmental Research and Public Health, 2017, 14(11): 1357.

[62] LI J, SEE K F, CHI J. Water resources and water pollution emissions in Chinas industrial sector: a green-biased technological progress analysis [J]. Journal of Cleaner Production, 2019, 229: 1412-1426.

[63] 王垒，赵忠超，刘新民，等．政府财政配置能力与外资参与程度对碳经济绩效的驱动效应[J]. 中国人口·资源与环境，2018，28(4)：55-67.

[64] 刘炜，陈景新，薛楠，等．区域一体化背景下京津冀循环经济协同发展研究[J]. 中国农业资源与区划，2015，36(2)：78-83.

[65] TRAVIS J L, DANIEL A S. Agricultural technologies for climate change in developing countries: policy options for innovation and technology diffusion [J]. Food Policy, 2012, 37(1): 114-123.

[66] 耿蕊．京津冀区域产业协同发展的减排效应研究[D]. 沈阳：辽宁大学，2020.

[67] 崔宁波，生世玉．粮食主产区农业绿色发展的影响因素、质量测度与动力分析：基于绿色全要素生产率视角[J]. 农业资源与环境学报，2021，5(1)：1-17.

[68] RADA N E. Agricultural growth in India: examining the post-green revo lution transition[C]//Meeting. Agricultural and Applied Economics Association, 2013.

[69] 邝劲松．经济发展逻辑的嬗变与创新：从以 GDP 为中心转向以人为中心[J]. 社会科学，2019(9)：51-60.

[70] 王培培，陈林云．绿色发展理念的内在逻辑及其践行路径：以经济发展与保护环境之间的关系为视角[J]. 思想理论教育导刊，2019(5)：

95-98.

［71］连季婷．京津冀协同发展中的河北省经济策略研究［D］．大连：东北财经大学，2015.

［72］刘亦文，欧阳莹，蔡宏宇．中国农业绿色全要素生产率测度及时空演化特征研究［J］．数量经济技术经济研究，2021，38(5)：39-56.

［73］金书秦，林煜，牛坤玉．以低碳带动农业绿色转型：中国农业碳排放特征及其减排路径［J］．改革，2021(5)：29-37.

［74］刘薇，张溪．绿色创新效率下经济与生态环境协调发展研究：以北京市为例［J］．价格理论与实践，2020(3)：26-29，102.

［75］田成诗，陈雨．中国省际农业碳排放测算及低碳化水平评价：基于衍生指标与TOPSIS法的运用［J］．自然资源学报，2021，36(2)：395-410.

［76］RADA N. India's post-green-revolution agricultural performance：what is driving growth？［J］．Agricultural Economics，2016，47(3)：341-350

［77］KANTER，DAVID R，MUSUMBA，MARK，WOOD，SYLVIA L R，et al. Evaluating agricultural trade-offs in the age of sustainable development［J］．Agricultural Systems，2018，163：73-88.

［78］李梅．协同视角下京津冀资源环境管理与科技创新［M］．北京：中国科学技术出版社，2018.

［79］侯伟丽，成德宁．长江经济带绿色发展路径与政策研究［M］．武汉：长江出版社，2022.

［80］孔凡斌，潘丹．长江经济带绿色发展研究：水平、路径与机制创新［M］．北京：中国环境出版集团，2018.

［81］姬翠梅．乡村振兴视域下京津冀农业绿色发展水平综合评价分析［J］．中国农业资源与区划，2023，44(9)：71-80.

［82］卓娜，柴智慧．乡村生态振兴背景下农业绿色发展路径研究：基于农业绿色发展先行区的案例［J］．农业经济，2023(7)：7-11.

［83］周繁，王丽丽．河北省农业绿色发展区域特征评价［J］．北方园艺，2022(21)：138-145.

［84］郭冬艳．京津冀土地生态安全与经济高质量发展耦合协调研究［D］．长春：吉林大学，2022.

［85］郭菁菁，黄映晖．京津冀地区农业绿色发展评价指标体系构建及实证分析［J］．农业展望，2022，18(2)：50-56.

［86］穆松林．“两山”理论指引下的城市群绿色发展研究：以京津冀为例［J］．经济研究导刊，2020(29)：73-75，87.

［87］吴红，陈俊红，赵姜．京津冀农业绿色发展成效、问题及对策［J］．北方园艺，2020(17)：166-171.

［88］金书秦，牛坤玉，韩冬梅．农业绿色发展路径及其“十四五”取向［J］．改革，2020(2)：30-39.

［89］王伟．长江经济带绿色发展及其绩效评价研究［M］．成都：西南财经大学出版社，2018.

［90］潘丹．基于资源环境约束的中国农业绿色生产率研究［M］．北京：中国环境出版社，2013.

［91］赵雪．科技人才聚集、科技产出与绿色 GDP 的互动关系研究：以京津冀区域为例［J］．生态经济，2024，40(2)：67-74.

［92］HONG F L，HUI L. Study on the influence mechanism and level measurement of agricultural green development—a case study of China［J］. Frontiers in Environmental Economics，2023，2.

［93］ZHAO L，JIN T，QIN L，et al. Chinese agriculture for “Green and Grain” productivity growth：evidence from Jiangsu Province［J］. Sustainability，2023，15 (24)：21-35.

［94］HANG X，JIN Z，YU X，et al. Challenges or drivers? Threshold effects of environmental regulation on China's agricultural green productivity［J］. Journal of Cleaner Production，2023(1)：429.

［95］苑凯，胡彪，牛亭云．区域绿色技术创新与生态经济发展耦合协调时空演化分析：以京津冀地区为例［J］．大连理工大学学报(社会科学版)，2023，44(6)：43-52.

［96］XIN P. Environmental regulation and agricultural green productivity growth in China：a retest based on “Porter Hypothesis”［J］. Environmental Technology，2023(5)：3174-3188.

［97］HON T，XIAO Q. Synergistic interconstruction of the green development concept in Chinese rural ecological agriculture [J]. Sustainability, 2023, 15 (5): 3961.

[98] JUSTAS S, KAMALI M S. Green productivity and undesirable outputs in agriculture: a systematic review of DEA approach and policy recommendations [J]. Economic Research-Ekonomska Istraživanja, 2022, 35 (1): 819-853.

[99] LIU Y, FENG C. What drives the fluctuations of "green" productivity in China's agricultural sector? A weighted Russell directional distance approach [J]. Resources, Conservation & Recycling, 2019, 147: 201-213.

[100] ZHAO G, DOU Y. Research on promoting the conservation and utilization of agricultural water resources in in the Beijing-Tianjin-Hebei Region under the background of agricultural green development[C]// 上海电力大学. Proceedings of 2019 4th International Conference on Advances in Energy and Environment Research (ICAEER 2019). College of Economics and Management, Tianjin Agricultural University, 2019: 4.

[101] 曹玲娟. 长江经济带农业绿色全要素生产率测度与区域异质性分析[J]. 生态经济, 2024, 40(1): 95-102.

[102] 罗玉波, 朱晨曦, 王春云. 基于共同前沿理论的中国农业绿色全要素生产率测度及"追赶"效应解析[J]. 农林经济管理学报, 2024, 23(1): 30-40.

[103] 胡永浩, 张昆扬, 武拉平, 等. 环境规制对农业绿色全要素生产率的影响[J]. 生态经济, 2023, 39(12): 118-125.

[104] 付伟, 李梦柯, 罗明灿, 等. 我国农业绿色全要素生产率时空演变与区域异质性分析[J]. 江苏农业科学, 2023, 51(23): 227-235.

[105] 杨锦琦, 左腾达. 长江经济带农业绿色全要素生产率评价及时空演化分析[J]. 企业经济, 2022, 41(11): 152-160.

[106] 王亚飞, 张齐家, 柏颖. 我国农业绿色全要素生产率及其时空演变[J]. 统计与决策, 2022, 38(20): 98-102.

[107] 谭日辉, 刘慧敏. 中国农业绿色全要素生产率空间关联网络特征演化及影响因素[J]. 中国生态农业学报(中英文), 2022, 30(12): 2011-2026.

[108] 李文启, 赵家未. 黄河流域农业生态效率与绿色全要素生产率耦

合协调研究[J]. 生态经济，2022，38(5)：121-128，168.

[109] 郭海红，刘新民. 中国农业绿色全要素生产率的时空分异及收敛性[J]. 数量经济技术经济研究，2021，38(10)：65-84.

[110] 徐永慧，尹朝静. 环境规制下中国农业绿色全要素生产率的测算[J]. 统计与决策，2021，37(18)：50-54.

[111] 石慧，王怀明，孟令杰. 我国地区农业 TFP 差距趋势研究[J]. 农业技术经济，2008(3)：25-31.

[112] 顾海，孟令杰. 中国农业 TFP 的增长及其构成[J]. 数量经济技术经济研究，2002(10)：15-18.

[113] THIAM A，BRAVO-URETA B E，RIVAS T E. Technical efficiency in developing country agriculture：a meta-analysis[J]. Agricultural Economics，2015，25(2-3)：235-243.

[114] MEKONNEN D K，SPIELMAN D J，FONSAH E G，et al. Innovation systems and technical efficiency in Developing-Country Agriculture[J]. Agricultural Economics，2015，46(5)：689-702.

[115] SHENG G F. Effects of technological change and institutional reform on production growth in Chinese Agriculture[J]. American Journal of Agricultural Economics，1991，73(2)：266-275.

[116] MCMILLAN J，WHALLEY J，ZHU L. The impact of China's economic reforms on agricultural productivity growth[J]. Journal of Political Economy，1989，97(4)：781-807.

[117] JIN S，HUANG J，HU R，et al. The creation and spread of technology and total factor productivity in China's Agriculture[J]. American Journal of Agricultural Economics，2002，84(4)：916-930.

[118] RAMON L. The environment as a factor of production：the effects of economic growth and trade liberalization[J]. Journal of Environmental Economics & Management，2004，27(2)：163-184.

[119] 崔涵，王丙参，周明生. 中国农业碳排放时空演进及驱动因素[EB/OL]. 中国生态农业学报(中英文)，1-12[2024-04-16]. http：//kns. cnki. net/kcms/detail/13. 1432. S. 20240325. 1049. 001. html.

［120］田云，蔡艳蓉．长江经济带农业碳排放 EKC 检验及其驱动因素分析［J］．长江流域资源与环境，2023，32(11)：2403-2417.

［121］孟庆雷，殷宇翔，王煜昊．我国农业碳排放的时空演化、脱钩效应及绩效评估［J］．中国农业科学，2023，56(20)：4049-4066.

［122］尹忞昊，田云，卢奕亨．中国农业碳排放区域差异及其空间分异机理［J］．改革，2023，(10)：130-145.

［123］JOHNSON M F，FRANZLUEBBERS A J，WEYERS S L，et al. Agricultural opportunities to mitigate greenhouse gas emissions.［J］．Elsevier，2007，150(1)：107-124.

［124］WU X，ZHANG J，YOU L. Marginal abatement cost of agricultural carbon emissions in China：1993-2015［J］．China Agricultural Economic Review，2018，10(4)：558-571.

［125］WEST T O，MARLAND G. A synthesis of carbon sequestration，carbon emissions，and net carbon flux in agriculture：comparing tillage practices in the United States［J］．Agriculture Ecosystems and Environment，2002，91(1-3)：217-232.

［126］蒋团标，钟敏，马国群．数字经济对农业绿色全要素生产率的影响：基于土地经营效率的中介作用分析［J］．中国农业大学学报，2024，29(4)：27-39.

［127］周法法，郑义，李军龙．农业保险发展与农业绿色全要素生产率：内在机制与实证检验［J］．世界农业，2022(10)：70-82.

［128］王亚飞，徐铭，张齐家．农旅产业协同集聚对农业绿色全要素生产率增长的影响：作用机理与经验证据［J］．安徽师范大学学报(人文社会科学版)，2022，50(4)：143-157.

［129］李谷成，李欠男．"两型社会"试验区的设立促进了农业绿色发展吗？——基于 PSM-DID 模型的实证［J］．农林经济管理学报，2022，21(2)：127-135.

［130］毕雅琦．新型农业经营主体实施农业绿色发展工程的影响因素研究［J］．安徽农业科学，2022，50(2)：270-272.

［131］詹孟于．绿色发展下新型农业经营主体在乡村振兴中的功能及发

展策略[J]. 中国农学通报，2021，37(35)：141-146.

[132] 郑丽琳，刘东升. 关于农民合作社助推农业绿色发展存在的问题与对策研究[J]. 中国合作经济，2021(8)：35-37.

[133] 肖琴，罗其友，周振亚，等. 中国农业绿色生产效率的动态变迁与空间分异：基于DDF-Global Malmquist-Luenberger指数方法的分析[J]. 农林经济管理学报，2020，19(5)：537-547.

[134] 尚杰，许雅茹. 生态资本与农业绿色全要素生产率：基于碳强度视角[J]. 生态经济，2020，36(6)：107-111，123.

[135] 巩前文，李学敏. 农业绿色发展指数构建与测度：2005—2018年[J]. 改革，2020(1)：133-145.

[136] 赵会杰，于法稳. 基于熵值法的粮食主产区农业绿色发展水平评价[J]. 改革，2019(11)：136-146.

[137] 周莉. 乡村振兴背景下西藏农业绿色发展研究[J]. 西北民族研究，2019(3)：116-127.

[138] 夏雯雯，杜志雄，郜亮亮. 家庭农场经营者应用绿色生产技术的影响因素研究：基于三省452个家庭农场的调研数据[J]. 经济纵横，2019(6)：101-108.

[139] 吕娜，朱立志. 中国农业环境技术效率与绿色全要素生产率增长研究[J]. 农业技术经济，2019(4)：95-103.

[140] 孙炜琳，王瑞波，姜茜，等. 农业绿色发展的内涵与评价研究[J]. 中国农业资源与区划，2019，40(4)：14-21.

[141] 洪炜杰，胡新艳. 非正式、短期化农地流转契约与自我执行：基于关联博弈强度的分析[J]. 农业技术经济，2018(11)：4-19.

[142] 魏琦，张斌，金书秦. 中国农业绿色发展指数构建及区域比较研究[J]. 农业经济问题，2018(11)：11-20.

[143] 靖培星，赵伟峰，郑谦，等. 安徽省农业绿色发展水平动态预测及路径研究[J]. 中国农业资源与区划，2018，39(10)：51-56.

[144] 高杨，牛子恒. 农业信息化、空间溢出效应与农业绿色全要素生产率：基于SBM-ML指数法和空间杜宾模型[J]. 统计与信息论坛，2018，33(10)：66-75.

［145］吴传清，宋子逸．长江经济带农业绿色全要素生产率测度及影响因素研究［J］．科技进步与对策，2018，35(17)：35-41.

［146］郭海红，张在旭，方丽芬．中国农业绿色全要素生产率时空分异与演化研究［J］．现代经济探讨，2018(6)：85-94.

［147］龚贤，罗仁杰．精准扶贫视角下西部地区农业绿色发展能力评价［J］．生态经济，2018，34(8)：128-132.

［148］吴传清，黄磊．长江经济带工业绿色发展效率及其影响因素研究［J］．江西师范大学学报(哲学社会科学版)，2018，51(3)：91-99.

［149］李兆亮，罗小锋，薛龙飞，等．中国农业绿色生产效率的区域差异及其影响因素分析［J］．中国农业大学学报，2017，22(10)：203-212.

［150］朱玲，周科．低碳农业经济指标体系构建及对江苏省的评价［J］．中国农业资源与区划，2017，38(5)：180-186.

［151］管延芳．中国农村土地流转信托推进农业绿色发展探究［J］．农业经济，2017(2)：18-20.

［152］肖锐，陈池波．财政支持能提升农业绿色生产率吗？——基于农业化学品投入的实证分析［J］．中南财经政法大学学报，2017(1)：18-24，158.

［153］梁俊，龙少波．农业绿色全要素生产率增长及其影响因素［J］．华南农业大学学报(社会科学版)，2015，14(3)：1-12.

［154］潘丹．考虑资源环境因素的中国农业绿色生产率评价及其影响因素分析［J］．中国科技论坛，2014(11)：149-154.

［155］李谷成．中国农业的绿色生产率革命：1978—2008年［J］．经济学(季刊)，2014，13(2)：537-558.

［156］潘丹，应瑞瑶．中国农业全要素生产率增长的时空变异：基于文献的再研究［J］．经济地理，2012，32(7)：113-117，128.

［157］黄季焜．六十年中国农业的发展和三十年改革奇迹：制度创新、技术进步和市场改革［J］．农业技术经济，2010(1)：4-18.

附录　调查问卷

关于有机肥替代化肥技术采纳行为相关情况的调查问卷

尊敬的女士/先生，您好!

万分感谢您在百忙之中接受我们的问卷调查，该问卷主要内容在于深入了解当前菜农化肥施用状况与构建科学合理的生态补偿激励机制，只做学术性研究之用，调查数据绝对保密。希望您据实填写问卷，答案没有正确错误之分。

谢谢您的合作和付出，祝您身体健康，工作愉快!

您所在地址是：________区________乡（镇）________村

第一部分　个人及家庭基本情况：（请直接在所选答案前□打“√”）

1. 您的性别：□0. 女　　□1. 男

2. 您的年龄：________岁

3. 您的文化程度：

□1. 小学及以下　□2. 初中　□3. 高中或中专　□4. 大专及以上

4. 您是否是村干部？□0. 否　　□1. 是

5. 您是否为农民专业合作社成员？□0. 否　　□1. 是

6. 您是否为新兴职业农民（以有证为标准）□0. 否　　□1. 是

7. 您家庭的年均总收入________万元，其中种菜收入________万元

8. 您的家庭人口（指长期共同居住）：________人；

其中务农的有________人，种菜的有________人

9. 您家有________块地，土地经营情况请填下表：

土地	土地面积（亩）	土壤肥力（1. 较差 2. 一般 3. 较好）	土地轻质（1 承包地 2 转入地）	生产类型（1 露地 2 中小拱棚 3 大拱棚 4. 温室）	作物种类	产量（斤/亩）	售价（元/斤）	是否施用有机肥（1. 是 2. 否）
地块 1								
地块 2								
地块 3								
地块 4								

作物种类：A. 根茎类（萝卜、土豆、山药、洋葱、大蒜、大葱、生姜等）；B. 叶菜类（白菜、菜花、卷心菜、芹菜、菠菜、快菜、韭菜等）；C. 瓜果类（西红柿、黄瓜、茄子、青椒、冬瓜、南瓜、西葫芦、丝瓜等）；D. 鲜豆类（豌豆、豇豆、四季豆、扁豆等）；E. 食用菌；F. 其他

10. 您家地块分散程度：□1. 集中连片　□2. 相距较近　□3. 相距较远

11. 您家土地近 5 年内是否要进行重新调整？□0. 否　□1. 是

12. 您家蔬菜有哪些销售渠道？（可多选）

□1. 自己零售　□2. 小商贩收购　□3. 批发商　□4. 超市

□5. 合作社　□6. 网上销售

13. 您是否签订销售合同？□0. 否　□1. 是

14. 您家蔬菜是否有产品品牌？□0. 否　□1. 是

15. 您是否已经申请或有意向申请无公害、绿色、有机农产品认证？

□1. 已经申请____认证　□2. 有申请意向　□3. 没有打算申请

16. 您是否饲养家禽家畜？□0. 否　□1. 是

17. 您种菜是否需要雇人？

□1. 不需要，自己种植管理　□2. 常年雇人管理　□3. 种植收获时雇人

□4. 施肥喷药时雇人

第二部分　化肥施用行为与技术采纳情况：（请直接在所选答案前□打“√”）

1. 您如何确定化肥用量？

□1. 完全凭经验积累　□2. 按照农技人员的建议

□3. 按农资经销商的建议　□4. 参照其他农户的经验做法

□5. 按照化肥使用说明书用量

2. 您施用化肥时，一般会：

□1. 按说明书配比正常使用　□2. 减少用量　□3. 增加用量

3. 您目前种植蔬菜的用肥类型是

□1. 全部施用化肥　□2. 以化肥为主、有机肥为辅

□3. 以农家肥为主　□4. 以商品有机肥为主

3.1　第3题如果选1，请问您不用有机肥的主要原因（可多选）：

□1. 太麻烦，费时费力　□2. 政府补偿少　□3. 价格太高

□4. 技术太复杂　□5. 肥效不可靠，影响产量　□6. 其他

4. 您家今年大约共施________斤化肥，购买化肥支出________元

5. 您认为施用化肥越多，蔬菜产量越高吗？

□1. 完全同意　□2. 比较同意　□3. 不确定

□4. 不太同意　□5. 完全不同意

6. 您认为施用化肥越多，耕地地力越差吗？

□1. 完全同意　□2. 比较同意　□3. 不确定

□4. 不太同意　□5. 完全不同意

7. 您认为施用化肥越多，周围环境越差吗？

□1. 完全同意　□2. 比较同意　□3. 不确定

□4. 不太同意　□5. 完全不同意

8. 过量施肥会影响蔬菜质量吗？

□1. 完全同意　□2. 比较同意　□3. 不确定

□4. 不太同意　□5. 完全不同意

9. 您认为未来有必要进一步限制化肥施用数量吗？

□1. 非常没有必要　□2. 没有必要　□3. 一般

□4. 有必要　□5. 非常有必要

10. 根据您的经验，与3~5年前相比，每亩地化肥施用数量的变化是？

□1. 增加　□2. 减少很多　□3. 变化不大　□4. 没留意

11. 根据您的经验，与3~5年前相比，每亩地蔬菜相应的产量变化是？

□1. 增加　□2. 减少　□3. 变化

第三部分　有机肥施用及认知相关情况：（请直接在所选答案前□打“√”）

1. 您对有机肥替代化肥技术的了解程度？

□1. 不了解　□2. 比较了解　□3. 非常了解

2. 您认为施用有机肥，实现以下指标的可能性？（在对应表格内打“√”）

属性	非常小	比较小	一般	比较大	非常大
提高蔬菜品质					
提高蔬菜产量					
提高蔬菜价格					
改善土壤质量					
改善生态环境					
增加劳动力投入					
增加收入					

3. 您是否愿意施用有机肥来替代化肥？□1. 是　□2. 否

4. 您今年是否施用了有机肥？□1. 是　□2. 否（填“否”的话就跳转16）

5. 您家今年大约共施________斤有机肥，施用有机肥支出________元

6. 您目前在使用哪种有机肥技术模式？

□1. 畜禽粪便等农家肥　□2. 市场销售的成品有机肥

□3. “菜—沼”一体化　□4. 作物秸秆发酵堆肥

□5. 有机肥+水肥一体化　□6. 有机肥+配方肥　□7. 其他

7. 您是否会持久施用有机肥？□1. 是　□2. 否

（1）如果选择“否”，原因是什么？

□1. 没有增产效果　□2. 人工投入增加　□3. 操作太费事

□4. 缺少生产服务　□5. 缺乏技术指导　□6. 成本上升

□7. 周围没人用

8. 您施用有机肥时更看重什么？

□1. 价格便宜　□2. 施用方便　□3. 肥效显著　□4. 改善蔬菜品质

□5. 别人用我也用　□6. 政府宣传用我就用

9. 您施用有机肥后，会相应减少化肥施用量吗？

□1. 是（大概一亩地减少________斤化肥）　□2. 否

10. 您施用有机肥后，生产成本是否增加？

□1. 是（大概增加________元/亩） □2. 否

11. 您施用有机肥后，蔬菜产量是否增加？

□1. 是（大概增加________斤/亩） □2. 否

12. 您施用有机肥后，蔬菜价格是否增加？

□1. 是（大概增加________元/斤） □2. 否

13. 您是否为有机肥示范户？□1. 是 □2. 否

14. 您施用有机肥是否获得政府补贴？□1. 是 □2. 否

（1）如果选择“是”，补贴方式是什么？

□1. 现金补贴________元 □2. 免费发放有机肥 □3. 低价购买有机肥

□4. 免费技术培训 □5. 其他

15. 您认为政府给予有机肥替代化肥补贴对您的影响大吗？

□1. 无影响 □2. 影响较小 □3. 一般 □4. 影响较大

□5. 影响很大

16. 您当前没有施用有机肥，您在未来是否愿意施用有机肥？

□1. 不愿意 □2. 比较不愿意 □3. 一般 □4. 比较愿意

□5. 非常愿意

17. 你是否接受过有机肥施用方面的培训？□1. 是 □2. 否（跳转 20）

18. 您参加培训的方式是？（可多选）

□1. 政府组织的技术讲座 □2. 专家下乡指导 □3. 发放技术手册

□4. 电话指导 □5. 网上讲座 □6. 参观田间示范基地 □7. 其他

19. 您认为培训的内容对您有用吗？

□1. 完全没用 □2. 比较没用 □3. 一般 □4. 比较有用

□5. 非常有用

20. 你未参加培训的原因是？（可多选）

□1. 没有组织提供培训 □2. 费时费事 □3. 培训效果差 □4. 其他

第四部分 有机肥受偿意愿调研：（请直接在所选答案前□打“√”）

1. 若政府对化肥减量行为进行生态补偿，您是否愿意参与减施行动？

□1. 愿意 □2. 不愿意

（1）您选择“不愿意”的原因？

□1. 耕地保护是政府的事儿，与自己无关 □2. 减少化肥，会造成蔬菜产量严重下降，影响收入 □3. 当前耕地质量很好，不用治理 □4. 其他

（2）若您选择“愿意”，您能减少的化肥最大比重是多少________%/亩/年接受最小受偿额度是________元/亩/年

2. 在您种植蔬菜的过程中，若政府鼓励您进一步减少化肥用量，改用有机肥等绿色生产物资，对于可能造成的经济损失，不考虑您接受过的补偿方式，您在未来最希望得到以下哪项补偿？（请按喜好程度从高到低排序）

□1. 现金 □2. 购买价格优惠 □3. 直接发放有机肥、生物肥等肥料

□4. 提供相应的技术指导 □5. 项目补偿（设为化肥减量试点或示范区等）

3. 请您综合考量，在对应减少化肥比例的栏中，选择您希望得到的补偿标准打“√”？

化肥减量比例	补偿标准分档（元/年/亩）							
	1~50	51~100	101~150	151~200	201~300	301~400	401~500	501~600
<10%								
10%								
20%								
30%								
40%								
50%								
50%以上								

4. 您认为补偿至少要持续多久？

□1. 1 年 □2. 1~2 年 □3. 2~3 年 □4. 一直有补偿

5. 若以后没有补偿，您还会继续使用有机肥吗？

□1. 不会 □2. 会 □3. 看情况